■ "上海市示范马克思主义学院建设成果"丛书

中国通商银行的创立与
>> 早期运作研究（1896—1911）

○ 陈礼茂◎著

天津出版传媒集团

天津人民出版社

图书在版编目（CIP）数据

中国通商银行的创立与早期运作研究：1896—1911 /
陈礼茂著. -- 天津：天津人民出版社,2020.4
（上海市示范马克思主义学院建设成果丛书）
ISBN 978-7-201-15886-0

Ⅰ.①中… Ⅱ.①陈… Ⅲ.①中国通商银行—银行史
—研究—1896-1911 Ⅳ.①F832.95

中国版本图书馆 CIP 数据核字(2020)第 051791 号

中国通商银行的创立与早期运作研究(1896—1911)
ZHONGGUO TONGSHANGYINHANG DE CHUANGLI YU
ZAOQI YUNZUO YANJIU(1896—1991)

出　　版	天津人民出版社
出 版 人	刘　庆
地　　址	天津市和平区西康路35号康岳大厦
邮政编码	300051
邮购电话	(022)23332469
电子信箱	reader@tjrmcbs.com
责任编辑	郑　玥
装帧设计	明轩文化・李晶晶
印　　刷	天津新华印务有限公司
经　　销	新华书店
开　　本	710毫米×1000毫米　1/16
印　　张	19
插　　页	2
字　　数	280千字
版次印次	2020年4月第1版　2020年4月第1次印刷
定　　价	78.00元

序　言

　　中国通商银行创立于 19 世纪末，是第一家中国人自办的银行，经历了清末、中华民国南京临时政府时期、北洋时期和国民政府时期，于 1952 年加入统一的公私合营银行。陈礼茂副教授以清末中国通商银行创立和早期运作为研究对象，是很有识力的。该时期既是中国通商银行历史的开篇，也是中国银行业发展的萌芽时期，在此时期中国新式银行业的设立较少。正因为如此，几乎所有通贯性近代中国经济史、货币金融史的论著，都会提到中国通商银行的创立。中国通商银行在该时期的历史有着十分丰富而重要的内容，这部 20 余万字的书稿，就是作者以较开阔的视野进行具体而深入研究的成果，有着多方面的特色值得关注。

　　银行史被视为金融史的重要内容之一。多年来，金融史著作对于中国通商银行创立的历史条件，已有可视为经典性的概括，如中国通商银行"是在半殖民地社会条件下，面临国内外政治经济形势不断激化，适应国家财政需

1

要而产生的"[①]。"尽管那时洋务运动已经破产,但我们仍不能不说,它是洋务运动遗留下来的产物。"[②]陈礼茂的书稿将中国通商银行的成立置于晚清宏大的历史事件中去论述,认为甲午战争后相关环境与条件的变化为中国通商银行的创立制造了有利条件,但并没有停留在简单的因果关系上,而是指出中国通商银行自诞生之后无法摆脱所处的内外交困的艰难环境,预示着日后其业务经营的艰辛曲折。

书稿对国人自办新式银行与时代环境之间复杂的多面向联系,进行了较全面的剖析。如作者一方面谈到"甲午战后,举国上下欲求变革,在变革思潮的激荡下,设立银行之事已提上议事日程,并深入人心,为时势所需",另一方面则更为明确地指出:为筹措甲午战争后的对日赔偿,盛宣怀向户部尚书翁同龢建议不可全借洋债,而必须"借用本国民债",进而提出仿照轮船招商局开设"招商银行"。除了有"国家财政需要"的动因之外,书稿还指出中国通商银行的产生既有着财政上的原因,也是中国近代产业资本发展的结果,这就涉及中国通商银行与洋务运动之间的关系。作为中国通商银行的发起者和主事人,盛宣怀本人就是典型的洋务派代表人物,他创立中国通商银行的主要动因之一,就是"为他所控制的其他洋务企业尤其是汉阳铁厂服务","今因铁厂不能不办铁路,又因铁路不能不办银行"。中国通商银行的酝酿和筹建,既得了洋务运动领军人物李鸿章的鼎力支持,但也遇到过洋务派官僚张之洞的掣肘。

书稿并没有简单地把中国通商银行归入洋务企业,而是梳理了两者之间的密切联系:中国通商银行发起时的股金有相当部分来自于轮船招商局、电报局等洋务企业,其章程制度有对洋务企业成规的取法,主要人员不乏来自

---

① 张国辉:《中国金融通史》(第二卷),中国金融出版社,2003年,第301页。

② 洪葭管主编:《中国金融史》,西南财经大学出版社,1993年,第169页。

于洋务企业者。很显然，作者对于中国通商银行与洋务运动关系的认识，没有简单停留在"洋务运动遗留下来的产物"的结论上，而是努力作内在和本质的探析。

在中国通商银行创立之际，金融市场上的主导力量既有本土传统的票号钱庄，又有进入中国已有半个世纪的外商银行。学术界很早就关注到票号、钱庄"成立均远在数百年前，虽于组织上、营业上、及其他种种方面，与银行迥不相同；然树立流通之基础，养成存放往来之习惯，从而造成创设银行之适当环境，俾银行得及时产生，其功正不可没。至在华设立之外商银行，更为吾国银行业之模型"①。书稿着重从人事和业务往来的视角，对中国通商银行"欲沟通其与中国旧式金融机构和外商银行之间的联系的努力"，分别进行了具体的分析，指出："票号基本采取了拒绝与中国通商银行合作的态度，其人员大多拒绝到中国通商银行各分行中任职，即使有个别人兼任其分行经理人的职务，但也是重票号轻银行，致使银行的业务废弛。"与此形成较鲜明对照的，是指出："中国通商银行总行华大班皆来自钱业中人。"尤其是通过梳理1897年5—12月间对钱庄的拆款额和1902年下半年至1911年上半年对钱庄放款的趋势，得出了"中国通商银行与钱庄有着比较多的业务往来""中国通商银行和钱庄是一种合作关系"的结论。

至于与外商银行的关系，书稿提到中国通商银行在章程上大量借鉴汇丰银行的做法，在人事上聘用一些有着外商银行或洋行背景的洋人为总行或分行洋大班，并分析了与外商银行和洋行之间的实际业务往来情况，据此认为："总体上，外商银行与中国通商银行在业务上是一种竞争关系。"这些结论及其分析方法，对于考察更长时段不同金融力量或金融机构之间的关系，不无

---

① 杨荫溥：《中国金融研究》，商务印书馆，1936年，第98页。

一定的借鉴意义。

书稿是以中国通商银行为直接对象的,其框架体系、相关内容和主要观点等方面,有着不少可圈可点之处。

书稿在第二章设专节"章程制度",并分别以《中国通商银行大概章程》等四份制度性文件为专题展开叙述,这不同于各种通贯性金融史著作的体系和内容安排。如果通读此后各章节,可看到作者对于中国通商银行的人员组织、业务范围、经营亏损和整饬等方面的立论乃至结语中的总体评价,都以相关章程制度的内容作为主要依据。书稿作上述安排还有着超出中国通商银行自身历史研究的意义:虽然中国通商银行章程制度都有特定所指,但如果进行相关的比较,就可以看出中国通商银行的主要章程文本,是对整个近代中国银行制度体系的最初形塑。

书稿对于中国通商银行的研究既不失宏大叙事,又着力于实务运作的视角,读者不仅得以较清楚地了解该行的开办资本和初期资金来源,更可以对资金的营运和主要业务的开展情况有较全面的了解,尤其是书中的20多个表格,涵盖了股份、股东以及存款、贷放、同业拆款、汇兑、收支、盈亏、公积金、利息等关于银行运作评估的各基本方面,使书稿关于通商银行成败得失的探讨,具有了专业分析的基础。

还应当指出,书稿的主要叙事和评判虽然以通商银行总行为本位,但对分行层面也予以了充分的关注。在全书共五章的框架中,不仅在第二章有关"章程制度"和"人员组织"专节中均有关于分行的专目,其分量与总行部分大致相同;更在第三、四、五各章中,均设有关于分行的专节;而在实际行文中,涉及分行的部分更是占了相当的篇幅,包括总行与分行关系方面的制度规定和运作实态,尤其是因人事安排、管理体制不健全和监督悬空所导致的若干分行巨额亏损及对总行的牵累。中国通商银行成立初期,总行辖属的各分行在资金、人员和运营等方面均有相对的独立性，这种总行与分支机构之间的统辖和相对独立的并存关系，在整个近代中国银行业历史上是共性。书稿的相关安排，有助于拓展近代中国银行史的研究领域，深化研究层次。

在资料运用上，书稿遵循历史学的学术规范，坚持征引翔实规范，无论是对《中国通商银行——盛宣怀档案资料选辑之五》《愚斋存稿》等已刊史料还是对上海市档案馆所藏中国通商银行案卷的爬梳、解读，都体现了严谨认真的学风。当然，中国通商银行的历史有着极其丰富的内容，我期待着继这部书稿问世之后，作者能够不懈努力，向读者同仁提供新的研究成果。

2020 年 3 月 28 号

目　录

目　录

导　论

一、学术史回顾

在论述中国通商银行的著作中，首先须提及的是1947年由中国通商银行编写的《五十年来之中国经济（1896—1947）》这本书。该书开篇就是"五十年来之中国通商银行"，简要介绍了中国通商银行创立前夕的经济背景、创办经过、初期业务和民国元年以后内部的组织变迁情况。

美国学者费维恺（Feuerwerker）所著的*China's Early Industrialization*一书于1958年问世。[①]该书以盛宣怀控制的轮船招商局、中国电报局、华盛纺织厂和中国通商银行等几个企业作为考察对象，阐述晚清"官督商办"企业产生的原因、影响其发展的各种因素及发展走向等问题。当时已刊的有关盛宣怀

---

① 该书由虞和平先生翻译成中文，名为《中国早期工业化——盛宣怀（1844—1916）和官督商办企业》，由中国社会科学出版社于1990年出版。为简省起见，笔者在后面引用该书时均简称《中国早期工业化》。

的原始资料极少,致使作者对中国电报局、华盛纺织厂和中国通商银行这三家企业的资料掌握很不充分,故作者只是将轮船招商局作为重点考察对象,其他三者的论述比较简略。①就中国通商银行的部分而言,作者着重论述在其创立和初期运作期间与清政府的关系,旨在揭示"官督商办"企业中的官商关系。为此,作者对中国通商银行在创立过程中与总理衙门的冲突、"监察官"的控告、资金中清政府的存款、总董中大部分人与官场的联系,以及中国通商银行争做"中央银行"的失败等问题展开论述。作者将中国通商银行纳入盛宣怀所创办的整个企业体系中进行比较研究,从而得出了一些较有说服力和启发性的结论。尽管如此,除了前述的因资料匮乏而导致论述不充分的问题外,其某些观点在现在看来已显得过时,比如将该银行定位为"官督商办"企业就值得商榷。

1982年,《中国第一家银行——中国通商银行的初创时期(一八九七年——一九一一年)》②一书问世。该书是目前唯一专门论述中国通商银行之作,共分两个部分,一为中国通商银行的简史,包括从1897年创立到1952年参加公私合营的半个多世纪的历程;一为史料集,时间断限为1897年至1911年。该书第一部分的前两章涉及本书研究的领域,分别论述中国通商银行的创立和1911年前的业务经营状况。在第一章中,编者首先从外商银行对中国经济的侵略、中国人开办银行的主张、中国货币和产业资本的发展及清政府借款对银行的需要、原有的票号和钱庄不能完全适应经济发展的需要等角度,简略地论述了中国通商银行产生的历史条件。其次,简要介绍了盛宣怀办银行的主张。再次,从列强的干涉、清政府的阻挠、洋务派官僚张之洞的掣肘以及资

---

① 对此,作者在原书中作了坦承。参见《中国早期工业化》中文版序言和正文第242页。

② 该书由中国人民银行上海市分行金融研究室编,中国社会科学出版社于1982年出版。为简省起见,笔者在后面引用该书时均简称《中国第一家银行》。

产阶级改良主义者容闳的竞争等方面介绍了中国通商银行成立前后的曲折。最后,编者列出了中国通商银行的资金来源和组织管理的一些情况。

在第二章中,编者首先阐述中国通商银行在1911年前的业务经营经历了1897—1899年间的业务扩展、1900—1904年间的业务萎缩、1905—1911年间的业务回升这三个阶段。然后,编者从存款、放款、发钞三个方面,横向剖析了中国通商银行在1897—1911年间的业务经营状况。由于编者使用了中国通商银行的一些档案,尤其是中国通商银行的洋文账册,故其论述已建立在比较量化的基础上,具有一定的可信度和说服力。①该书的重要性如同当时的一篇书评所言:"本书的一个重要特点,是从通商银行的历史档案中发现了许多珍贵的经济、金融史料,其中不少史料沉睡了八十年之久,一直到编写这本书的时候,方被挖掘出来。新发现的史料涉及到工业、交通运输业、国内商内、进出口商行、钱庄和清政府的一些机构。"②但因受时代局限性的影响,该书编者大量使用阶级分析方法,不仅使某些结论显得简单武断,而且在材料的选择上发生了偏畸的现象。编者在该书第二部分陈列了一批重要的史料,并作了专题编排,对一些数字还进行了列表处理,其涉及中国通商银行账册中的内容,在目前看不到它的情况下,反而显得尤为珍贵。

此后,对本书的研究有一定参考作用的著作还有夏东元先生的《盛宣怀传》和李一翔先生的《近代中国银行与企业的关系(1897—1945)》。③作为盛宣怀所创办的中国第一家银行,中国通商银行是夏东元先生在论述盛宣怀

---

① 从这个角度来说,该书编者当时所拥有的某些资料是很珍贵的。中国通商银行的洋文账册存于上海市档案馆,但目前还没有开放,笔者暂时无法看到这些材料,故一些业务上的数据只能主要地求助于该书所公布的有关资料。

② 陈双水:《〈中国第一家银行〉——一本新的经济史料》,《金融研究》,1983年第4期。

③ 《盛宣怀传》有四川人民出版社(1988年)和南开大学出版社(1998年)两个版本;《近代中国银行与企业的关系(1897—1945)》由台北市东大图书股份有限公司于1997年出版。

的过程中不可回避的内容。夏主要利用上海图书馆中盛宣怀档案中的资料,论述盛创办银行的活动。笔者认为,夏著一个重要的贡献就是指出了盛"于1895年已积极行动起来创办银行了"①。

李一翔先生则从银企关系的角度,探讨了中国通商银行在创立与初期运作阶段与工业企业的关系。李认为盛宣怀建立中国通商银行最重要的原因是欲通过该行将其各洋务企业联系起来。李还认为在中国通商银行成立之初的几年内,业务方针也是侧重于产业方面的。不过李又声称,中国通商银行在创办初期与新式产业、特别是国家资本企业较密切的联系完全是靠盛宣怀的个人关系来维持,受非经济因素的影响所致,而不久,中国通商银行的资金贷放转向以外国洋行和中国商号为主。②笔者认为,对于李的这一论述还可进行更详细的分析。

应特别提及的是,《中国通商银行——盛宣怀档案资料选辑之五》③一书的面世,为研究中国通商银行创立及早期运作提供了很大的便利。该书所选资料的时段为1896年至1916年,个别资料前溯或者后延。由于种种原因,该资料集所收史料有限,比如1911年以后的资料是少之又少,1916年竟然只有一件,使人难以了解中国通商银行在辛亥革命后的状况。谢俊美先生以此资料为主要来源,撰写了《中国通商银行简史》④。本书主要以盛宣怀创办和管理该行时期的历史为主,兼及此后傅筱庵和杜月笙先后控制该行的历史。但该书是中国通商银行的简史,该行的很多历史细节还需进一步梳理。

中国通商银行作为中国近代经济史尤其是金融史研究中不可缺少的组

① 夏东元:《盛宣怀传》,四川人民出版社,1988年,第252页。

② 李一翔:《近代中国银行与企业的关系(1897—1945)》,台北东大图书公司,1997年,第28页。

③ 谢俊美编:《中国通商银行——盛宣怀档案资料选辑之五》,上海人民出版社,2000年。为简省起见,笔者在后面引用该书时均简称《中国通商银行》。

④ 谢俊美著,上海书店出版社,2018年出版。

成部分,还曾被其他一些相关著作涉及,主要有:《中华银行史》(周保銮著,上海商务印书馆1921年版)、《中央银行论》(崔晓岑著,上海商务印书馆1935年版)、《中国的银行》(吴承禧著,上海商务印书馆1935年版)、《银行经营论》(朱斯煌著,上海商务印书馆1939年版)、《中国银行制度史》(宫下忠雄著,吴子竹译,华美印刷厂1947年版)、《中国银行业发展史》(张郁兰著,上海人民出版社1957年版)、《清代货币金融史稿》(杨端六著,上海三联书店1962年版)、《中国近代货币与银行的演进(1644—1937)》(王业键著,台湾南港1981年版)、《中国的银行》(刘光第著,北京出版社1984年版)、《中国近代金融史》(盛慕杰、于滔主编,中国金融出版社1985年版)、《中国近代经济史论》(周谷城著,复旦大学出版社1987年版)、《在金融史园地里漫步》(洪葭管编著,中国金融出版社1990年版)、《大清银行史》(孔祥贤著,南京大学出版社1991年版)、《中国金融旧事》(朱镇华著、中国国际广播出版社1991年版)、《金融话旧》(洪葭管编著,中国金融出版社1991年版)、《近代中国经济变迁》(黄逸平著,上海人民出版社1992年版)、《中国金融史》(洪葭管主编,西南财经大学出版社1993年版)、《翁同龢传》(谢俊美著,中华书局1994年版)、《民国小丛书·中国货币史银行史卷》(中国货币史银行史丛书编委会编,书目文献出版社1996年版)、《中国近代银行制度建设思想研究(1895—1949)》(程霖著,上海财经大学出版社1999年版)、《20世纪上海文史资料文库(5)》(吴汉民主编,上海书店出版社1999年版)、《中国近代财政史·金融史》(董孟雄著,云南大学出版社2000年版)、《中国近代经济史(1895—1927)》(汪敬虞主编,人民出版社2000年版)、《中国古近代金融史》(叶世昌、潘连贵著,复旦大学出版社2001年版)、《上海金融的制度、功能与变迁》(杜恂诚主编,上海人民出版社2002年版)、《上海金融的现代化与国际化》(吴景平、马长林主编,上海古籍出版社2003年版),等等。其关于中国通商银行问题的论述,要么是侧重于某一问题,要么是服务于其他主题,要么是一般性的介绍。

就笔者所见,最早专门涉及中国通商银行的文章是《清末中国自办的第一家银行——中国通商银行史料》[①],但该文属于文史资料性质。在其后的二十余年里,再难以看到中国通商银行的名字出现在哪篇文章的题目中。

直到20世纪80年代初,谢俊美先生因为整理上海图书馆所藏盛宣怀档案中有关中国通商银行的档案的缘故,大量地接触到该银行的原始材料,并据此撰写了《盛宣怀与中国通商银行》[②]一文。该文首先论述了创办铁路成为盛宣怀创办中国通商银行的缘起,继而分析了盛宣怀请求开办银行的主张,其后论述了中国通商银行在诞生过程中的曲折经历,包括列强的插手和干涉及总理衙门对银行章程的驳诘,接着论述中国通商银行在创立之际的三"缺",即缺乏开办银行的章法、专门人才和所需的资金。对中国通商银行创办之初的业务,谢着重阐述中国通商银行与盛宣怀所创办的其他洋务企业发生的贷放关系,同时也阐述了其和中小工商业者及外国洋行发生的贷放关系。最后,谢论述中国通商银行因受各分行之累发生严重亏损而苦苦支撑的状况。2002年,谢俊美先生又发表《外资银行夹击中的中国通商银行——中国通商银行开办初年与外资银行、洋行、厂矿企业的业务往来及其思考》[③]一文。该文从中国通商银行与外资银行、洋行和厂矿企业的关系这个角度,论述该行参照外资银行的办法而成立,并积极拓展与在华外资银行、洋行和厂矿企业的业务往来,但其业务活动却备受外国金融势力排斥打击等方面的情况。

---

① 金研:《清末中国自办的第一家银行——中国通商银行史料》,《学术月刊》,1961年第9期。

② 谢俊美:《盛宣怀与中国通商银行》,《档案与历史》,1985年第2期。

③ 谢俊美:《外资银行夹击中的中国通商银行——中国通商银行开办初年与外资银行、洋地、厂矿企业的业务往来及其思考》,《历史教学问题》,2002年第6期。该文曾是2002年5月在复旦大学历史系召开的"中国金融的现代化与国际化国际学术讨论会"上提交的论文,故又编入吴景平和马长林两位先生所主编的《中国金融的现代化与国际化》一书中。

　　汪敬虞先生也曾就中国通商银行的问题写了一篇较大的文章,其题目是"略论中国通商银行成立的历史条件及其在对外关系方面的特征"①。该文首先论述鸦片战争以后中国原有金融机构包括钱庄、票号等在西方资本主义冲击下发生的变化以及它们对中国通商银行成立所采取的不同态度。接着,汪论述中国人对开办银行的酝酿,包括中国通商银行在创立之前国人对开办银行的种种想法和活动。其后,汪论述中国通商银行成立时列强对其进行阻挠、盛宣怀开办银行欲与洋商争胜、中国通商银行以汇丰银行为蓝本以及无法与外商争胜等问题。汪在该文中所用的资料是比较丰富的,除了较多地使用了《北华捷报》《申报》等报刊的资料外,还对已刊的《愚斋存稿》②、《盛宣怀未刊信稿》③等资料也进行了一定的引用,此外,对《中国第一家银行》及《盛宣怀与中国通商银行》的成果也进行了某些吸收。

　　关于中国通商银行的创立情况还有多篇文章论及,大多对该行创立的原因及创立过程中的困难予以阐述。④

　　对中国通商银行早期的制度组织情况也有多篇文章进行了探讨。如巩

---

　　① 汪敬虞:《略论中国通商银行成立的历史条件及其在对外关系方面》,《中国经济史研究》,1988年第3期。

　　② 参见沈云龙主编:《近代中国史料丛刊续编》(第十三辑),台湾文海出版社,1983年。

　　③ 北京大学历史系近代史教研室编,中华书局1960年版。与其内容完全相同的是盛宣怀:《愚斋未刊信稿》,载沈云龙主编:《中国近代史料丛刊续编》(第十三辑),台湾文海出版社,1983年。

　　④ 参见戴紫章:《中国第一家银行的历史地位刍议》,《大连教育学院学报》,1994年第2期;章友德:《试论中国通商银行的创办与运作方式》,《历史教学问题》,1994年第4期;宋士云、马学亮:《我国历史上首家股份制银行——中国通商银行》,《上海师范大学学报》,1996年第1期;程霖:《盛宣怀兴办银行思想评议》,《财经研究》,1997年第10期;詹庆华:《旧中国海关与中国近代金融的关系——以中国通商银行成立前后的历史为例》,《上海海关高等专科学校学报》,2002年第2期;刘斌:《盛宣怀与中国通商银行的建立》,《天府新论》,2006年第4期;孟玲洲、杨鹏:《试论盛宣怀与中国通商银行的创建》,《乐山师范学院学报》,2011年第1期;赵春晖:《从中国通商银行之创办看近代中国振兴实业之艰难》,《生产力研究》,2007年第11期;王佳、叶东:《从中国通商银行之创办看晚清的官商矛盾》,《思茅师范高等专科学校学报》,2009年第4期等。

为为认为,在盛宣怀的努力下,中国通商银行选择了"官助商办"的模式。这种选择有其合理性和现实性,但中国通商银行过于依赖政府,未能抓住机遇以求独立发展,暴露出"官助商办"模式的主要缺陷。①洪葭管在《第一家华资银行——中国通商银行》一文中对中国通商银行的筹设经过、内部组织管理体制和早期业务经营作了简略介绍。②赵昊鲁指出,中国通商银行产生于一个冲突中的金融环境,兼具"东西方混合"的企业制度,分析了盛宣怀在中国通商银行采取这种混合制度的原因和效果。③金敏敏从中国通商银行的创立过程检视了盛宣怀的实业家、官员和士绅的三重身份。④潘淑贞考察了中国通商银行的人事管理制度,包括组织结构、人事沟通和认识准则等方面的问题。⑤兰日旭分析了盛宣怀在银行人员的择取上取"均衡"各方利益的用人之道,呈现出不官不商、亦官亦商、不中不西、亦中亦西的特征。⑥

在中国通商银行货币发行问题上,有几篇钱币学方面的文章做了研究上的一些贡献。如《古董拍卖年鉴》于2005年1月刊登了中国通商银行纸币藏品集一部和光绪二十四年中国通商银行五两银票一枚。王云庭详细阐述了光绪二十四年中国通商银行钞券情况,指出光绪二十四年纸钞是中西文化结合的产物,有上海、京城、广东三种地名券,且只有上海、京城地名的银两券和上海、广东地名的银元券,并分析了光绪二十四年银元券存世稀少的原因。⑦王

① 巩为为:《盛宣怀与"官助商办"的中国通商银行》,《中国经济史研究》,2004年第3期。

② 洪葭管:《第一家华资银行——中国通商银行》,《中国金融》,1987年第7期。

③ 赵昊鲁:《传统与现代冲突中的企业家创新(1896—1911)——盛宣怀与中国通商银行的东西方混合企业制度》,《江汉大学学报》,2009年第3期。

④ 金敏敏:《从中国通商银行看盛宣怀的三重身份》,《现代经济信息》,2010年第15期。

⑤ 潘淑贞:《论中国通商银行的人事管理》,《兰州商学院学报》,2006年第6期。

⑥ 兰日旭:《盛宣怀与中国通商银行的均衡用人之策》,《中国金融》,2011年第18期。

⑦ 王允庭:《中国通商银行光绪二十四年钞券初析》,《中国钱币》,2009年第4期。

允庭还专门介绍了中国通商银行第一版银元券。①叶世昌阐述了中国通商银行早期运营过程中,日本人曾经伪造该行钞票,导致该行23万张钞票作废。②汪锡鹏阐述了中国通商银行伍拾两流通正票受市场热捧的状况和原因。③俞鸿昌在《中国通商银行之伊始》中也述及中国通商银行早期发行钞票的问题。④此外,徐昂在《中国通商银行早期发钞考》中,梳理了中国通商银行在清末的发钞制度的形成过程,以及该行钞票印制、发行和流通的基本情况,认为该行虽然开创性地发行了新式银行纸币,但依然受缚于传统白银货币经济。⑤

在中国通商银行早期运营问题上,谢俊美先生分析了辛亥革命爆发后,该行及盛宣怀的命运沉浮状况,特别揭示了该行变成名副其实的商业银行的过程。⑥还有一篇未刊的硕士论文乃是苏州大学2006年夏建圩的硕士论文《中国通商银行早期经营研究(1897—1911)》,主要依据《中国第一家银行——中国通商银行的初创时期(一八九七年——一九一一年)》所提供的数据,对中国通商银行早期的存款、贷款、投资与外资银行、上海钱庄及金融市场的关系等方面作了阐述。如同作者所述,该文在经营状况方面还没有分析中国通商银行的汇兑及发行等问题,也没有揭示该行早期业务的动态变化过程。

在中国通商银行的成立与早期运作问题的研究上,笔者发表了数篇文章,包括《张之洞在中国通商银行创办过程中的言论述评》⑦《中国通商银行个

---

① 王允庭:《珍稀的中国通商银行第一版银元券》,《中国城市金融》,2008年第9期。

② 叶世昌:《清末中国通商银行曾作废23万张钞票》,《中国钱币》,2007年第1期。

③ 汪锡鹏:《中国现代银行业的第一道曙光——由中国通商银行伍拾两流通正票受市场热捧说起》,《中国城市金融》,2010年第12期。

④ 俞鸿昌:《中国通商银行之伊始》,《中国钱币》,2002年第3期。

⑤ 徐昂:《中国通商银行早期发钞考》,《史林》,2012年第6期。

⑥ 谢俊美:《辛亥革命前后的中国通商银行》,《历史教学问题》,2012年第2期。

⑦ 《安徽史学》2003年第5期,并被《复印报刊资料·经济史》,2004年第1期转载。

案研究:尹稚山亏蚀案剖析》①《盛宣怀与中国通商银行的早期运作》②《早期中国通商银行的几个金融案述论》③等。其中,《张之洞在中国通商银行创办过程中的言论述评》一文,揭示了张之洞在盛宣怀创办中国通商银行过程中与盛发生的一系列矛盾和冲突,包括其不同意盛所提出的"银行、铁路并举"而主张先办铁路后办银行;不愿意保举盛宣怀创办并督理银行;迟迟才同意对御史管廷献的奏折列名复奏,并对中国通商银行提出了一些限制条件等。接着,笔者分析了张之洞一系列反对言论背后的思想动机,认为张发表种种反对言论,本质上是为了利益之争,是为了防止盛宣怀由控制中国通商银行进而控制芦汉铁路。笔者还认为,张之洞和盛宣怀之间的派系矛盾、张之洞重"官"轻"商"的"官本位"思想及其现代银行意识的淡薄等因素也都影响到他对盛宣怀创办中国通商银行的态度。总之,笔者从张之洞对盛宣怀创办银行所持的态度及言论的角度,揭示了中国通商银行在创立过程中所遇到的种种潜在的阻力。《中国通商银行个案研究:尹稚山亏蚀案剖析》一文,论述了中国通商银行镇江分行经理人尹稚山侵吞镇江关巨额公款而盛宣怀使尽各种办法以挽回损失的过程,窥斑见豹地揭示了中国通商银行内部运作机制的一些弊病及其外部生存环境的恶劣。《早期中国通商银行的几个金融案述论》一文则全面揭示早期中国通商银行北京、天津和镇江分行或因战争或因经理人的舞弊而先后发生严重的亏损并使得该行陷入亏损深渊的状况。此外,该文还阐述了总行也曾发生被人倒骗巨款以及其钞票被几名日本人伪造等案件。通过这些案件,充分展现清末中国通商银行生存的恶劣环境及其自身运作机制的一些弊病。《盛宣怀与中国通商银行的早期运作》一文,论述了盛宣

---

① 《兰州学刊》,2005年第5期。

② 《云梦学刊》,2006年第2期。

③ 《中国经济史研究》,2007年第2期。

怀操控早期中国通商银行的具体业务情况，包括为该行招揽存款、重视押款、反复要求降低汇费、规范银行帐目、强调"自家生意自家做"等。在中国通商银行遭遇几个金融案件困扰之际，盛宣怀努力进行疏通，以减少该行的损失。盛宣怀对中国通商银行的操纵既有积极的一面，也有着潜在的负面影响，它使得该行随着盛宣怀的命运而起伏，并往往偏离业务经营的客观要求。

笔者还对中国通商银行在中华民国时期的情况做了一些研究，成果包括：《论国民政府对中国通商、四明和中国实业三银行的改组》①《抗战时期中国通商银行的内迁和战后的复员》②等。其中，《论国民政府对中国通商、四明和中国实业三银行的改组》一文，论述在1934年白银风潮前夕，中国通商银行、四明商业储蓄银行和中国实业银行因长期经营不善而资金周转不灵。在白银风潮中，三行同时陷入挤兑的困境。继而在1935年法币改革后，三行因难以缴足发行准备金而再度陷入困境。在这两个过程中，南京国民政府以救济之名，实施控制，并最终对三行增资改组，将其纳入政府金融体系。《抗战时期中国通商银行的内迁和战后的复员》一文，论述了以下情况：抗战时期，由于战火的摧毁及日伪对资产的劫夺，中国通商银行难以在东南沿海一带发展，遂将重心内移，包括将总行内迁重庆，在大后方广设分支机构，并将部分资金和人员内调；该行战时在后方不仅使自身获得了长足发展，而且联合其他内迁金融机构，对抗战时期大后方的经济金融建设以及促进东西部金融格局趋于平衡做出了自己的一份贡献；但是，战后该行又将重点放在东南沿海发展，在内地的金融机构逐渐萎缩。

此外，就笔者所见，与本书有关的论文主要还有：《中国通商银行の设立と香港上海银行——1896年、盛宣怀の设立案をめぐつて》《清末中国におけ

---

①　《中国社会经济史研究》，2005年第3期。

②　《上海商学院学报》，2011年第1期。

る「銀行論」と中国通商銀行の設立——一八九七年、盛宣懐の設立案をめぐる批判と修正》《一九世紀末における銀価変動と上海金融市場——中国通商銀行の初期活動に関連しこ》(此三文均为滨下武志著,先后载于《一桥论丛》第84卷第4号、第85卷第6号和第87卷第4号)、《上海华资银行业的产生和初步发展》(陆兴龙著,《档案与史学》1989年第6期)、《清末民初(1895—1927)的中国商业银行》(冯聊君著,《国际金融研究》1994年第1期)、《中国近代资本主义金融业（1895—1927年)》(杜恂诚著,《中国经济史研究》1994年增刊)、《中国早期银行资本与产业资本关系初探》(李一翔著,《复印报刊资料·经济史》1994年第3期)、《我国历史上的商业银行》(席长庚著,《复印报刊资料·经济史》1996年第5期)、《银行资本与中国近代化》(李一翔著,《复印报刊资料·经济史》1996年第3期)、《中国近代银行性质及作用刍议》(高青山著,《求是学刊》1997年第1期)、《中国近代银行业的发展脉络》(曹啸著,《经济论坛》1999年第8期)等。这些文章或多或少都涉及本书所讨论的问题。

以上著作和论文要么从某一侧面论述了本书所要研究的问题,要么整体地但比较简略地覆盖了本书的研究领域,但这些先期成果尤其是笔者认为有价值之处无疑将会被整合到本书的研究成果之中。

二、研究主题

作为中国第一家银行——中国通商银行是研究中国近代银行史、金融史乃至经济史不可绕过的一个界标。作为中国华资银行的首创,相对于后来成立的银行而言,中国通商银行在成立之际所遭遇的思想碰撞要激烈得多,所蕴涵的历史信息要丰富得多,不仅是一段创办者、支持者排除各种困难的斗争历程,还有助于我们从更广阔的社会背景去观照中国近代历史上的求强求富活动。显然,这是中国通商银行的最大特色,也是我们应该予以研究的重要原因。

中国通商银行在成立之初,曾被其创立者赋予厚望,在某些方面还被清政府赋予了国家银行的特权。而且从1897年5月27日该行总行成立,直至1905年5月四川浚川源银行和同年9月户部银行相继成立,在这8年时间里,中国通商银行是中国唯一的华资银行。尽管如此,其早期一直在不景气的状况中苦苦支撑,乃至数年出现亏损,致使其创办者最终“始愿难偿”。如果我们能深入到其早期运作的内幕,探讨其早期运作不成功的原因,并揭示出其理想和现实、文本设计和实际运作之间的巨大反差,则不仅能使我们对其经验和教训有一个了解,而且能使我们对其所处的历史环境有一个深切的把握。这将是笔者研究所要努力的方向,也是本书研究的主题。

中国通商银行后来被户部银行(后相继变为大清银行和中国银行)、交通银行、“南三行”“北四行”等众多银行超过,并在1935年被南京国民政府改组后沦为“小四行”之一,混迹于普通银行之列。从1897年中国通商银行成立到1916年盛宣怀去世,盛控制该银行长达20年之久。其后是傅晓庵于1919年控制了该行,1935年则落入杜月笙之手,直至新中国成立。在这三个阶段,中国通商银行的经营理念和方向皆带有个人意志的色彩。但这三个阶段也有关联性,正是盛宣怀时期经营得不成功,给傅晓庵留下了并不丰厚的遗产,而傅晓庵经营得继续恶化,则为南京国民政府兼并和改组中国通商银行并由杜月笙控制该银行提供了契机。

鉴于中国通商银行的成立具有首创性、其早期运作的不成功发人深省以及其发展过程中三个阶段既有显著的区别又有一定的关联,所以笔者将本书的研究时段确定在盛宣怀时期。同时,鉴于中国通商银行与盛宣怀的政治权势有着密切的关系,而盛在辛亥革命后丧失了这种权势,加上目前已公布的盛宣怀及中国通商银行档案中1911—1916年资料的不足,[1]笔者又将研究时段缩小到1911年。

笔者将研究时段的下限选在1911年,还基于以下考虑:近代一些历史学者普遍认为,中国银行业发展的萌芽期在中国通商银行成立至1911年之间。[2]通过对1911年以前中国通商银行历史的研究,可以使人们对我国银行业在萌芽阶段的成立和经营状况以及当时的历史条件有一个了解和把握。

虽然盛宣怀创办银行的打算早在1895年已经开始,但鉴于其采取行动始于1896年。因此,笔者将本书研究时段的上限定在1896年,而且目前学界也普遍将中国银行业起始的时间定在是年。

三、研究内容和目标

本书首先论述中国通商银行创立的过程,继而揭示其成立之初的资金、章程制度、人员组织情况,然后在其成立之初业务的展开、其后发生严重亏损和债务纠葛、最后经过整饬而业务回升这三个阶段中探讨其具体的运作情况。具体而言,本书研究的主要内容包括如下五个部分:

---

[1] 《中国通商银行》还存在着辛亥革命后资料极少的缺陷,而上海市档案馆馆藏"中国通商银行档案"在盛宣怀时期的部分仅有十余卷开放。这些都给本书的研究带来资料搜集上的困难,尤其是给了解中国通商银行在辛亥革命后的运作情况带来很大的难度。

[2] 近代日本学者宫下忠雄将中国银行业的发展过程分为三个阶段,其中第一期为清朝末期,时间自1896年至1911年间,为中国银行业的萌芽时期。根据宫下忠雄的转述可知,吴承禧以中国银行业设立数目的发展趋势为划分标准,将中国银行业的发展过程分为四个阶段,其中第一期在1912年以前,为中国银行业发展的萌芽时期,在此时期中国新式银行业的设立较少。"中华民国二十六年全国银行年鉴"则以各时期内所产生的银行的中心业务为划分标准,把中国银行业的历史划分为三个时期,其中第一期为大清银行时期,自1896年中国通商银行设立以后至1911年之间,以大清银行为中央银行的时期,又可谓萌芽期。参见[日]宫下忠雄《中国银行制度史》,吴子竹编译,1957年,台湾南华银行研究室,第1~2页。

1. 中国通商银行的创立

盛宣怀创立中国通商银行的缘起有三：一是甲午战后，为筹措对日赔偿，盛宣怀向户部尚书翁同龢建议，不可全借洋债，而必须"借用本国民债"。为此，他提出仿照轮船招商局开设"招商银行"。二是当时很多中外人士主张开设国家银行。但翁同龢倾向于盛宣怀开设商办银行的主张，为此，翁嘱托盛开设"招商银行"。三是为招集铁路股款以及为他所控制的其他洋务企业尤其是汉阳铁厂服务，盛宣怀打着"今因铁厂不能不办铁路，又因铁路不能不办银行"的旗号，请求张之洞、王文韶以及清政府中的一些要员支持其开办银行。

盛宣怀创办银行的活动经历了酝酿、上奏及奉旨开办的三个过程。其开设银行的提议虽然没有得到张之洞的首肯，但获得了其他一大批重要人物的支持。为此，他上呈《自强大计折》及"开设银行片"，向光绪帝奏请开设银行，并很快获得了批准。

尽管如此，中国通商银行在创立过程中还是经历了一些曲折，主要有华俄道胜银行的阻挠和总理衙门以及御史管廷献对银行章程的驳诘。此外，中国通商银行的创立还承受着很多潜在的阻力，这些阻力包括：利益之争、官本位、创立银行的意识淡薄、派系矛盾和忌妒心理等，而这些突出地反映在湖广总督张之洞的身上。

2. 中国通商银行成立之初的资金来源、章程制度和人员组织状况

中国通商银行成立之初的资金来源主要是商股和户部存款。而商股主要来自盛宣怀所控制的轮船招商局和电报局以及盛本人。

中国通商银行的章程制度体现在该行制定的几个文本文件中。《中国通商银行大概章程》有着三个特点：其一，体现出该行官助商办的性质；其二，在很多地方仿效汇丰银行的章程；其三，对中国某些固有的经济制度的沿

袭。而《中国通商银行分行大概章程》更注重本国特色,尤其对票号的做法有较多的借鉴。

中国通商银行实行的是董事责任制,业务经营则由大班负责进行。在其开办之初,总行设有10位总董,其中大部分人在轮船招商局、电报局、华盛纺织厂中兼有董事职位。华大班受洋大班节制,而洋大班有些事须与华大班相商,两者"互相钳制",并且都听命于总董,而总董又听命于盛宣怀。在各分行中,分董的作用并不突出,业务主要由大班进行,有些分行大班则由分董兼任。

3. 中国通商银行开办之初业务的展开

中国通商银行上海总行在成立后的半年里将绝大部分资金贷给了钱庄,但盛宣怀令总行多做押款。在总行初期的放款业务中,其重点对象是工交企业、外国洋行和钱庄。而工交企业中,以盛宣怀所控制的企业为主。总行初期的业务除存款、拆借、押款和押汇之外,还涉及发行钞票、铸币、购买外汇等。

盛宣怀将中国通商银行各分行的业务定位为汇兑,并寄希望于在票号中选拔人才,作为各分行的经理人员,但这种愿望落空了。按照盛宣怀的指示,中国通商银行在有股之北京、天津、烟台、汉口、香港、广州、福州、镇江等地将分行先行开设起来。但各分行普遍没有什么起色,而且不同程度地存在不合定章的情况。

盛宣怀则尽力为中国通商银行的业务经营开创条件,包括招揽存款和汇兑生意,为中国通商银行争取电报费的优惠权等。

中国通商银行的资金总额在1897—1899年间是逐年增加的,其主要原因是存款在不断增加。其存款的主要来源是盛宣怀所控制的轮船招商局、仁济和保险公司、铁路总公司以及盛本人。此外,荣禄、李鸿章、津海关道、东海关道、镇海关道、海防捐局等也存入很多官款。其工业放款的重点对象除了盛宣怀的洋务企业外，还包括一些中国民族资本主义工业和外国洋行。汇兑业务也得到一定程度的开展。此外，也发行了一定数量的钞票。中国通商银行在这几年的业务经营皆处于盈余状态，股息也按预定的八厘发放。

4. 中国通商银行的亏损与债务纠葛

北京分行在庚子事变中被抢毁后，中国通商银行总行为之赔偿了武卫中军饷银31万两。天津分行也因此次事变而难以收回放款，更严重的是，天津分行华大班梁绍祥亏空银行巨额款项，计62万余两。银行向其保人索赔18万余两，但该保人拒不赔偿，总行因而对之起诉，后来不仅没有打赢官司，还贴进讼费7万余两。由于梁绍祥账目的混乱，致使中国通商银行和海防捐局、津海关道、铁路总公司甚至盛宣怀本人发生了严重的债务纠纷。后来京、津分行重新开设，但都一直处于债务纠葛中。

镇江分行经理人尹稚山，亏蚀镇江关款达库平银41万两。盛宣怀请求地方官府查封尹稚山家产并以之开彩，得库平银23.8万两，另追得尹氏金银首饰1.4万两，余下之款则分年摊赔。在追查尹产的过程中，盛宣怀曾利用官府大兴讼狱。

除了京、津、镇三行严重亏损外，其他分行也都获利微弱。汕头和福州分行则分别于1900年和1901年被收撤。总行也遭受了两次损失，1900年间，被韩祝三倒骗6.9万两，1903年初，日本人伪造中国通商银行钞票，致使该行钞票出现挤兑，并使得该行被迫收回已发行之钞票。

以上情况，尤其是京、津、镇三行的严重亏损，使得总行资金周转困难。无论是在资金总额还是各项业务额上，均比银行开办之初的数额减少很多。而且中国通商银行在此期间的账略上多次出现亏损。为弥补亏损，总行曾缓发股息两年，但依然无济于事，最终出现虚本实利的局面。

同时,户部银行正在酝酿开设,盛宣怀因此而提出将商股和部款分别改拨萍乡煤矿和汉阳铁厂,接着,法国和奥地利先后提出与盛宣怀合办中国通商银行,后来,还曾出现户部合并中国通商银行之议。由于户部银行一直没有开办起来,盛宣怀也相继放弃或拒绝了这些动议。

5. 中国通商银行的整饬与业务经营的逐渐复原

面对连年亏损的状况,盛宣怀对中国通商银行的人员和业务进行了一系列调整。1902年6月,盛宣怀派严潆为驻行办事总董,授予其节制行中一切事务之权。但严潆两年后病逝,办事总董严信厚、朱佩珍又久不到行办事,董事会也久不召开,致使行务益发废弛。鉴于此,盛宣怀派王存善和李钟珏为驻行总董、顾润章为驻行分董,同时撤销严信厚和朱佩珍办事总董的职位。1905年8月,总行华大班陈淀病逝,由谢纶辉接任。至此,总行的权力实现了换届接替。

在中国通商银行的业务上,盛宣怀在存、放、汇等领域均采取积极的行动。他继续利用其权力,在粤汉、正太、沪宁、汴洛、京张和沪杭甬等铁路的借款合同中为中国通商银行争取部分款项的经理权。任邮传部尚书后,他又让该部频繁地与中国通商银行进行银钱上的往来。他批准总行办事董事和华大班将放款业务的方向由注重拆款转向注重押款。不过,他对押款业务专注谨慎,而总行办事董事和华大班则力求稍与通融。他很重视中国通商银行的官款汇兑,曾一再命令总行将汇费降低。他还对银行账目进行规范,要求总行造具年总和月总账目,同时,他还派人定期到总行查账务。此外,他提出"自家生意自家做",要求中国通商银行接做其控制的其他企业的押款。

为弥补虚本实利,总行采取了收歇分行、节省经费和发行钞票等措施。重庆、香港、烟台分行又被相继收歇。至此,各分行收歇殆尽。自1905年下半年开始对官利减少二厘。总行相继裁撤过总行查账董事辜济揖、天津分行洋大班哈罗和香港分行洋大班拉打等。对美德伦,总行则令其减薪和让屋,并将洋账予以裁撤,同时相应地裁撤了总行绝大部分洋账房人员。

通过盛宣怀及总行新一届办事董事和华大班的努力,中国通商银行的业务经营自1905年下半年逐渐起色。除了汇兑生意因各分行相继收歇而大幅度减少外,资金总额、存款、放款、发钞额都获得大幅度增加。此后几年,总行皆处于赢利状态,公积金也随之逐步增加。为此,总行酝酿补发八厘官利。尽管如此,直至1910年初,总行尚少股本银14万余两。

通过以上主要内容的论述,笔者试图形成此种认识:

第一,中国通商银行的产生既有着财政上的原因,也是中国近代产业资本发展的结果。虽然甲午战后相关的环境与条件的变化为中国通商银行的创立制造了有利条件,但其创立过程的一波三折又表明,它自产生之时就面临着帝国主义和封建势力的双重压力,反映出民族资本主义在半殖民地半封建社会环境中处于内外交困的艰难处境,这预示着日后其业务经营的艰辛曲折。

第二,从中国通商银行成立之初的资金来源、章程制度和人员组织状况可以看出,该行不仅与盛宣怀所控制的其他洋务企业存在密切关联,而且与清政府、中国旧式金融机构以及外商银行和洋行均存在一定的联系。其资金主要来自盛宣怀本人、盛宣怀所控制的其他洋务企业的股款和官府的存款。章程制度主要取法外资银行、中国旧式金融机构和洋务企业的成规。人员构成既有来自盛宣怀的其他各洋务企业者,也有钱庄和外资银行的人员,还有与官府有密切联系的人士。这些都体现出中国通商银行作为中国第一家银行,其在诞生之际就对现存政治和经济环境有着强烈的依赖性,反映出民族资本主义与帝国主义和封建主义有着千丝万缕的联系。

第三,早期中国通商银行在业务经营上经历了一个起伏的过程,但总体上是在苦苦支撑。这种状况主要是由中国通商银行内部用人、管理、监督等制度的不健全和混乱所致,而社会环境的影响也是非常重要的因素。中国通商银行作为中国第一家银行,国内还没有多少熟悉近代银行业务的人才供其使用,只能取才于外资银行、钱庄和票号,甚至官府人士,而这些人要么不熟悉中国国情,要么无法实现近代银行业务理念的转型,要么将官府的腐败贪污习气带至银行,致使银行出现严重亏损。此外,动荡险恶的社会环境也是中国通商银行早期亏损的重要因素,特别是八国联军侵华战争使得该行北京和天津两家分行损失巨大。这种情况再次凸显了列强的侵略对中国经济所造成的破坏性。

第四,盛宣怀对中国通商银行的人事和业务进行了一贯的介入,这种状况虽有利于中国通商银行凭借他的权力和关系网打开业务上的局面,但他强烈的个人意志严重阻碍了中国通商银行按照所订的章程制度来运行。该行虽然形式上是"权归总董",但实际上董事和经理皆对盛宣怀唯命是从。盛宣怀不仅掌握着中国通商银行的人事权,而且对该行存、贷、汇等业务深深介入,极力为其招揽存款,屡屡指示贷款方式和汇兑的汇率,特别要求"自家生意自家做",即要求该行与其控制的其他几家洋务企业进行密切的业务往来。他对账目更是十分关注,定期派人到该行查账。虽然盛宣怀大权在握,但他毕竟缺乏近代金融机构管理和经营的知识和能力,而且精力有限,特别是在其为父亲丧事丁忧及与袁世凯明争暗斗之际,显然对中国通商银行缺乏督理,导致该行舞弊盛行、人员玩忽职守,最终陷入亏损深渊。可见,由于盛宣怀牢牢控制中国通商银行,导致该行与盛宣怀的命运起伏戚戚相关,使得该行不可能按照所制定的章程制度去运作,往往偏离业务经营的客观要求。

需要说明的是,中国通商银行的创立与早期运作的历史与盛宣怀的活动有着密切的联系,故笔者所用的资料主要来源于《愚斋存稿》《盛宣怀未刊信稿》和《中国通商银行》。同时,笔者还较多地使用了上海市档案馆所藏的"中国通商银行"档案中已开放的相关资料,共有10余卷,其中对本书极有价值的为该全宗"董事会"名目下之第1、2、3、5、6卷。此外,笔者还较多地利用了《中国第一家银行》中所编列的资料。但鉴于上海图书馆所藏盛宣怀档案和上海市档案馆中涉及本书领域的相关档案还没有开放,①因此笔者声明,本

① 就笔者所知,目前有两处藏有盛宣怀档案,其一为上海图书馆,其二为香港中文大学,而该两处之档案均已有选辑出版。截至目前,上海图书馆之盛档共选编出版了八辑:第一辑为《辛亥革命前后》(1979年出版)、第二辑为《湖北开采煤铁总局·荆门矿务总局》(1981年出版)、第三辑为《中日甲午战争》(包括上、下两本,均于1982年出版)、第四辑为《汉冶萍公司》(共有三本,其中第一本于1984年出版,第二本于1986年出版,第三本即将出版)、第五辑为《中国通商银行》、第六辑为《上海机器织布局》(2001年出版)、第七辑为《义和团运动》(2001年出版)、第八辑为《轮船招商局》(2002年出版)。这些资料皆由陈旭麓、顾廷龙、汪熙三位先生主编,且均为上海人民出版社出版,但具体到每一辑则由不同的学者选编。

这些书前后出版时间跨度很大,长达20余年。之所以如此,主要因为出版经费的问题迟迟难以解决。香港中文大学所藏之盛宣怀档案,为旅日侨商、古物鉴赏家程伯奋先生将其所收藏盛宣怀手书及其朋僚往来函札,合计77册,暂存香港中文大学中国文化研究所,后由该校董事利荣森替该校出资购买。该部分档案目前已编辑出版的有:《近代名人手札真迹》(共9册,1987年出版)、《近代名人手札精选》(仅1册,1991年出版)、《清末议订中外商约交涉》(共2册,1993年出版)、《盛宣怀实业函电稿》册,(共2册,1993年出版)、《清季外交因应函电资料》(仅1册,1993年出版)、《盛宣怀实业朋僚函稿》(共3册,1997年出版)。

这些资料的编辑者主要为王尔敏,在前期由陈善伟与之合编,后期则由吴伦霓霞与之合编。据王尔敏先生称:"余先后多次检阅本校所藏盛氏手稿,于盛氏生平重要实业之中,特别缺少'中国通商银行'一门资料,一件未有。"王氏推测该资料应在上海。(参见王尔敏、吴伦霓霞合编:《盛宣怀实业函电稿》,香港中文大学中国文化研究所和台北"中央"研究院近代史研究所,1993年,序言第3~4页。)他的猜测没错,盛档中关于中国通商银行的档案确实在上海,确切地说是在上海图书馆。此外,王鹤鸣、马远良主编有《盛宣怀档案名人手札选》,该书由复旦大学出版社1999年出版。上海图书馆历史文献研究所编的《历史文献》,从1999年4月出版第一辑开始,以后不定期地出版了几辑,其中也零星地披露了一些盛宣怀的档案。笔者除了对《中国通商银行》一书详细阅读外,对上述其他出版物也进行了翻阅。虽然《中国通商银行》已出版,但该书毕竟是一个选辑,而且据该书编者谢俊美先生透露,因经费不足,该书出版时已删去较大篇幅,可见该书所载资料还远远不足以展示上海图书馆所藏盛档中有关中国通商银行档案之全貌。同时,很遗憾的是,上海图书馆所藏之盛档目前还没有开放,而在上海市档案馆的"中国通商银行"档案中,还有与本书相关的业务方面的一些案卷没有开放,尤其是中国通商银行总行洋大班美德伦(A.W.Maitland)所造的十几本洋账簿还没有被整理开放,这些都给本书的研究带来了很大的难度。

书的结论只是从目前所刊布的资料中所得，若前述还没有开放之档案面世后出现与本书的结论相冲突之处，笔者将及时作出修正。为此，笔者将密切关注这些资料的动态。

第一章
中国通商银行的创立

    以往研究中国通商银行创立的历史条件的观点主要是：中国近代工商业经济的发展产生了对银行业的需求，而中国旧式金融机构如钱庄、票号、官银钱号等不能满足工商业的需求；同时，在华的外商银行如汇丰、德华、麦加利银行等垄断着中国金融业并助长了列强对中国经济的侵略，而中国人主要出于收回利权的目的而产生了兴办银行的思潮，等等。此外，还有人提出中国银行业的产生与财政有一定的关联。笔者无意于对每种观点作出具体的评述，也并不否认其中很多观点的合理性，但同时也认为，仅从这些方面泛泛地谈中国通商银行创办的历史条件和原因显然是不够的。对中国通商银行产生的自身的特殊原因，我们还必须到盛宣怀创办中国通商银行的具体活动中去探求。

第一节 盛宣怀开办中国通商银行的缘起

在论及盛宣怀创办银行活动的时候，很多学者仅从其直接起因——兴修铁路一事入手，而没有对盛宣怀创办银行的最初动机作进一步的分析。[①]笔者认为，盛宣怀早在1895年就出于"借用本国民债"的目的而提出仿照轮船招商局开设"招商银行"，但当时很多人提议开设官办银行。在这两种主张中，户部尚书翁同龢倾向于盛宣怀，并委托盛创办银行。在被委任负责铁路事宜后，盛即以筹集铁路商股为由，上奏请求开设银行。这些即为盛宣怀创办银行的缘起。当然，我们可由盛宣怀企图将银行服务于由其负责的铁路、铁厂这一事实，进而推想到他欲将银行服务于其整个洋务事业的目的。

一、"借用本国民债"

"中国通商银行"这一名称是在盛宣怀将银行章程上呈总理衙门的前夕才确定下来的，在此之前，银行之名根据李鸿章之意定为"中华商会银行"，而"中华商会银行"这一名称又是由"招商银行"改变而来，其演变脉络可见下表。

[①] 比如，谢俊美先生在其《盛宣怀与中国通商银行》一文中，只谈到盛宣怀"因办铁路，不能不办银行"的主张。又如，汪敬虞先生在其《略论中国通商银行成立的历史条件及其在对外关系方面的特征》一文中论述盛宣怀创办银行之活动时，也仅从盛宣怀请开银行的奏折入手。而程霖先生在《盛宣怀兴办银行思想评议》一文中，也仅就盛宣怀在奏折中主张开设银行的思想进行分析。不过，夏东元先生在对盛宣怀最初的银行思想和实践作梳理的过程中，已发现"盛宣怀于1895年已积极行动起来创办银行了"。参见夏东元:《盛宣怀传》，第252页。

表1　中国通商银行名称的由来

时间	名称
1895年5月8日	盛宣怀向翁同龢提议开办"招商银行"
1896年11月16日	李鸿章意,似可定名为中华商会银行
1897年1月27日	盛宣怀致总理衙门报告拟定名为中国通商银行

资料来源:《甲午中日战争——盛宣怀档案资料选辑之三》(下册)①,《中国第一家银行》,第91页。

据笔者所见,"招商银行"这一名称最早出现在1895年5月8日盛宣怀致翁同龢的函文中。在该函文中,盛宣怀提到:"亟应仿照招商局,速开招商银行。"②

1896年11月16日,李鸿章的儿子李经迈向盛宣怀转达李鸿章对银行名称的看法:"'招商银行'似不如'中华商会银行',商会即公司别名,较为大方。"盛则回电表示:"'商会'二字,甚新。"③

1897年1月27日,盛宣怀致电总理衙门,请示改变银行名称。"牌名原拟中华商会银行,因港沪已有英商开设中华汇理银行,似重复。此行奉特旨开设,以收利权,公拟'中国通商银行'六字,是否可用,乞钧示定夺。"④

循着中国通商银行名称演变这一线索,我们可以找到盛宣怀创办银行的最初缘起。甲午战后,中国须赔偿日本军费二亿两。⑤清政府早已财政枯竭,对此巨额赔款,只能求诸借债。当时,正在酝酿"俄法借款",但翁同龢感觉"借款太难",乃咨询盛宣怀,"设撤开另觅,能准集此巨款否"? 盛在前述函文中提出,不可全借外债,"试想二万万巨款,若全借洋债,至少二十年还清,连本带

---

① 齐国华、季平子编:《甲午中日战争——盛宣怀档案资料选辑之三》(下册),上海人民出版社,1982年,第449~450页。

② 同上,第450页。

③ 《愚斋存稿》(卷90),第24页。

④ 《愚斋存稿》(卷25),第37页。

⑤ 后又增加赎辽费3000万两。

利便须四万万。国家度支,岁计八千数百万,盈余未闻确数。此后每年必须筹有的款二千万以还洋债,方可无虞。至善后处处需款,若必待还清洋债而后练兵、造船、制械、恐不及待而边衅又起矣"。因此,他将着眼点放在求诸内债上。他引用日本借本国民债筹措兵饷的情况,"日本有西法银行,故兵饷万万,皆借本国民债,无俟外求"。他还提到,若以中国之钱财,"为我国家用",则中国对日赔款,将"如法国之赔德兵费,不及期限而已清矣"。但当时的状况是:"中国地大民富而无银行,以官力借民债,虽数百万亦吃力。"为此,他提出要开办银行,并主张银行应为商办。"亟应仿照招商局,速开招商银行,并可鼓铸银钱,通行钞票,悉归商办,而官护持之。"至于银行如何借民债,他提出如下方法:"开办之初,须藉重西人为导引,以通各国银行,代国家借洋债。久之,中国商民相信,便可照泰西及日本,借用本国民债,而利不外溢。"①

由中国通商银行名称演变的线索及盛宣怀开办"招商银行"的主张,我们可以发现,盛宣怀在1895年创办"招商银行"的主张其实就是其创办中国通商银行的开端,而"借用本国民债"则是其创办中国通商银行的最初缘起。

其实,早在1887年盛宣怀参与李鸿章筹备华美银行的活动中,盛就主张银行归商办。当年,他曾禀告翁同龢:"月前收眉叔②(原删:张樵野)荐一美国商人(指米建威——引者注)来津,(与玉山③、眉叔)议开官银行,傅相(指李鸿章——引者注)督办。适侄奉谕赴津,力陈银行只可商办,本钱虽大,其办法与西帮之银号等耳,盈亏听商自主,官不宜过问。傅相尚以为然。"但那时,盛深感成立商办银行的条件还不成熟,在银行方面的人才很匮乏,"招商一局尚

---

① 齐国华、季平子编:《甲午中日战争——盛宣怀档案资料选辑之三》(下册),第449~450页。
② 即马建忠,字眉叔,时任轮船招商局会办。他与周馥以及盛宣怀被李鸿章派往与米建威商讨华美银行章程,并在章程上签押。(参见《中国通商银行》,第697页。)
③ 即周馥,字玉山,时任津海关道台。

苦无人，遑论银行？"①

二、"因中外条陈开设官银行"

关于创办银行的缘起，盛宣怀自己也有一个说法。他曾在1897年6月17日给一位叫"君实"的人的信函中说道："此事（指开设银行一事——引者注）缘起，因中外条陈开设官银行，而大农（指翁同龢，时任户部尚书——引者注）商之于弟，以官行恐滋流弊，不如仿照招商局先设商行，而官为扶翼之，一切照汇丰章法，但彼则赖各国汇票，我则赖各省、各埠之汇票，利可操券，渐图扩充。"②对盛所称的"因中外条陈开设官银行"这一缘起，我们有必要作一分析，以便把握盛宣怀创办银行的时代条件。

自1859年洪仁玕首次提出设立银行的主张后，此类提议就不绝如缕。创办银行的尝试也时有发生，其中声势最大的要数李鸿章举办银行的活动，③盛宣怀当年就曾参与其中。④甲午战前，由于种种原因，其中包括清政府的不够重视，使得众多兴办银行的主张流于空谈，而实践则归于失败。这种状况在甲午战后得到改观。甲午战争的惨败使统治阶层受到震撼，光绪帝"宵旰忧

① 《盛宣怀实业函电稿》，第59~60页。

② 《愚斋未刊信稿》，第16页。

③ 李鸿章曾两度欲设立银行。光绪十一年（1885年）八月，李曾请设银行，但户部认为其所定章程"只计其利，不计其害，且又假手洋商，使利归外人，害遗中国"，最后，户部"逐款奏驳，事遂中止"。（参见《中国通商银行》，第705页。）两年后的1887年，李鸿章和美国的一些资本集团秘密筹办华美银行，但消息泄露后，因遭到国际上以及国内朝野上下的强烈反对而归于失败。此事曾喧嚣一时。（参见谢俊美：《1887年中美筹开华美银行一事的真相》，《华东师范大学学报》，1984年第5期；汪敬虞：《近代中国金融活动中的中外合办银行》，《历史研究》，1998年第1期等。）

④ 参见夏东元：《盛宣怀传》，第249~250页；汪敬虞：《近代中国金融活动中的中外合办银行》；《盛宣怀实业函电稿》，第59~60页；《中国通商银行》，第697页等。

勤,惩前毖后,惟以蠲除痼习,力行实政为先”①。而时为光绪帝的老师翁同龢也开始着力关注“实政”,并在银行开设的问题上,态度发生了显著变化。1887年李鸿章筹备华美银行的时候,翁坚决反对,但甲午战后,他则大力支持盛宣怀开设中国通商银行,并一度支持容闳开设户部银行。②

在清政府厉行“实政”的政策下,各地官员乃至一些士绅纷纷上陈“自强大计”,其中不乏设立银行的主张。同时,列强见中国人纷纷陈请创办银行,而清政府又有开办银行的倾向,乃产生觊觎之心,也纷纷“恳请中国准设银行,接办中国赋税钱租出入事务”③。在此,笔者选择几个影响较大、或与盛宣怀创办银行的活动有些关联的一些中外人士的主张稍加介绍。

顺天府尹胡燏芬在其《条陈变法自强疏》中提出了设立官银行的主张。他首先痛陈外国银行在中国大肆发行纸币和铸造银币的危害:“中国不自设银行、自印钞票、自铸银币,遂使西人以数寸花纹之券,抵盈千累万之金。如汇丰、德华、有利等洋行之钞票也。以低潮九成之银易库纹十成之价,如墨西哥、吕宋、日本等国之洋钱是也。”有鉴于此,他提出中国应自行设立银行,“于京城设立官家银行,归户部管理;省会分行,归藩司经理;通商码头则归关道总核。购极精之器,造极细之纸,印行钞票,而存其现银于银行”。他主张银行在章程制度和用人方法上“必须按照西法,用商务之章程,杜官场之习气,慎选精明廉洁之人,综计出入”。他还就银行的拆、押款业务作了说明,“至于放息,责成股实保人,一有亏折,惟保人代偿。押款则值十押七,一经逾

---

① 《皇朝经世文新编续集》(卷一),第1页。(参见沈云龙主编:《近代中国史料丛刊》第七十九辑,台湾文海出版社,1973年。)

② 参见谢俊美:《翁同龢传》,第328~329、489~494页。

③ 《中国通商银行》,第23页。

期,拍卖偿抵,不足仍向欠户追还"①。光绪帝很重视胡燏棻的主张,将胡所拟的各条办法交各直省将军督抚"就本省情形与藩臬两司暨各地方官悉心筹画,酌度办法,限文到一月内分晰复奏"②。胡开办银行的主张虽然没有下文,但它在官员中的广泛讨论无疑引起了他们对中国自设银行一事的注意。

与胡燏棻将开设银行的主张作为其变法"大计"之一被提出来不同的是,掌江南道监察御史张仲炘专门奏请开设银行。1896年1月19日,张仲炘上《请设专官开立银行经理工商各务折》。他首先谈到国家财政的拮据,"左绌右支,捉襟见肘"。为此,他提出要设立银行:"夫大利之原,莫急于商务;商务之本,莫先于银行。"他继而提议:"特设督理工商事务大臣一员驻扎京师,以时往来于通商各处,其下选精通洋务办事结实之员襄理其事,即在京先设官银行,凡各省会及通商口岸一律分设。"他在官款的存付、汇兑、铸币、发钞等方面拟定了诸多办法,提出将官银号、票号、钱庄并入银行。他还声称银行将为铁路招股,而对"中国未有之业而必须仿行者,则宜由银行拨款倡率"。③张仲炘的奏折得到督办军务王大臣和户部官员认真的讨论。是年2月3日,督办军务王大臣等就张的奏折向光绪帝上陈奏议。他们将张所拟的办法与以前李鸿章所拟的银行章程进行比较,得出结论是:"议专官经理,盖与假手洋商者不同,就所陈办理之法利便之端,则亦只计其利,未计其害也。"④他们还从放款和发钞两个方面指出危害。尽管如此,他们又声称:"若逆畏其害,而自弃其利,则亦未免因噎废食。"因此,他们拟同意张的请求,并打算"择人择地,参酌中西银行、票号章程,先慎其始,小试其端",⑤先在京城和上海两地试办银

① 郑振铎编:《晚清文选》(下),中国社会科学出版社,2002年,第5页。

② 《皇朝经世文新编续集》(卷一),第1页。

③ 《中国通商银行》,第703~705页。

④ 同上,第705页。

⑤ 同上,第705~706页。

行。户部也围绕张仲炘的奏折上呈奏文，虽然指责张的提议忽视了银行的本钱问题，但对其主张仍然给予了一定的肯定，并就银行开办的方法作出了具体的指导。①张仲炘所倡议的银行最终并没有办成，但他的主张产生了一定的影响。后来，盛宣怀曾引用张的提议，向清政府请求将官银号和票号并入银行。②

容闳早在1860年就向太平天国提出过设立银行的主张。③此时，他又提出设立官银行的主张。他的计划是："由政府预筹一千万两之资本，以为开办费，中以二百万两购置各种机器，以鼓铸银币，印刷国债券及一切钞票，以二百万两为购地建屋之用，所余六百万两存贮库中，以备购金银铜三者，将来铸成各种泉币，以流通全国。此1000万两，祇是供国家银行第一年之开办费，将来中国商业发达，则国家银行亦当随商业发达之比例，而逐年增加其资本。"④容闳还向总理衙门上呈《请创办银行章程》，其内容包括银行总纲四条、总行章程十二条和分行章程二十四条。

广东商人、济安洋面保险有限公司司理陈镳勋也曾向总理衙门上呈条议，请求设立银行。他所拟议的银行，总行设在北京，"以总税务司主办"，并在各处有海关之地设立分行，除北京、上海、福州、汉口、广州五大分行外，其余就地以税务司代理。他拟招集华商股本一千万元，先收一半。银行发行纸币的数额以实收资本的三分之一为限，主要经理海关税的进出和官款的汇兑，并兼理火车和铁路所需款项。⑤

---

① 《中国通商银行》，第706~708页。

② 同上，第27页。

③ 范文澜：《中国近代史》（上册），人民出版社，1962年，第191页。

④ 《中国第一家银行》，第94~95页。

⑤ 《中国通商银行》第23~25页。

　　当时有报纸曾经报道容闳和陈钖勋倡导创办银行的事情,如《中西日报》载称:"现闻朝廷准许许筠庵都宪(指许应骙,光绪二十一年任左都察御史,光绪二十二年调任工部尚书——引者注)、张樵野侍郎(指张荫桓,时任户都左侍郎——引者注)所奏议,在北京开创皇家总银行,而分支于通商各口岸,此诚中国振兴之机也。而究乎是行所由设,则容君纯甫(指容闳——引者注)、陈君晓云(指陈钖勋——引者注)二人须有力焉。"①由此可见,容、陈的银行主张产生了一定的影响。②

　　海关总税务司赫德也有开办银行的打算。据盛宣怀从京城官员中探悉:"赫德银行章程已呈总署,大约以各海关为根本,此间西人多有知者。"③前述陈钖勋设立银行的主张,据当时的《中西日报》载:"闻其所议之规条,亦多蒙赫君所采择。"而陈本人也谈及其与赫德有着密切的关系,并推举赫德为银行"董事会主席"。④有的研究者认为陈钖勋是受赫德唆使而出面替其陈请设

　　———————

①　《中国通商银行》第25页。

②　容闳开办银行的主张曾一度得到翁同龢的支持,并在一定程度上和盛宣怀形成竞争。但容欲向美国财政部商借款项以开办银行,翁对此颇有顾虑,加上盛正在筹备中国通商银行,翁遂放弃对容的支持而全力支持盛。(参见谢俊美:《翁同龢传》,第493~494页。)容后来将其失败归咎于盛从中作梗,他在《西学东渐记》中写道:"此事既有端绪,旋即着手进行,派委员,购地址,予则受户部之委任,将赴美国,向美国财政部商酌此事,并调查设立国家银行最良之方法。户部奏折,亦邀请清廷批准,部署粗定,乃忽横生枝节,有为张荫桓及发起诸人意料所不及者。先是有中国电报局总办兼上海招商局总办□□□其人者,与翁同龢交往颇深,此时忽由上海来电,嘱翁同龢暂缓此举,俟两星期彼抵京后,再为区处。翁得电,速允其请,而垂成之局,乃从此破坏矣。盖□道台之名,中国无人不知其为巨富,家资累万,无论何种大实业,□必染指,虽身居上海,而北京为之耳目者极多。京中一举一动,无不知之。北京有势力之王公大臣,亦无不与结纳,即慈禧太后最宠孝之太监李莲英,□亦交结其人,以故□之势力,在政界中卓卓有声。此次银行计划,遂亦为口之贿赂所破坏,有人谓□□□此次来京,挈金三十万两,贿买二三亲贵及政府中重大人物,以阻挠其事。于是筹备设立国家银行之一千万两现银,遂为□一人攫去,以营其私业云。"(注:□□□和□均指盛宣怀。)(参见容闳:《西学东渐记》,中州古籍出版社,1998年,第138~141页。)

③　苑书义等编:《张之洞全集》,河北人民出版社,1998年,第7059页。

④　《中国通商银行》,第17、25页。

立银行,大概就是基于这些情况而作出的推论。①

　　此外,英国人葛突维廉也曾于1896年8月22日致函清政府驻英公使李经方,提议设立"中国国家银行",其诱饵是承诺使中国"国债利息化重为轻"。他计划该行总行设在伦敦,由他本人担任银行总办。②

　　上述诸人所提议开设之银行,就性质上说,均属国家银行的性质,即所谓的"官银行"。但翁同龢"以官行恐滋流弊",并不赞成此时创办国家银行,而是比较赞同盛宣怀提议的仿照轮船招商局创办"招商银行"。因此,翁就此事相商于盛宣怀,提出先仿照轮船招商局开设商办银行,"而官为扶翼之,一切照汇丰章法,但彼则赖各国汇票,我则赖各省、各埠之汇票,利可操券,渐图扩充"③。

　　"中外条陈开设官银行"的情形以及清政府的回应透露出两个信息:其一,设立银行之事已提上议事日程并深入人心,为时势所需;其二,清政府已有设立银行的打算,而翁同龢将创办银行之事托付盛宣怀。此时,已不像上个时代李鸿章创立银行那样,清政府采取强烈的反对态度。但面对中外人士创办银行活动的竞争,盛宣怀必须加速其创办银行的步伐。他欲在众多的竞争中获胜,就必须抢在他们的前面将银行办成。为此,他提出"仿照招商局先设商行","俟将来官商交孚内外,政法变通尽利,再行筹设国家银行,与商行并行不悖,庶几早见措施,以免空言无补"④。

―――――――――

　　① 参见谢俊美:《盛宣怀与中国通商银行》,詹庆华:《旧中国海关与中国近代金融的关系——以中国通商银行成立前后的历史为例》等。

　　② 《中国通商银行》,第708~709页。

　　③ 《愚斋未刊信稿》,第16页。

　　④ 《中国通商银行》,第4页。

三、"因铁路不能不办银行"

　　盛宣怀对自己兴办银行的原因,有一句最著名的说法就是:"今因铁厂不能不办铁路,又因铁路不能不办银行"①,这句话道出了盛兴办银行的直接缘起。

　　汉阳铁厂为张之洞所创办,为当时亚洲的第一大钢铁厂,但其经营状况很不好,因生产成本极高而很难维持下去。张之洞急于将铁厂脱手,并决定由盛宣怀接办。张深知当时只有盛具备经办铁厂的能力和优势,因为盛已控制轮船招商局、电报局、华盛纺织厂等大型洋务企业,具有雄厚的经济实力,而且和官场上层保持着良好的关系,如李鸿章、翁同龢、王文韶等人都对盛很欣赏。因此,张之洞对王文韶说:"环顾四方,官不通商情,商不顾大局,或知洋务而不知中国政体,或易为洋人所欺,或任事锐而鲜阅历,或敢为欺谩但图包揽而不能践言,皆不足以任此事。该道(指盛宣怀——引者注)无此六病,若令随同我两人总理此局,承上注下,可联南北,可联中外,可联官商。"②盛宣怀也曾表示愿意承办铁厂,并为铁厂找到了出路,"大意谓铁路若归鄂办,则铁有销路,炼铁之本,可于铁路经费内挹注"。而在津海关道任上的盛宣怀,因其后台李鸿章在甲午战后的失势而失去靠山,遭人排挤,很不得意,也正想从事别项事业。盛宣怀承办铁厂的交换条件是让他招商承办芦汉铁路。张之洞考虑到铁路也是招款无门,况且"盛今若办铁路,则铁厂自必归其承接,如此则铁厂全盘皆活,晚亦从此脱此巨累矣"③。两人因此达成协议,汉阳铁厂和芦汉铁路皆由盛宣怀招商承办。张之洞和王文韶于1896年9月2日一起向清廷推荐盛督

---

　　①　《愚斋存稿》(卷25),第15页。

　　②　《愚斋存稿》(卷24),第23~24页。

　　③　苑书义等编:《张之洞全集》,第10238~10239页。

办铁路,10月20日,清政府正式任命盛为铁路督办。

盛宣怀打算筹集4000万两以修铁路,“先借用部款一千万两, 由南北洋拨官款三百万两①,招集商股七百万两,借洋债二千万两”②,并“请先开银行而后集股”③。但此一计划很不顺利。关于2000万两之洋债,各国“皆谓抵押不指海关,仅指铁路,国家不实保,必须造成铁路,方能抵押”;关于部款,“总署原奏则言俟借成洋债,招成商股,方能拨款”;关于南北洋300万两,“北洋海捐五十万已用完,南洋二百五十万尚无回信”。盛抱怨:“局外视为阔差,局中处处棘手。”④为此,他调整筹款策略,“一俟银行开办,即可将部款先领,照说帖造成一段,抵借一款,步步著实”⑤,而后再“分年收股还债”⑥。面对借洋债困难的情景,张之洞主张铁路“以集华股归商办为主”⑦。但盛宣怀认为:“招华股总须先开银行”⑧,因“华商无银行,商民之财无所依附,散而难聚”⑨,“总使银行先成,路款方有下手之处”⑩。而且,华商在投资铁路股份的过程中也希望开办银行,“必欲银行铁路并举方有把握,如银行权属洋人,则路股必无成”⑪。此外,盛宣怀认为,银行比铁路收效大而快,即其所谓的“铁路之利远而薄,银行之利近而厚”⑫。

---

① 其中,南洋通商大臣拨250万两,北洋通商大臣拨50万两。

② 《愚斋存稿》(卷29),第27页。

③ 《愚斋存稿》(卷25),第36页。

④ 同上,第15页。

⑤ 同上,第32页。

⑥ 同上,第5页。

⑦ 《盛宣怀实业函电稿》,第505~506页。

⑧ 同上,第470~471页。

⑨ 《愚斋存稿》(卷26),第6页。

⑩ 《盛宣怀实业函电稿》,第471~472页。

⑪ 同上,第505页。

⑫ 《愚斋存稿》(卷26),第5页。又参见《盛宣怀实业函电稿》,第505页;《中国第一家银行》,第64页等。

鉴于此，盛欲将银行和铁路同时举办，乃分别向当时"督率"卢汉铁路的王文韶①和张之洞提出："铁路既以集华股，归商办为主，银行似亦应一气呵成，交相附丽。"②

从盛宣怀所提出的"今因铁厂不能不办铁路，又因铁路不能不办银行"这一主张来看，中国通商银行的产生显然与中国近代产业资本的发展有关。近代洋务企业从军事工业开始，既而发展到民用企业。而盛宣怀手中掌握有轮船招商局、中国电报局、华盛纺织厂、汉阳铁厂、铁路总公司等重要的企业。这些企业在开设时的招股、支绌时的借款、盈利时的资金投放等活动都离不开金融机构，但因钱庄规模小而不能完成这一重要任务，在和外商银行的交往过程中，又存在着镑亏的危险。比如，1885年，轮船招商局向汇丰银行贷借30万英镑，但不久银价下跌，致使该局损失14.8443万两。③尤其是举办铁路，按盛宣怀所说的："造端宏大，非急设中国银行，无以通华商之气脉，杜洋商之挟持。"④因此，他打着"今因铁厂不能不办铁路，又因铁路不能不办银行"的旗号，请求张之洞、王文韶以及清政府中的一些要员支持其开办银行。当然，也不排除盛设立银行同时也是为其所控制的其他企业服务的企图。⑤他在1896年11月12日致王文韶和张之洞的电文中所说的一句话可以表明他欲将众多产业和金融业集于其一人之手的企图："至泰西商务官有统率全国商务者无论矣，其体面大董事兼管银行铁路铁厂甚多，惟各为公司，各有专董，各清各账，如我轮、电、纺织各局，相维不相混。"⑥

---

① 时任直隶总督兼北洋通商大臣。

② 《愚斋存稿》(卷26)，第6页。

③ 《中国早期工业化》，第171~172页。

④ 《中国通商银行》，第3页。

⑤ 参见李一翔：《近代中国银行与企业的关系(1897—1945)》，第28页。

⑥ 《愚斋存稿》(卷25)，第15页。又参见《中国第一家银行》，第73页。

但后来银行的运作情况表明,银行并没有为铁路招股,卢汉铁路的资金最终还是靠借外债即向华比银行借款得到解决。后来在和铁路总公司的业务往来中,银行对铁路资金融通的作用也不是太大,反而靠铁路存款获取一些利益。倒是在汉阳铁厂上,中国通商银行经常给其贷款。此外,盛宣怀还要求中国通商银行接做汉冶萍和又新公司等由其控制的洋务企业的押款生意,“所谓自家生意自家做也”①。而且铁路总公司也是盛宣怀即将控制的洋务企业。由此可窥见,盛其实是把银行作为其洋务事业的扩展来进行,企图让中国通商银行作为其一系列洋务企业的财务总公司。②同时,盛宣怀也考虑到“银行之利近而厚”,欲把银行作为一个迅捷的生财途径。

当然,我们还可以从另一个角度来审视盛宣怀提出此种主张的动机。甲午战后,列强对中国的资本输出以及国人要求夺回利权之间的矛盾冲突,主要集中于铁路事务上。盛紧紧抓住这一问题,欲触动国人敏感的神经,为其办成银行增加筹码。如此则不难理解,盛后来在奏折中陈述其举办银行的理由时,着重强调收回利权和为铁路招股这两个方面。而且在当时的情况下,希求通过举办银行而解决铁路资金的办法是不现实的。且不说兴修铁路需要的资金③十分庞大,单就当时中国人的投资和集股心理就赶不上他们的愿望。

盛宣怀开办银行的缘起与以前李鸿章欲举办银行的原因极为相似。当

---

① 《中国通商银行》,第375页。

② 李一翔先生曾分析,盛宣怀集轮、路、电、矿企业于一身,而这些庞大企业系统在甲午战争后相继发生严重的财务危机。由此,他认为,盛宣怀想通过自己创办银行,把他主持的各种工业、交通事业联系起来,以便融通资金,统一管理,以求获得进一步发展,“这就是其设立通商银行最直接、也是最重要的原因”。同时,李也说明,中国通商银行的成立还有其他种种原因。李虽然没有对这一问题作出详细的分析,但其论断具有一定的启发性。参见李翔:《近代中国银行与企业的关系(1897—1945)》,第28页。

③ 盛预计为4000万两。

时,李鸿章兴办的众多洋务企业需要大量的资金,但清政府财政匮乏,不能满足其需要,而借洋债又有担保的困难和镑亏的弊端,因此李鸿章考虑自设银行,以避免这些不利因素。此外,李鸿章为修筑关内铁路筹集资金,也奏请开办银行。[1]盛宣怀也是考虑到外债难借,因此基于"借用本国民债"的目的而提出开设"招商银行",后又为卢汉铁路筹集股本而正式奏请开设银行。这种惊人的相似固然与两者所面临的问题相同有关,但盛宣怀当初曾直接参与李筹办银行的活动以及对其以后的影响显然也不能忽视,那次未遂的活动给盛提供了历史的经验和教训。但毕竟时代发生了变化,尤其是经历了甲午战争,其震撼力量使统治阶层急欲励精图治。他们首先面临的是要解决战争遗留的割地、赔款等问题,故盛此时所提的借民债,其目的是为了赔款,已不同于李鸿章为洋务企业而借债的目的。而且响应光绪帝"力行实政"的号召,中外人士纷纷提出设立官银行,这虽然使得盛所处之境况已大大不同于李鸿章当初的"孤掌难鸣",但同时也和盛形成了竞争的局面。而为铁路筹款而设银行的主张,在李鸿章身上并不是很突出,但此时却被盛大提特提,并和"铁路之利远而薄,银行之利近而厚"的利诱连在一起,使其具有很大的感染力和影响力。甲午战争使李鸿章走上了政治的下坡路,其未竟的事业只有等他的得意门生盛宣怀来完成。

第二节　盛宣怀奏请开设中国通商银行始末

盛宣怀在上奏陈请开设银行之前已进行了很多活动。由于银行因铁路

---

[1]　参见谢俊美:《1887年中美筹开华美银行一事的真相》,《华东师范大学学报》,1984年第5期;谢俊美:《翁同龢传》,第326页。

而起,所以盛宣怀首先征求了"督率"卢汉铁路的王文韶和张之洞的意见。他得到了王的大力肯定和支持,但却遭到张的反对。同时,盛宣怀还努力争取朝廷中主要官员的支持,在得到他们的肯定答复后,盛即奏请开设银行。光绪帝虽然同意由盛宣怀开办银行,但要求王文韶和张之洞必须事先共同举荐盛宣怀为银行督理,之后才能委盛以此任。在此问题上,张也表现得很消极,不愿意推举盛为银行督理。但在张犹豫的过程中,朝廷已发布命令,让盛宣怀创办银行。

一、酝酿开设银行

因银行直接由铁路而起,故盛宣怀首先和"督率"卢汉铁路的王文韶和张之洞商讨开办银行之事。1896年7月27日,盛宣怀致电王、张二人,指出开办银行的必要性和迫切性,并提议银行和铁路并举。"华商股分先收二成,其余八成由公司先借洋债,分年收股还债,或可办得到。但铁路之利远而薄,银行之利近而厚,华商必欲银行铁路并举方有把握。如银行权属洋人,则路股必无成。闻赫德觊觎银行,稍纵即逝。"[1]

对盛宣怀的提议,张之洞阐明自己的观点:既反对赫德举办银行,认为"赫必取资官本,利权旁落,甚非所宜"[2],但也不同意盛将"银行铁路并举"的做法。张认为铁路、银行须先后开办,其理由是:"铁路、银行为今日最大利权,人所艳羡者。独任其一尚恐众忌所归,一举兼营,群喙有词,恐非所宜。"因此,张建议将铁路和银行"拟分为两事,嗣铁路定议后再议银行较为妥善"[3]。

---

① 苑书义等编:《愚斋存稿》(卷25),第5页。

② 苑书义等编:《张之洞全集》,第7051页。

③ 同上,第7059页。

盛宣怀的密友恽菘云①也致电盛宣怀,认为"银行一层在此时似不宜夹杂上陈,且利权并一人,亦炫观听。随后上紧续奏,便无痕迹"②。

张之洞还致电王文韶,举出四个方面的理由证明银行在此时不宜与铁路同时开办:第一,盛将铁路银行并举的做法"迹近垄断";第二,"若此时径揭明铁路公司即专恃银行之款,则银主或不无疑虑";第三,各国通例,皆"禁银行另行贸易";第四,盛若招集商股开办银行,则与票号无异,盛可径自为之,不必奏明朝廷,但盛欲奏请得到赫德所觊觎者,则其必是欲存官款、发行纸币,若如此,则关系太大,非从容妥筹,善为措词不可。尽管如此,张仍留下余地,建议用"圆活"之词:"万一华商铁路股不敷,若银行归华商承办,尚可随时挹注。"并声称:"华人若办银行,岂能舍盛他属,但须有次第耳。"③

王文韶赞同张之洞的看法,称其"十分透达,保全不少",并认为"铁路、银行譬之陇蜀",盛宣怀"陇尚未得,遂欲并蜀而有之,是众射之的也"。尽管如此,王还是建议张给予盛以支持,④称"盛道勇于任事,久已为时所忌,我辈随时维持裁抑之,正为时局惜此才耳"⑤。

对张之洞的指责,盛向恽菘云申明,银行之"利权全在商董,不在一人",并感叹"鲍叔责也,仲岂能为之"。⑥盛致电张之洞,表示"钧意从缓,自当通知各商股暂搁",并提示张"赫德银行章程已呈总署,大约以各海关为根本"。⑦

---

① 即恽祖翼,其时在湖北县台,系盛宣怀在张之洞左右的密友。

② 《愚斋存稿》卷89,第30页。

③ 苑书义等编:《张之洞全集》,第7054页。

④ 王文韶在张之洞和盛宣怀之间起着中间调和的作用,对此,盛是很清楚的,他曾感激地对王说:"办一事有一事之波澜,若非藉两帅提倡,断不能成,尤非藉吾师始终不渝,调停其间,亦恐始倡之而不能终成之也。"(《愚斋未刊信稿》,第19页。)

⑤ 苑书义等编:《张之洞全集》,第7057页。

⑥ 苑书义等编:《愚斋存稿》卷89,第30页。

⑦ 苑书义等编:《张之洞全集》,第7059页。

虽然在张之洞这里碰壁,但盛宣怀得到了翁同龢的大力支持。翁在与盛谈及铁路之事的时候,"并言银行亦须议办"[①]。盛即电告王文韶,表示要"趁此筹议",并请王向翁进一步疏通,还打算"以八董出名,宣勿与焉"。[②]王乃致函翁,并再次得到翁将予以支持的承诺,"现因铁及银,连类相济,拟以官本一半辅之,俾群情鼓舞"。王因此判断银行"事有必成",乃让盛"订章务期周密",并告诫盛要"超以象外,得其环中",即让八位董事出面,而盛在背后操作。[③]

是年10月21日,翁同龢就开办银行一事向光绪帝面奏,历陈中国开办银行的必要性。[④]此时,出使欧洲的李鸿章已回国,"亦催议"银行开办之事。[⑤]盛宣怀见时机已成熟,乃决定正式上奏陈请开办银行。

二、奏请开设银行

在光绪帝的"召对"和"军机大臣复奉旨传询"下,盛宣怀于1896年11月1日上呈《自强大计折》,并附有开设银行和设立达成馆无谈。在《自强大计折》之"理财"一节中,盛认为:"理财有二义,开源节流尽之矣",而节流的办法之一就是兴办银行,"中国银行既立,使大信孚于商民,泉府因通而不穷,仿借国债可代洋债,不受重息之挟制,不吃镑价之亏折,所谓挽外溢以足国者"。[⑥]盛进一步在"开设银行片"中系统提出其开办银行的主张,包括开办银行的原因和办法、银行的性质、业务和章程制度等方面的问题。

---

①② 《愚斋存稿》卷99,第27页。

③ 《愚斋存稿》卷90,第18页。

④ 关于翁同龢对盛宣怀开办银行的支持情况,可参见谢俊美:《翁同龢传》,第489~493页。

⑤ 《愚斋存稿》卷90,第17页。

⑥ 沈云龙主编:《近代中国史料丛刊续编》(第七十二辑),台湾文海出版社,1983年,第11~12页。

关于设立银行的必要性,盛首先提出银行强于票号和钱庄的优点:"银行昉于泰西,其大旨在流通一国之货财,以应上下之求给。立法既善于中国之票号、钱庄,而国家任保护,权利无旁扰,故能维持不敝。"接着,盛从收回利权的角度提出开设银行的必要性。他指陈英、法、德、俄、日本等国的银行纷纷来华,"攘我大利"。在此种情况下,"但使华行多获一分之利,即从洋行收回一分之权"。最后,盛谈及举办铁路急需设立银行,"商务枢机所系,现又举办铁路,造端宏大,非急设中国银行,无以通华商之气脉,杜洋商之挟持"。对于盛所提的设立银行是为了从外商银行那里收回利权的理由,汪敬虞先生认为:"十之七八是停留在字面上的。"①笔者在考察盛宣怀创办银行的缘起时,也曾分析到盛所提的兴修铁路急需开办银行更多的是一个借口,旨在触动国人收回利权这一敏感的神经。其潜在和真实的目的则不仅是为铁路,还为其它的包括铁厂在内的由盛负责的企业提供资金周转和融通。

关于银行的性质,盛不赞成银行因仅仅经理国家的财赋出入而成为"户部之外府",而是主张银行为"商家之事",无论是总行还是分行,悉照西方国家的商例,由商董自行经理。只是在创办伊始,由朝廷简派大臣主持设立事宜。盛也不赞成银行"委重西人,取资洋款",这样虽然能使"数千万金,咄嗟立办",但如此则"其权在彼,利害之数未易计度"。总之,盛既反对银行官办,又反对中外合办,而是主张商办,即所谓的"合天下之商力,以办天下之银行"。盛主张银行商办,但又希望其所创之银行享有国家银行的特权;他提出银行不"委重西人",不"取资洋款",但银行之用人办事原则又将取资汇丰章程。如此种种,凸显了近代中国商人既想得到官府的扶持,又畏惧官府鱼肉;既想从列强手中夺回利权,又要取法西方的复杂心态。谢俊美先生称其为

---

① 参见汪敬虞:《略论中国通商银行成立的历史条件及其在对外关系方面的特征》,《中国经济史研究》,1988年第3期。

"中国资产阶级对帝国主义和封建主义既矛盾又依附的双重性格"。

关于银行开办的办法,盛"拟请简派大臣,遴选各省公正殷实之绅商,举为总董,号召华商,招集股本银五百万两,先在京都、上海设立中国银行,其余各省会口岸,以次添设分行"。盛还提出要合并严信厚所开设之粤、闽、浙、沪、江、汉各海关官银号,并声称此举系"严信厚顾全大局,情愿以其独开之银号,归并公家之银行,使其气局宽展"。

关于银行的业务,在发钞方面,盛提出银行将"照汇丰银行规制,以精纸用机器印造银票,与规银相辅而行,按存银之数为印票之数,以便随时兑现"。在政府借贷方面,"应照西例,由总行禀明户部批准,以何款抵还,方能议订合同"。在办理国债方面,盛称:"欧洲国债数千百万皆由银行筹办,印发借券,应收年息归行取付,大信不渝,集事自易。"在官款的汇兑、存储以及官造银元的流通问题上,盛请求"嗣后京外拨解之款,可交汇,以省解费;公中备用之款,可暂存,以取子息;官造银元,尚不通行尽利者,可由银行转输上下,官得坐收平色之利"[①]。

将以上盛宣怀开办银行的主张对照前述翁同龢对盛宣怀所指示的内容,我们可以发现,盛其实是按翁所定的基调做的。

三、奉旨开办银行

光绪帝将盛宣怀的奏折交军机处、总理衙门和户部讨论,恭亲王奕訢、庆亲王奕劻、户部尚书兼军机大臣翁同龢、吏部尚书李鸿藻和大学士李鸿章均同意开办银行,并打算让盛宣怀招商督理,但提议由王文韶和张之洞电奏光

---

① 《中国通商银行》,第3~4页。

绪帝或电咨总理衙门,荐举盛为银行督理,这样做的目的是"以外议作证","庶可会商酌复"。①此后,翁同龢面告盛宣怀:"诸事均已妥定,祗候两帅来电声明银行与铁路互相维系,应归一手,便可叙入复奏"②,并让盛在京城再留两日,候王、张会电一到,"即可议准,因已准俄国到京城各处开设中俄银行,户部附股五百万两,已画押。如中国不先自设一银行,势必中国利权一网打尽。故政府焦急,立待成功"。奕訢也催促盛将银行速办,并令盛即行与王、张商定。③

1896年11月9日,盛致电王、张,除了转达前述诸人的意见外,再次强调铁路招股借债亟须银行。盛敦请王、张赶快就银行一事致电北京,并讲述华俄道胜银行和赫德与其竞争的紧迫情况:"昨赫德面谈,拟招华商开设中英银行。赫德有海关在手,华商必为笼络。若俟宣到津、鄂禀商再奏,华商已集巨款难保不散。更恐俄行总办到京先我而行。"盛宣称,他"候至初八,若无电到,拟即出京"。④

但张之洞丝毫不急,他于是年11月10日致电盛宣怀,对盛请求其致电北京一事进行推脱。他先是称"银行事关系太巨",而他对盛"所议章程未加其详",因此不敢"妄参末议"。他还说:"来电谓枢、译、户均欲议准并交阁下督理,似不如即由署、部具奏,最为直捷迅速,更为得体。若由外间发端,太无根,不敢冒昧,即咨署亦嫌突如。"最后,他提出:"必须外间举人,须请总署、户部速发一电,垂询各事,方好电复阁下。但必须在京多候数日,方来得及,并望一面将章程摘要电示。"⑤

---

①　苑书义等编:《张之洞全集》,第7139页。

②　《愚斋存稿》卷90,第19页。

③④　《愚斋存稿》卷25,第11~13页。

⑤　同上,第13~14页。

次日,张之洞又致电盛宣怀,明确反对盛为银行督理。他说,盛"总司南北铁路,任寄已重,体制已崇,事权已专",若再督理银行,"必致群议蜂起"。张还声称"外国银行定章,尚不准兼作别项贸易",并提及"昔唐刘晏何等才望,何等功效,徒以笼尽天下利权,众难自保"。最后,张明确表示,他"实不敢请阁下为银行督理"。对于银行督理一职,张提议由南北洋大臣担当,"一切事宜仍由南北洋大臣督理考核,如有户部及各省交涉之处,即由南北洋大臣行文章程,由南北洋覆加核定后奏明开办"。其理由是:"北洋现办铁路,自系由北洋主政,如此则于铁路有益,于阁下无碍。"尽管如此,张仍然对盛表现出一定程度的妥协姿态。他建议由南北洋大臣选派八名银行董事,在这八人中选一人为总董,总董可以由盛的亲友允任,但最好是由选举产生。[1]张同日还致电王文韶,除阐明上述观点外,还抱怨:"当道既经议准开交盛办,何不由枢、译奏派而必待发之于我两人?其故难解。"同时,张对盛急迫的样子很不以为然,称:"中俄行久定议,岂争此数日先后? 中英行岂能不候署准? 盛汲汲于两三日何也? "[2]

同日,王文韶给张回电,虽然也抱怨"当道意在诿卸,非真难解也",但他仍劝告张给予盛以支持,称"此事初议出自两人,续议不可缺一"。[3]同时,王致电盛,称张乃是"为大局计,为老弟计,语长心郑重,可敬亦复可感"。王让盛在京稍候数日,并连番告诫他:"事在垂成,务望息心静气,以顾大局,勿躁急也","勿以一时感奋,竞尔一往无前也"。[4]

但盛宣怀对张之洞的反对意见并不以为然,并引述西例予以辩解:"泰西

---

① 《愚斋存稿》卷25,第15~16页。

② 苑书义等编:《张之洞全集》,第7138~7139页。

③ 同上,第7139页。

④ 《愚斋存稿》卷90,第20~21页。

商务官有统率全国商务者无论矣,其体面,大董事兼管银行、铁路、铁厂甚多,惟各为公司,各有专董,各清各账。"盛还举出自己经办实业的例子予以论证,称其"轮、电、纺织各局,相维不相混"。盛再次强调兴办铁路需要创办银行,并陈述铁路筹款的种种不易,以此敦请张之洞对其举办银行一事予以支持。①

就在盛宣怀力驳张之洞的当天,即11月12日,光绪帝谕令军机处:"银行一事前交部议,尚未定局。昨盛宣怀条陈,有请归商办之议。如果办理合宜,洵于商务有益,著即责成盛宣怀选择股商,设立总董,招集股本,合力兴办,以收利权"。②盛立即将此情况电告王文韶和张之洞,并表示:"既无公款,又非督理,一有头绪,即可置身事外。"盛还请求二人推荐总董人选。③

王文韶对此结局深表满意,称"此事如此定局恰如所愿",并认为"当轴煞费苦心"。④张之洞也给盛宣怀发来贺电,称"招商举办银行出自特旨,较之由下拟议奏请,得力多矣"⑤。但张对翁同龢曾许诺的300万两官款以及银行总董人选予以关注,质问盛对此300万"何以不提及,想另作一篇文字耶?"⑥张强调"惟总董最为紧要",对谕旨"令盛自选派"的情况,张表示"不知渠有何妙策?"并声称"鄙人一切茫然,实无从赞一词也"。⑦尽管如此,张又通过盛的好友恽菘云转告盛,他"系实心爱惜,非有意见",也同意"银行必须速办"。⑧对张之洞关注的300万两官款,盛解释为银行不会要。"银行但准商办之请,已

① 《愚斋存稿》卷25,第15~16页。
② 《中国通商银行》,第8页。
③ 《愚斋存稿》卷26,第15~16页。
④ 苑书义等编:《张之洞全集》,第7145页。
⑤ 《中国第一家银行》,第73页。
⑥ 《愚斋存稿》卷25,第16页。
⑦ 苑书义等编:《张之洞全集》,第7144页。
⑧ 《愚斋存稿》卷99,第28页。

出意外。初拟发三百万官本,因无大帅助力,不敢独肩。南洋二五,如再活动,造轨亦无款可垫。"①

盛宣怀奉到谕旨后,即着手选择商董,招集股本,厘定章程。12月6日,光绪帝正式就盛宣怀之奏折及军机处、总理衙门、户部之复奏,谕令军机大臣。其中关于银行之事,光绪帝谕令:"惟有开设银行,或亦收回利权之一法。前已谕令盛宣怀招商集股,合力兴办。银行办成后,并准其附铸一两重银元十万元,试行南省。如无窒碍,再由户部议订章程办理。"②

第三节　中国通商银行创立过程中的曲折

虽然盛宣怀开设银行的主张获得清政府中很多重要人物的支持,而且其开设银行的奏请很快就获得光绪帝的批准,但中国通商银行创立的过程并非一帆风顺。它曾遭到前述容闳、赫德等中外人士开办银行的竞争,也曾遭到华俄道胜银行的阻挠。最严重的是,其章程曾遭到总理衙门和御史的驳诘,这对其招股活动产生了负面的影响。而当时因负责督率芦汉铁路而和盛宣怀创办银行活动发生密切联系的湖广总督张之洞,在盛宣怀开办银行的整个活动中,自始至终持反对或不合作的态度。此外,中国旧式金融机构中的官银号和票号也存在着不合作或反对的态度。③对上述情况,笔者无意一

---

① 苑书义等编:《张之洞全集》,第7145页。

② 《中国通商银行》,第36页。

③ 钱庄因采取适应近代经济发展的措施而产生了积极的变化,并已经和外商银行发生了密切的联系,故对中国通商银行的产生及其以后的业务活动采取支持和合作的态度。但官银号和票号固守着传统的做法,并因和新式银行的利益有冲突而对中国通商银行的创立持不合作或反对的态度。比如,严信厚所控制的官银号最终没有合并于中国通商银行,而票号中之"平遥巨手"则拒绝接受盛宣怀让其到中国通商银行任事的邀请。

一展开论述,主要就华俄道胜银行的阻挠、总理衙门和御史管廷献对银行章
程的驳诘展开论述,并以张之洞的反对言行为例,试图揭示中国通商银行创
办过程中的潜在阻力。

一、华俄道胜银行的阻挠

列强在得知盛宣怀欲创办银行而清政府有同意其办理的意向后,纷纷请
求和清政府合作创设银行,以分享中国的官款商股及国家银行的特权。有此
动议的除了前文提到过的海关总税务司赫德和英国人葛突维廉外,比利时政
府也曾在卢汉铁路借款谈判的过程中向盛宣怀提议合办通商银行。而在列
强欲染指中国"官银行"的活动中,华俄道胜银行表现得最为突出。

为适应俄法借款的需要,俄、法、德、比利时等国的一些资本集团于1895
年12月22日设立华俄道胜银行。[①]该银行通过贿赂以李鸿章为首的一批官僚,
得以于1896年9月2日与清政府签订合同。该合同规定:"中国政府以库平银
五百万两与华俄道胜银行伙做生意。"[②]该银行随之取得在中国享有经理国
库、铸造货币以及经营重大企业等特权。[③]尽管如此,清政府在该银行中并没
享受到什么权利,在董事会中也无一席之地。[④]此种情况再次验证了郑观应
在《盛世危言》中对外商银行中华人附股的情况所揭示的:"西商操其权,而华

---

① 参见中国社会科学院近代史研究所编:《沙俄侵华史》(第四卷上), 人民出版社,1990年,第
47页。

② 王铁崖编:《中外旧约章汇编》(第1册),生活·读书·新知三联书店,1957年,第671页。

③ 参见汪敬虞:《近代中国金融活动中的中外合办银行》,《历史研究》,1998年第1期。

④ 参见中社会科学院近代史研究所编:《沙俄侵华史》(第四卷上),第48~49页。另,该书否定
《外人在华投资》(雷麦著,蒋学楷译,1962年商务印书馆出版)中的一说法,即清政府承担的500万两
纯系虚数,并未拨付。

商失其利;华商助以资,而西商受其益。"①

在盛宣怀奉到光绪帝的第一次谕令不久,华俄道胜银行董事四达祚福就来告诉盛,该行已领有中国官股500万,将改为中俄银行。他阻止盛宣怀开办银行,向盛声称:"现两国有约合开一行,岂可令华商另开,致碍合行生意。"同时,四达祚福邀请盛为"中俄银行"督办。②这些要求和提议均被盛宣怀拒绝。盛表示:"俄行附股,是我国交情美意,岂能禁止本国商人不开银行、不做生意乎?"③

后来四达祚福又提出,若华商愿入股,华俄道胜银行即称中俄招商银行,中、俄各举总办一人,各招商股250万两,悉归商办,所铸一两重之银钱本行通用。四达祚福让盛"酌议章程,彼此斟酌"。盛答以:"事关商务交涉,必须从容禀商,如果总署、户部答允,尚须与华商筹议,再行奉复。"④

盛宣怀和中国通商银行的商董们皆认为华俄道胜银行的用意在于"阻止中国自设银行,而侵夺我内部及各省关汇拨存发饷项官款之利权"⑤。银行商董们因此欲请求户部拨200万两官款,并责成中国通商银行独家承领"京外暂存官款"和承汇"各省关饷项官款",以此"抵制俄行"。⑥华俄道胜银行的举动在客观上促成了户部最终拨存中国通商银行100万两官款,以壮大该行的声势,同时也加速了该行的成立。

尽管如此,盛宣怀并非完全没有考虑过和华俄道胜银行的合作。他对李鸿章说,如果户部答应划拨200万两官款,合上商股共500万两,则以中国独办

① 夏东元编:《郑观应集》(上册),上海人民出版社,1982年,第682页。

② 《中国通商银行》,第8页。

③ 夏东元:《盛宣怀传》,1988年,第256~257页。

④ 《中国通商银行》,第15页。

⑤ 同上,第13页。

⑥ 同上,第9页。

为宜;倘若户部不肯帮助,华商股银又凑不足数,则银行与其全归洋商办理,不如华洋合办,总可得收一半利益。①

日本学者宫下忠雄认为,外商银行进入中国是外国资本主义侵华的结果,但在很长的时间内,它们的营业绝未采取积极的策略,无论是汇丰银行,还是其他外商银行,亦未对中国抱有经济侵略的意图。外商银行在中国以投资方式,成为争夺中国利权的工具,是在中日甲午战争之后。②在此,笔者无意于讨论外商银行在甲午战前是否持有积极的侵略策略,只是想指出,宫下忠雄道出了外商银行在甲午战后争夺中国利权的情形,而华俄道胜银行对盛宣怀开办银行的活动进行阻挠的行为恰恰印证了这一点。

二、总理衙门和御史管廷献的驳诘

清政府虽然准许盛宣怀创办银行,但在银行的章程问题上,两者发生了一些分歧。

1897年2月2日,总理衙门收到中国通商银行总董所拟的银行章程,仅就聘用西人一节提出了异议。2月11日,银行又将改拟章程送呈总理衙门。此次,荣禄提出多条修改意见。据李鸿章向盛宣怀透露,关于银行事,"荣未与闻,昨忽有条陈"③,荣禄之原议,"似半由汇丰唆串"④。张荫桓和奕訢对荣禄之提议颇不以为然,张还将荣所驳诘之八条删去一半。⑤ 3月14日,总理衙门

---

① 《中国通商银行》,第15~16页。
② [日]宫下忠雄:《中国银行制度史》,第7~8页。
③ 顾廷龙、叶亚廉主编:《李鸿章全集》(三),上海人民出版社,1987年,第710页。
④ 同上,第717页。
⑤ 《中国通商银行》,第535页。

就银行亏损的责任人、总行所在地、报效国家以及政府对银行的监督等问题提出修改意见。

银行章程第三条原拟将银行的权利定为"权归总董,利归商股"①。对此,总理衙门质问,若银行将来办理不善而出现亏空赔累,则其责任应归何人?

章程第四条将银行总行所在地定在上海,在北京则设分行。总理衙门则主张在北京、上海两处均设总行。其理由是上海固然为商贾荟萃之地,拨解汇兑等事较北京为多,立为总行很合宜,但银行因系奉旨开设,而公家拨解汇兑之款又以北京为总汇,若在北京设分行,"似觉外重内轻,不足以崇体制"②。

章程第九条规定,股东官利,拟定长年八厘。官利除外之余利,先提公积金若干,以及分给总、分各行董事人等酬劳若干,其余按十成分,以八成分给股东,以二成报效国家。总理衙门嫌银行报效国家款额之比例太小,要求由原定之二成增为五成,且铸造银钱所获利益应当另外提成报效。总理衙门还要求银行将发行钞票的准备金提出几成分别存于户部、各省藩司及关道各库。此外,总理衙门要求中国通商银行能像汇丰银行一样,以一二厘的低息迅速满足政府或数十万或数百万的贷款需求。

章程第二十二条规定,银行每届半年,须将一切款项核结清楚,并刊印总册,分送各股东及公家存查。对此,总理衙门要求中国通商银行将总账册照缮三分,分别呈送军机处、户部和总理衙门存案,以备查核。总理衙门禁止银行资金移作工商业和房地产业,并限制银行借与一公司或一商家之款项超过股本百分之十,所有存借进出之款在10万两以上者,除汇兑外,应随时报明立案,不能等到半年才统行呈报。③

---

① 《中国通商银行》,第57页。

② 同上,第63页。

③ 同上,第62~63页。

　　总理衙门对中国通商银行章程的驳诘对其招股活动产生了负面影响，一时"纷纷谣言，谓此行办好官必苛求无已"①。其"驳诘数条，闻者疑沮。三月以后，挂号寂然。而已经付完挂号者，应交九乘，更为寥寥"②。且还有退股者，"商股退出六七十万"③。银行原定阴历三月份开张，"股份二百五十万本已招齐，忽有总署咨驳之件，以致谣言纷起，商情稍有观望，大约须缓至四月开张矣"④。

　　4月6日，盛宣怀接连致电李鸿章、荣禄以及总理衙门。盛请求李"力为主持，庶免隔膜，若随波逐流，外间何以倚恃"⑤。盛对荣辩称，"原议悉照汇丰初开时办法，势难过于抑勒"，并指陈银行"事若使聚而复散，铁路招股更难"。盛请荣"俯念商务成败所关，迅赐核准见复，俾得早日晓谕华商赶紧收股开办"。⑥在致总理衙门的电文中，盛着重就银行报效问题作出辩解，"此行虽蒙存款百万，系商人包缴官利，官不任害，若过于抑勒，谁肯以私财而入公司。中西银号、银行皆无报效，今值招商伊始，遽加苛绳，商情十分疑虑"，并请求总理衙门"即赐核准，以免中堕，贻笑外人"。⑦

　　后来，李鸿章向盛宣怀透露，"俟呈复到当核准"，并鼓励盛"如办理，脚踏实地，毋惑入言"。⑧荣禄也表示："但有益于大局，无不竭力赞成"。⑨为此，盛于4月12日就总理衙门所驳诘诸条作出正式咨复，对之或表示接受，或予

---

①⑤　顾廷龙、叶亚廉主编：《李鸿章全集》（三），第716~717页。

②　上海市档案馆馆藏"中国通商银行"档案，Q281-1-1，第22~23页。

③　《盛宣怀实业函电稿》，第529页。

④　《愚斋未刊信稿》，第1~2页。

⑥　《愚斋存稿》卷26，第16页。

⑦　同上，第15页。

⑧　顾廷龙、叶亚廉主编：《李鸿章全集》（三），第717页。

⑨　《愚斋存稿》卷26，第18页。

以变通,大半则坚持原见。

关于银行亏损责任人问题,盛宣怀称银行若倒账,应追究具体经办之人,即银行董事、大班和买办。盛还阐述了总行的人员组织情况,称洋大班美德伦与银行立有合同和权柄单,如有不妥,随时可撤其权柄,并派买办陈淦兼充华大班,互相钳制。此外,在十名总董中又公举三人为办事总董,驻行稽查。

关于总行所在地问题,盛宣怀仍坚持上海为中国通商银行总行所在地,其理由是:北京非通商码头,股份不多,又无总董,不便于总董召集会议;而上海为中国通商第一口岸,以上海为总行所在地,便于中外交易。他又举出汇丰银行以香港为总行而以伦敦为分行、山西票号既不以山西又不以北京为总号的例子进行证明。但他承诺将在银行招牌上作出变通,北京、上海两处均称为中国通商银行,其余各省、各埠则称为通商分行。

关于银行报效国家的问题,盛宣怀举出外国银行的情况进行辩驳。他说西方国家的银行并无余利报效国家,也不向国家缴纳税捐。银行只是给股商分派股利,而由股商向国家缴纳所得税,并照其它生意一样缴纳印花税。他声称,中国通商银行若遭国家苛索,必致商人裹足。他坚持章程原定的以二成报效,并声称此数若银行利厚尚可做到,若利薄,则遑论报效。关于铸币所得之利益,盛宣怀答应银行所得津贴之外全数归公。对于钞票准备金,盛宣怀虽然承认汇丰银行将发钞额三分之一的现银或国债票等票券存于国库,但他还是坚持将三分之一的现银存于本银行,等银行办理20年且成效大著后,再援照汇丰银行章程办理。关于总理衙门对中国通商银行须随时以低息满足政府贷款的要求,盛宣怀称英国从无向汇丰借款数千百万之事,香港政府向汇丰借款,也须与该银行随时商议,其利息则"系照商借一律"。他指出,中国通商银行现有资本仅250万两,收足亦只有500万两,即使全借给国家也达不到总理衙门所要求的千百万两。他解释,外国银行是代国家出票借债,是聚天下之财力,以银行为经手,并非专将银行之资本借与国家。

对于总理衙门对银行的查核和限制问题,盛宣怀表示,除了10万两以上的存贷业务必须随时报明立案难以做到外,其它的都照办。①

4月18日,总理衙门致函盛宣怀,解释其日前咨询各节,系为顾全大局起见,只是对银行章程悉心商榷,"实无抑勒苛绳商人之见存"。次日,总理衙门正式咨复盛宣怀,令盛将银行及早开办,若有未尽事宜,可以随时声复。②同时,翁同龢也表示鼎立支持,"银行章程惟荣有后言,好在众皆不以为然,可速即开办,必竭力扶持,决不掣肘"③。

但就在同时,御史管廷献向光绪帝上呈《银行官设流弊宜防》一折,又对银行章程提出五条修改意见:银行名称不必冠以"中国"字样;户部拨存之官款必须指定担保品和担保人;汇兑官款,须交实银;设立商会公所,只议商务,不得干涉金矿等务;银行设有拖欠,与国家无涉。

19日,光绪帝发布谕令,称管奏"系为慎始图终,预防利弊起见。平心而论,银行之设固属富强要图,然兹事体大,中国情形与泰西不同,现当创办伊始,自应通盘筹画,计出万全"。但光绪帝转而指出:"该御史所指官设银行利弊固宜防范,然中国不自行举办,一任外人在内地开设,攘我利权,亦非长策。"于是,他令王文韶、张之洞、盛宣怀三人"悉心核议,并将该御史所奏逐条声复,以凭核办"。④

管廷献对银行章程的驳诘再次对银行的招股产生了负面影响,"天津商

---

① 《中国通商银行》,第67~70页。

② 上海市档案馆馆藏"中国通商银行"档案,Q281-1-1,第17页。

③ 《愚斋存稿》卷91,第22页。

④ 苑书义等编:《张之洞全集》,第1251页。

股二十万及官场股份,因有管奏,观望不缴"。盛因此向翁同龢陈诉:"商务之难如此,昔年招商局每逢被参一次,必受挤一次。"盛感叹:"人生只此精力,聚精会神,专办公事,尚恐不足,而中朝任事之难,层波叠浪,必使志士灰心,同归于因循畏葸而后已。"①

5月17日,王文韶、张之洞、盛宣怀联名致电总理衙门,强调银行、铁路两事必须议成,"此次银、铁两事若仍议而不成,外人将以为中国绝无自强之日,从此觊觎环生,祸且至不可思议"②。5月22日,盛宣怀致电总理衙门,首先声称上海总行已定于是年农历四月二十六日先行开设,且"中外早已传扬,若届期不开,失信莫大乎是,商股必致全散,以后诸事万难招股,不仅银铁两端也"。对于管廷献所奏防弊各条,盛表示"自应遵旨会同悉心复议,随后再行具奏,如实有窒碍处,不妨续议更正,以免中辍"。③6月7日,盛宣怀又上疏荣禄,指出"银行深中汇丰及京都四恒之忌"。对此,盛认为,"此行系为保守中国利权起见,免致尽为俄英各行一网打尽而已。于汇丰固有损,于四恒不特无损且有益也"。盛承诺他"回沪后,当再督率各总董参酌中国商情、泰西商律,重订详细章程,总期慎密无疵,可垂久远。一俟规模初定,即当奏复,悉交总董自行经理,宣无庸过问,以避专利之嫌"。④

尽管已和王文韶、盛宣怀联名致电总理衙门请求将银行议成,但在复奏的问题上,张之洞又表现出不合作的姿态,不愿意列名复奏。他声称对银行事"实未透澈",因此不敢"率尔置议"。接着他表示对中国通商银行的章程利弊难审,认为西方国家的银行,"官开商开判然不同",但中国通商银行的章程则"不官不商,亦官亦商,不中不西,亦中亦西,利弊殊难详审"。最后他明

---

① 《盛宣怀未刊信稿》,第7页。
② 《愚斋存稿》卷27,第6页。
③ 《愚斋存稿》卷26,第23页。
④ 《愚斋未刊信稿》,第13~14页。

确表示不愿列衔复奏，称盛宣怀"老谋深算，自毋庸旁人妄赞一词。此次复奏弟可否勿庸列衔，亦不知为不知之义也"。[1]

王文韶当即复电，力劝张之洞列名会奏。王指明此乃谕旨，必须会奏。同时，王请张对盛宣怀予以支持，称盛"才足济时而屡憎于人，我等既因铁路汲引之，似宜始终护惜，俾底于成。若有他事，稍有参差，恐外人承隙而入，转于大局有妨"。王提议由他们和盛进行三方会同拟稿，直至使奏稿臻于"妥善而止"。[2]

王文韶的转圜收到了效果，张之洞同意列名会奏。张参与了奏稿的修订，补充了四条：发钞不得超过实本九成之数；不得兼作他项买卖；每半年由南北洋大臣派员稽查一次；删去"本行准铸银元"一条，称"铸币乃国家之权，此行系商开，如何可铸？今开铸银元者十三省，银行虽铸，亦无利"。张坚决地要求"必将此条设法化去"。[3]因张之洞的这一反对，中国通商银行丧失了铸造银元的权利。

6月16日，王、张、盛三人联名上奏《遵旨会同核议银行利弊拟请仍归商办并由南北洋稽查以保利权折》，历数创办银行的前后经过，重申创办银行的重要性，着重对管廷献的五条修改意见一一予以答复。

关于银行的名称，他们举出外商银行皆冠有国名字样，并声称中国通商银行须与各国通往来，"冠以'中国'，示无外之规，庶与他银行有别"。

关于户部拨存中国通商银行100万两官款，他们称"以数百万之商本止领百万，似应仿照外国银行，毋庸另觅殷商担保，致碍体面"，而据银行总董拟议，该项官款"一俟分行开齐，续收二批商股，即行缴还，毋庸久存"。

---

[1][2]　苑书义等编：《张之洞全集》，第7331页。

[3]　同上，第7337~7338页。

至管廷献所要求的汇兑官款须交实银一节,他们也认为银行应该如此办理,称“银行章程仅言拨借之款可以汇兑,若不交实银,部库何肯兑收?”

关于金矿,他们辩称,漠河、三姓等寄金到沪,向归外商银行兑换者,亦可归华商银行兑换,故中国通商银行并未干预金矿。至于商会公所,不过为筹议公司之事。他们称:“西商在沪无多,尚有商会,而华商涣散,处处吃亏,故银行各商董请设公所,以联商情,别无他意。”

对于管廷献所提出的银行设有拖欠与国家无涉的要求,他们声称“中西律例皆无商人欠款而致国家归还之理”,并承诺若中国通商银行亏折,即随时议停,并“尽其股份偿还,自与国家无涉”。

最后,他们再次陈述创办银行的重要性,请求银行仍归商办,并就张之洞所关注的三个问题作了承诺,由南北洋大臣对银行进行稽查、不准银行兼做他项买卖及禁止银行发行钞票数超过实本之九成。①

在对管廷献的奏折进行磋商复奏的过程中,中国通商银行于1897年5月27日成立,总行设在上海。盛宣怀选择严信厚、张振勋、叶成忠等十人为总董,他自己虽然不是朝廷任命的银行的督理或督办,但实际上控制着该银行。

综观盛宣怀与总理衙门及御史管廷献围绕银行章程进行争论的主要内容,我们可以发现,这其实是一场控制与反控制的斗争。总理衙门并不反对盛宣怀开办银行,但欲将该银行纳入其控制之下。从其对“权归总董,利归商股”一语所提的质疑看,总理衙门显然注重于中国通商银行权利归属的问题。而其将总行设在北京的提议,按美国学者费惟恺的理解,这是总理衙门的部分官员对该行设立于他们势力范围之外的一种反对态度。②其让中国通商银行增加报效比例,并能迅速满足政府的贷款需求的要求,则直接暴露出其控

---

① 苑书义等编:《张之洞全集》,第1251~1254页。

② 《中国早期工业化》,第297页。

制中国通商银行的目的。而为了保证这种要求得到满足,总理衙门提出了对中国通商银行账目进行监督的要求。至于管廷献的驳诘,则可看成是管氏见政府控制银行不成,干脆极力划清银行与政府的界限,以消除中国通商银行的半官方地位。他所提出的各条要求,均体现出他欲划清中国通商银行与政府特殊关系的努力。而张之洞曾以中国通商银行的"不官不商、亦官亦商"作为其不愿对管奏进行列名复奏的原因之一。这虽然是张不愿对管奏列名复奏的借口,但不排除他存在着对管奏的同情。当然,张之洞对盛宣怀创办银行的一系列反对言论背后的原因决非这么简单, 在他的身上折射出了中国通商银行在创办过程中所面临的诸多潜在的阻力。

三、潜在的阻力:以张之洞为例

张之洞从盛宣怀开始提议创办银行直至中国通商银行成立的全过程中,都对盛发出不和谐的声音。首先是反对盛将铁路、银行并举的提议,继而反对盛为银行督理,最后在对管奏的复奏问题上先是不愿列名复奏、后来虽然同意列名复奏,但对中国通商银行提出限制条件。关于张的一系列反对言论,笔者已在论述盛宣怀创办中国通商银行的活动中作了穿插叙述,此处不再赘述,只是就其言论背后的原因作一分析,以此探讨中国通商银行在创办过程中所遇的潜在的阻力。

中国通商银行在创立之际所遇到的众多棘手问题, 固然可以一言而蔽之曰人们思想认识的不统一,尤其是对银行这一极具现代性的金融机构,人们还缺乏比较明确的认识,如同张之洞所说的对银行事"实未透澈",故他们主要地围绕银行的章程问题展开了反复的争论。但原因决非仅仅如此,在这些分歧的背后,还隐藏着众多潜在的阻力因素。正是这些因素,主导了他们的言行,使众人的言行呈现出矛盾和冲突的表象。笔者下面将主要以张之洞反对言论背后的原因为例,试图揭示出这些潜在的阻力。

首先是利益之争。就华俄道胜银行和赫德等而言,其攫取利益的欲望是很明显的,就是要争夺中国的官款商股以及享有中国国家银行的特权。就总理衙门而言,其对银行章程的驳诘无非是想让银行在其控制之下为其所用,实际上就是利益之争。此种利益之争,在张之洞身上则略显隐蔽一些。其稍微明显的利益争夺表现在对中国通商银行铸币权利的剥夺上。[①]原来张之洞早在两广总督任上就创办了铸钱厂,1893年又建成湖北银元局,所铸龙洋通行湖广和江浙一带,铸币的利润是其财政收入的重要来源。早在1887年李鸿章筹备华美银行之际,因该行欲取得铸币权将直接损害到张之洞的切身利益,因此张"对李鸿章的如意算盘给了一个致命的打击"[②]。而中国通商银行被准许"附铸一两重银元十万元,试行南省,如无窒碍,再由户部议订章程办理"。这一带正是湖北银元局所制龙洋畅销的地区,若银行铸造银元,必将对该局造成冲击。对此,张之洞很难置之不理,故他坚决要求删去"本行准铸银元"一条。加上当时两江总督刘坤一也在南京筹备铸币厂,而一两重银元事实上在当时也行不通,故银行最终没有自己铸币,其所需银元不得不仰赖湖北和天津等地银元局为其代铸。

张之洞和盛宣怀在银行问题上的暗中之争则是各自谋求对卢汉铁路的控制权,而这种控制权主要取决于财力的大小。[③]卢汉铁路就是由张之洞等人倡导的,并且将通过张的治地,张欲取得对它的控制权是必然的,但他恰恰

---

① 参见《中国第一家银行》,第9页;朱镇华:《中国金融旧事》,第64页;黄逸平:《近代中国经济变迁》,第434~435页;谢俊美:《翁同龢传》,第490页,等等。

② 参见汪敬虞:《近代中国金融活动中的中外合办银行》,《历史研究》,1998年第1期。

③ 参见陈礼茂:《张之洞在中国通商银行创办过程中的言论述评》,《安徽史学》,2003年第5期。

没有这种实力:汉阳铁厂已是亏空累累,耗费了巨额库帑,更遑论由他来兴办铁路和银行。他虽然和王文韶联名荐举盛宣怀督办铁路,但他内心并不情愿如此,实是因为财力不支而迫不得已。在盛请求他们荐举自己为铁路总公司督办之际,张就对王流露出这种不情愿的心态,他说:"近日都下、江南、山东函电,谓我两人于某君(指盛宣怀——引者注)争相保奏,讥议纷腾,此事须稳妥方能有成也。渠总未能深明时势,体察众情耳。"①而盛宣怀一再提到银行为筹集铁路股本而设,尽管这主要地是一个借口,且后来铁路和银行的联系也并不像盛所说得那么密切,盛对铁路的控制也并非取决于银行,但盛当初强烈的意图就足以让张之洞产生戒备之心。张之洞主张先办铁路后办银行也不过是个借口,目的只是为了阻止盛控制银行进而控制铁路。而拒绝荐举盛为银行督理,也是出于同样的考虑。

其次是难以处理的官商关系。银行组建的出发点是商办,无论是"招商银行",还是"中华商会银行",抑或是"中国通商银行",这些名称都鲜明地展示着银行的商办色彩。作为商人的代表,盛宣怀努力地为中国通商银行争取某些特权,想使之具有国家银行的一些功能,如银行可以汇兑京外拨解之款,可以存政府备用之款,可以铸银元等。另外,银行章程虽标明其用人办事悉以汇丰为准,并在京城及通商大口岸聘用西人为大班,但总董是华人,而银行权归总董。②鉴于此,张之洞将中国通商银行的性质定位为"不官不商,亦官亦商,不中不西,亦中亦西",而这也正是他拒绝对管奏进行复奏的借口。在张之洞的投资理念中,官股相对于商股,一直占压倒性优势。他素来注重官府对企业的控制,力持企业官办的思想,其所办企业开始也大多为官办形式,只是因为官款不足才招收商股加以补充。如他仿照李鸿章、盛宣怀在上海招

①　苑书义等编:《张之洞全集》,第7074页。

②　《中国通商银行》,第51页。

商添设纺纱厂的办法，由官商各出资30万两，于1897年建成湖北纺纱厂。[①]或者是因为官办企业维持不下去，才被迫改成官督商办、官商合办或商办企业。如汉阳铁厂在亏损严重的情况下，恰逢清廷因财政困难而谕令官办企业自行招商承办，张之洞顺水推舟，让盛宣怀招商承办。[②]但张之洞认为“官能分利，不能分权”，力求使得官府对企业保持控制权。[③]张之洞对洋务企业侧重官办、轻视商办的思想，在一定程度上影响到他对中国通商银行创立之紧迫性的认识。作为国家银行的户部银行在成立时张之洞的积极反应，可以从反面印证这一点。户部银行成立不久，张就迅速在鄂筹办其分行。对盛宣怀创办中国通商银行的支持何其缓，而对户部银行设立分行的支持何其速，张之洞重“官”轻“商”的“官本位”思想在这里又留下了印记。这种官商之间的矛盾在总理衙门和御史管廷献对银行章程的驳诘上也得到体现，两者都站在“官本位”的角度，对中国通商银行或力图控制，或作出限制。

再次是一部分人建立现代银行的意识尚显淡薄。在一系列反对言论中，张之洞也道出了一句实话，那就是对银行事务的不了解。在他规模宏大的实业建设和庞杂的实业思想中，银行这一极具现代性的金融机构并没有占据多少位置。这一缺陷不仅反映了张之洞银行知识的缺乏，还显示了张之洞建立现代银行意识的淡薄。在工业企业上，张之洞不乏创新意识，比如他首创当时在中国乃至亚洲堪称第一大钢铁厂的汉阳铁厂。但他创新的视角并没有触及银行这一极具现代性和重要性的金融机构。缺乏现代银行知识，并不意味着一定会反对创办银行。以盛宣怀、翁同龢、王文韶等人为例，他们在银

---

① 冯天瑜：《张之洞评传》，河南教育出版社，1985年，第121~122页。

② 《近代中国》（第七辑），立信会计出版社，1997年，第256~257页。

③ 参见罗肇前：《由官办向商办的演变——张之洞经济思想研究之一》，《中国经济史研究》，1997年第3期；罗肇前：《比较李鸿章、张之洞“官督商办”之异同》，《社会科学》，2000年第12期。

行方面也不具备丰富的知识,但却提倡创办银行,其原因在于,在建立现代银行的意识上,他们已经远远地走在张之洞的前面。对张之洞轻视银行的倾向,盛宣怀很不以为然,他曾说:"汇丰收我华民存款六千余万,载往印度,俄又来矣,故南皮(指张之洞——引者注)视银行为轻,似非透论。"①

又次是官场复杂的人际关系。中国作为一个传统的人治国家,很多事情的成败取决于人们的支持与否。盛宣怀最终能办成银行,显然与其良好的人际关系有关,尤其是他得到一批重要人物如翁同龢、李鸿章、王文韶,甚至包括恭亲王奕訢等的支持。盛的这一能力,连张之洞也是承认的,他称许盛"可联南北,可联中外,可联官商"。但这并不能表明两人之间的关系密切,恰恰相反,两者当时存在着派系矛盾。②张在两广总督任上,曾招请盛宣怀至其麾下任事,但盛为了紧跟李鸿章,不愿前往,并对李说:"谁肯以丑恶无益之干求,商诸爱憎无常之大吏。"③在仕途上,由慈禧太后提拔起来的张之洞一直认为作为帝党首脑的翁同龢和自己作梗,而盛宣怀与翁的关系很亲密,这从翁大力扶持盛创办银行上可以看出来。而张之洞所说的一段话也能反映出这种微妙的关系:"且铁厂如归盛接办,则厂中将来诸事,大农(指翁同龢——引者注)俱可不挑剔,此当早在明察中矣。"④盛宣怀还是淮系势力的人,他是因投靠李鸿章而起家的,而张之洞作为清廷扶植起来和李鸿章抗衡的力量,⑤素来

---

① 《愚斋未刊信稿》,第15页。

② 费惟恺在其《中国早期工业化》一书中曾反复表明,张之洞是甲午战争后继李鸿章之后盛宣怀的靠山。(费氏曾在该书中列有专目谈论张之洞与盛宣怀的关系,见该书第85页。)他大概只看到盛宣怀在其后期的很多洋务企业如铁路总公司、汉阳铁厂等与张之洞有着关联,当然他也可能看到盛宣怀后来在和袁世凯的斗争中联合张之洞的情况,但他显然忽略了张之洞让盛举办前述诸企业的具体原因,尤其是没有注意到张在盛创办中国通商银行过程中的一系列反对言论。

③ 夏东元:《盛宣怀传》,1988年,第147页。

④ 苑书义等编:《张之洞全集》,第10238~10239页。

⑤ 清朝统治者经常有意使地方实力派互相牵制和抗衡,此为其一个传统的权术。

和李存在一定的矛盾和冲突。这些复杂的关系表明,虽然张之洞和盛宣怀在汉阳铁厂和卢汉铁路上有着合作关系,但他们不是同一派系的人。张让盛承办铁厂和铁路,诚为不得已之举措。虽然翁同龢与李鸿章也有着宿怨,如翁曾阻止李筹办华美银行,[①]但两者在扶持盛的态度上是一致的。

最后是忌妒因素。盛在接办汉阳铁厂之前,手中已控制轮船招商局、中国电报局、华盛纺织厂等大型企业,现在又督办铁路、举办银行,其成就遭到了一些人的忌妒。此种情况王文韶和张之洞都曾提及。王文韶说:"盛道勇于任事,久已为时所忌。"[②]张之洞在反对盛为银行督理时也提到:"阁下以列卿总司南北铁路,任寄已重,体制已崇,事权已专,忌者已多,若再督理银行,必致群议蜂起。"[③]其实,张之洞本人也难脱忌妒盛宣怀之嫌。[④]在晚清求强求富的活动中,兴办实业不仅是官员的一项重要任务,也是衡量官员业绩的重要标准。盛宣怀集轮、电、矿、路诸实业于一身,现在又创办极具现代意义的银行,其实业成就大有和张之洞颉颃甚至超过的趋势,作为洋务运动晚期的头面人物,张之洞应该能意识到这一点。有嫉妒心理是可能的,也是可以理解的。

综上所述,中国通商银行在创立过程中所遇的潜在阻力,举其显者,不外利益冲突、官本位、意识淡薄、派系矛盾和嫉妒心理等。外加其他困难的考验,诸如列强阻碍、政府苛求等,中国通商银行的创立过程可谓一波三折,险象环生。尽管如此,随着近代中国日益被纳入现代化和国际化的轨道,作为中国向现代化和国际化方向发展的必然产物——中国通商银行的创立趋势是不

---

① 参见谢俊美:《翁同龢传》,第325~329页。
② 苑书义等编:《张之洞全集》,第7057页。
③ 《愚斋存稿》卷25,第13~16页。
④ 参见洪葭管:《金融话旧》,第41页;洪葭管:《中国金融史》,第70页,等等。

以人的意志为转移的，而且以它为开端，新式银行也必将方兴未艾地发展。中国通商银行创立过程的一波三折，充分凸显了民族资本在内外夹困中的生存状态。这对我们理解中国早期独特的现代化道路是很有裨益的。

本章小结

甲午战争后，为筹措对日赔偿，盛宣怀于1895年5月8日向翁同龢建议，不可全借洋债，而必须"借用本国民债"。为此，他提出仿照轮船招商局开设"招商银行"。

与此同时，很多官绅在向朝廷所献之"计策"中提出要开办银行，一些外国人也提出与中国合办银行。这些人所主张开设的银行，皆为国家银行的性质，即所谓的"官银行"。但户部尚书翁同龢倾向于盛宣怀所提主张，即开设商办银行，为此，翁嘱托盛开设"招商银行"。

正在此时，盛宣怀从张之洞手中接办汉阳铁厂，并被张之洞和王文韶举荐为铁路总公司督办，负责兴修铁路。为招集铁路股款以及为他所控制的其他洋务企业尤其是汉阳铁厂服务，盛宣怀更加感受到设立银行的必要性。于是，他打着"今因铁厂不能不办铁路，又因铁路不能不办银行"的旗号，请求张之洞、王文韶以及清政府中的一些要员支持其开办银行。

盛宣怀开办银行的提议虽然没有得到张之洞的首肯，但获得了其他一大批重要人物的支持。为此，盛宣怀上呈《自强大计折》及"开设银行片"，向光绪帝奏请开设银行。光绪帝要求先由王文韶和张之洞复奏保举盛宣怀开办银行，而后再予以批准，但张的态度很犹豫。但不待王、张二人复奏，光绪帝很快就批准了盛宣怀开办银行的请求。

中国通商银行的创立过程并非一帆风顺,而是遭受到了一些曲折。既有海关总税务司赫德和华俄道胜银行的竞争和阻挠,也有来自总理衙门和御史管廷献对银行章程的驳诘,尤其是后者,给银行的招股活动造成了负面影响。此外,中国通商银行的创立还承受着很多潜在的阻力,这些阻力包括:利益之争、官本位、意识淡薄、派系矛盾和忌妒心理等,而这些突出地反映在张之洞的身上。

第二章
中国通商银行成立之初的资金来源、章程制度和人员组织状况

在分析中国通商银行早期运作的情况之前，我们有必要了解该行成立之初的资金来源、章程制度和人员组织状况。中国通商银行的商股主要来源于盛宣怀所控制的轮船招商局、电报局以及盛本人。其章程制度既取法于汇丰银行，同时也取法于中国旧式金融机构票号和钱庄，此外，轮船招商局、电报局等洋务企业的一些做法也被中国通商银行仿效实行。其人员主要来自外商银行、中国旧式金融机构钱庄、票号和官银号以及盛宣怀所控制的其他洋务企业的某些成员，在各分行中则是任人唯"财"，其负责人由出有巨股者充当。

第一节 开办资本和资金来源

中国通商银行在成立之初的资金来源主要由商股和户部存款组成,其他存款则主要是轮船招商局之附属公司仁济和保险公司的20万两存款,而普通人的存款则微乎其微。以下笔者主要就商股的募集及组成、户部存款的由来和申请等情况作一考察。

一、商股

商股的招收办法有一个逐渐具体化和成型的过程。在招股告白一经刊布之时,人们投股的热情曾经很高,但在银行章程遭受总理衙门和御史的相继驳诘之后,大好的招股形势遭受破坏,预计由总行总董认招的100万两及向大众招收的50万两,因招收之数远远不足而最终由盛宣怀认招和垫交100余万两。

关于应招商股的数额和办法,盛宣怀早在其《自强大计折》中就作出了说明。当时,他提出要"遴选各省公正殷实之绅商,举为总董,号召华商,招集股本银五百万两"①。而他在1896年11月9日致王文韶和张之洞的电文中称"银行五百万商股现成"②。

银行总董张振勋在其于1896年12月20日拟呈的银行条议中则具体提到银行的招股办法,即"袭轮船招商局遗意而变通之,先集商股五百万两,每股

---

① 《中国通商银行》,第4页。
② 《愚斋存稿》卷25,第11~13页。

一百两,共成五万股,作三期汇收,先期收二十五两,次期收二十五两,三期收五十两"[1]。

1897年1月12日,严信厚在其所拟的第一个银行章程中进一步提出500万两商股的来源:先由轮船招商局、电报局等拨股本银200万两,以为之倡,其余300万两,由各省董事分别认股。鉴于当时招股风气"尚未大开",严信厚提议:如果一时难以招集,则先向北洋大臣借入官款,暂为垫足,待开办后,若有利益,再招集商股,并陆续拨还官款。严氏还举出轮船招商局的例子证明此种做法的可行性,称轮船招商局在创办之初,借入官本,最后予以归还,并无短少。[2]严信厚在其拟订的第二个银行章程中又提出,先收商股250万两,其余未收之250万两,待试办一年后,再行收足。[3]为激励人们入股,严氏提出要借鉴轮船招商局、电报局、开平煤矿、漠河金矿、津沽铁路等企业的做法,"酌定官利"。他认为只有如此,"方足以广招徕"。他提议给银行股商每年官利一分,其中,将招商和电报两局之股本暂付官利六厘,待银行派分余利时再行补足四厘,仍合一分之数。[4]

《中国通商银行大概章程》则明确规定,银行资本为规银500万两,分作5万股,每股100两。招股开办时每股付银50两,第二次续付银25两,第三次续付银25两。其第二、第三次应付之银,须俟总董公议加添之时先期两个月登报知会,再行照付。如日后中国通商银行生意兴旺,并且分行推广,则于原股500万两外,再行加添股份,并先尽原股东股数照加;若原股东不愿加,则另招新股。该章程还规定,先收股本规银250万两,其中,由盛宣怀认捐轮船、电报

---

① 《中国通商银行》,第37页。

② 同上,第43页。

③ 同上,第46页。

④ 同上,第47页。

两局股份100万两;各总董认招100万两;其余50万两,听由各省、各埠华商投股。自登报之日起,上海本地以一个半月为限,各省、各埠以三个月为限。凡投股者准给股份之数目,应听总董核给。①

是年2月7日,总行洋大班美德伦拟就中国通商银行招股条款,并拟定投股和收单格式。②3月10日,银行将招股告白刊登诸报,宣布该月12日开始招股,要求入股者先在招商局挂号,每股先收挂号银5两,即每股股银之十分之一,所有挂号事情由陈辉庭经理。③

招股告白刊登后,"商情甚踊跃"。比如,香港分行董事温灏声称,港地"商人见章程尽善,多愿附股"④。盛乃让温灏将港地挂号银速寄其处,声称"迟恐不及"。他还在致盛春颐的电文中称"股份甚拥挤"。⑤一些官员也纷纷入股。比如,王文韶要求盛宣怀为其"酌留五百股"⑥,而"李少翁面订入股二万"⑦。

在中国通商银行的章程遭到总理衙门的驳诘后,这一招股的大好形势遭到破坏。盛宣怀向李鸿章抱怨道:"银行股分二百五十万本已齐集,驳诘交到,纷纷谣言,谓此行办好官必苛求无已,退股者不少。"⑧在致冯敦高的电文中,盛宣怀提到,"银行一驳,通国皆知,商股退出六七十万"⑨。

自1897年5月18日起, 中国通商银行的股银不再由轮船招商局收发,而

---

① 《中国通商银行》,第57页。
② 同上,第54~55页。
③ 上海市档案馆馆藏"中国通商银行"档案,Q281-1-1,第13页。
④ 《中国通商银行》,第535页。
⑤ 同上,第536页。
⑥ 《愚斋存稿》卷25,第38页。
⑦ 李少翁系李经迈,李鸿章之子。
⑧ 顾廷龙、叶亚廉主编:《李鸿章全集》(三),第716~717页。
⑨ 《愚斋存稿》卷91,第20页。

是归银行经办,其收单则由办事总董签字。到该月20日止,总行共收得户部存款100万两、轮船招商局股银80万两,加上零星所收股银,共有181.2827万两。①截至上海总行开办的前两天,即1897年5月25日,连户部存款100万两在内,中国通商银行收银202.5480万两。②上海总行开张之日,共收银252万两③,剔除户部存款100万两及仁济和保险公司存款20万两,商股仅132万两,比预计的250万两商股短少118万两。而此132万两股银中,招商局占80万两,电报局出有11.84万两,因此个人入股仅41万余两。④尽管如此,盛宣怀在给翁同龢的信函中声称:"上海银行四月二十六开办,华商欢欣鼓舞,气象颇好。"但盛抱怨"天津商股二十万及官场股分"因管廷献对银行章程的驳诘而"观望不缴"。⑤到是年6月29日,除存项外,已收到股银170余万两,尚差70余万两。⑥其后不久,股银达到213.135万两,其股份的来源可见下表。

表2　1897年中国通商银行股份统计表⑦

户名	入股数	缴银数⑧(单位:规元两)
轮船招商局	16000	800000
张振勋	2000	100000
盛宣怀	14600	730000
严筱舫	1000	50000
电报局	2000	100000⑨

① 《中国通商银行》,第713页。

② 上海市档案馆馆藏"中国通商银行"档案,Q281-1-1,第19~21页。

③ 《中国通商银行》,第550页。

④ 同上,第713、550页。

⑤ 《愚斋未刊信稿》,第7页。

⑥ 《中国通商银行》,第80页。

⑦ 根据所缴股银数判断此统计表的具体时间在1897年6月29日至7月16日之间。参见《中国第一家银行》,第109页。

⑧ 每股合银50两。

⑨ 根据有关材料核证,电报局股款应为20万两,分两次缴款。表列数字系第一次缴款数。

续表

户名	入股数	缴银数(单位:规元两)
洪植臣	800	40000
梁干卿	200	10000
其他	2585	129250
外埠招商局代收股款	3350	167500
外埠股款	92	4600
合计	42627	2131350

从上表可见,在此4.2627万股计规元213.135万两中,绝大部分为盛宣怀本人及其所控制的轮船招商局和电报局所出（共3.26万股计规元163万）,约占当时所收总数的76.5%。此外,总行总董张振勋、严信厚和分行分董梁绍祥、洪秉钧共有4000股计规元20万两,所占比例约为9.4%。而其他散股共6027股计规元30.135万两,所占比例约为14.1%。其中,外埠股款仅92股计规元4600两。

至是年7月16日,中国通商银行连挂号1087股,共招得4.9979万股,离预计的5万股还差21股,其中,盛宣怀自己又拿出30万两,合6000股。[①]根据1905年4月24日的董事会议记录:中国通商银行开办之初,股未招足,而开市在即,不得已,银行恳请盛宣怀垫规元34万两,方足250万两股本之数。此款计6800股,仍存银行,应派股息亦归银行收取。[②]

当然,商股的迟迟难以招齐在当时并非是中国通商银行所独有的现象,而是一个普遍存在的难题。比如,大生纱厂1895年筹办时原定招股60万两,但直到1896年冬,张謇才招得18万左右。又如,户部银行按奏定章程,计划招收官股和商股各200万两,但商股无人购附,乃先拨官股50万两以为之倡。该

---

① 《中国通商银行》,第87页。

② 《中国第一家银行》,第114页。

行北京总行早在1905年9月27日就已经成立,但直至是年冬,才招齐商股100万两,而官股亦随之补足100万两。①当今有学者认为,近代中国公司之股本普遍募集不易,其原因在于近代中国生产力发展水平低下,积累率不高,资本市场发育不完善。②但对中国通商银行来说,除了这个普遍的原因外,总理衙门和御史管廷献对银行章程的驳诘,无疑对银行的招股造成了负面影响。其行为导致人们怀疑中国通商银行的"商办"将有名无实,并因此丧失投股的热情。

　　关于轮船招商局对中国通商银行投以80万两股份的情况,我们可以结合轮船招商局的情况作一分析。在盛宣怀的"经济帝国"中,该局是一个最获利的企业。据该局股商于1909年的调查,在盛宣怀任督办期间,即1876—1903年,该局共获余利银1540余万两。在盛交卸之日,"结存码头、栈房、轮船、地产,按照时值估价,并连公积,不下二千万两之数,可谓厚矣!"③据费惟恺的分析,对盛宣怀来说,"轮船招商局的积余利润对他所感兴趣的其他官督商办企业意味着一个现成的资本来源"④。因此,盛将轮船招商局的积余利润大量投到他所控制的其他企业中去。轮船招商局入股盛宣怀所控制的其他企业的情况见下表。

表3　轮船招商局入股盛宣怀所控制的其他几家企业的情况(1)

企业名称	入股额(单位:规元万两)
中国通商银行	80
汉阳铁厂	27.4
萍乡煤矿	16.4
汉冶萍公司	109.44

　　资料来源:《轮船招商局》,第919、1160页。

---

① 孔祥贤:《大清银行行史》,南京大学出版社,1991年,第91页。
② 张忠民:《艰难的变迁——近代中国公司制度研究》,上海社会科学院出版社,2002年,第384页。
③ 汪熙、陈绛编:《轮船招商局——盛宣怀档案资料选辑之八》,上海人民出版社,2002年,第919页。
④ 《中国早期工业化》,第230页。

但根据费惟恺的分析,该局还在华盛纺织厂握有股份,而且有些数字与上表有出入。兹将其分析的情况也列表以作参考。

表4　轮船招商局入股盛宣怀所控制的其他几家企业的情况(2)

企业名称	入股额(单位:规元万两)	备注
华盛纺织厂	30	1891年10万两,1894年增加到30万两。
中国通商银行	80	1896年(应为1897年——引者注),1908年清理。
萍乡煤矿	38.14	1898年10万两,1901年增至16.4万两,1906年增至38.14万两。
汉阳铁厂	46	1901年27.4万两,1907年增至46万两。
汉冶萍公司	101.9	1908年握有该数,经清理后至1914年还握有51.6万两。

资料来源:《中国早期工业化》,第231~232页。

无论是哪种统计情况,都表明了盛宣怀将其企业进行通盘筹划的情况。而盛宣怀本人也毫不忌讳地宣扬这种做法,他在1900年3月19日所上的奏折中称:"臣兼管之上海纺织总厂、汉阳铁厂、萍乡煤矿、通商银行所集商股,即是船电两局之华商挹彼注兹,盈虚酌剂。"[1]

轮船招商局和电报局投股中国通商银行的情况表明,该行成立之初就和盛宣怀的其他企业有着密切的联系。

二、户部存款

关于中国通商银行中100万两户部存款的由来,起初盛宣怀并没有考虑将官款加入银行资本,后来在华俄道胜银行的竞争和阻挠以及在总行总董的请求下,乃决意请领官款。而关于官款在银行中的存在方式,盛宣怀先是打

---

[1]　《愚斋存稿》卷4,第22页。

算将之作为股本,后又担心银行可能因此而受政府的控制,乃将之作为户部在中国通商银行之存款。

盛宣怀在开始筹办银行时,专主银行商办,而没有招集官股或借存官本的打算。这一点在其奏请开设银行之后即着手派人拟定的各银行章程中有所反映。在中国通商银行众多的草拟章程中,最早的为枝巢于1896年11月10日修改而成的《华商集成官银行章程》。该章程明确规定,银行不借官本,专集商股。但银行也不排除官款寄存,"如有公款寄存,久暂悉听。"至公款利息,章程规定:"本银行寄存官款,一年以上者,六厘计息;满一年者,五厘;满六个月者,四厘;满两个月者,三厘;不满两个月者,邀免。"①

但两天后, 银行商董向盛宣怀呈递说帖, 主张清政府应给银行拨发官本。此事缘起乃华俄道胜银行将领取中国官股500万两之事。董事们认为:"俄国银行既领有中国官本,而中国银行反无国家股本,与西例本国银行只许本国国家商民入股,不许外人入股办法适相背谬。不独为俄国银行所轻视,并将为各国银行所窃笑。"为提高银行的信用度,董事们主张给即将成立的中国通商银行拨发官本。尽管如此,董事们仍坚持银行归商办。对于政府如何拨款,董事们提出了几种方案:"或官商各半,请拨官本五百万,或于商本五百万外,酌拨官本二百万均无不可。万一部款不能久存,请暂行划拨二百万作银行官本,随后部中需用之时,即由银行借二百万以还之。"②

董事们的提议被盛宣怀采纳,不过,盛宣怀考虑到,银行商办之议出于他本人,并得到光绪皇帝的准许,此时再不便由他出面申请官股。他认为"由言路奏请饬议,则言顺事成,不着迹象"③,于是他请陈炽密呈条陈,给银行申

① 《中国通商银行》,第6页。

② 同上,第8~9页。

③ 同上,第13页。

请官股。

1896年11月28日,陈炽向朝廷呈上《关于银行招商宜入官股折》。在奏折中,陈炽也提到华俄道胜银行领取中国国家股本之事,并指出中国自设银行,转无官股,"揆之春秋内外之义,轻重失均,尤关政体"。陈炽提议,由户部拨款二三百万两作为银行官股。两天后,盛宣怀亲自上奏,向朝廷转陈银行董事们请求政府拨款作为银行官股的主张。[1]这一月,银行某总董在其《拟设银行管见六则》中也主张"奏请户部拨借库款银二百万两",并进一步提出将部款"分十年归还,每年纳缴五厘息银"。[2]

某人在1896年12月所呈的《开办银行节略》中主张:"应开中国官商银行,袭招商局之遗意而变通之。"所谓招商局之"遗意"乃是:"招商局俱商本也,创办之初借给官项,而仍还故府,并无短少。"他提出的官款数目是250万两,借领办法是由政府在洋债内拨付,以银行股票抵存户部,并由轮船招商局、电报局和"纺织局"之华商承认借领,每年认股息银五厘,其息之有余或不足均归该三局华商包办,三年后分作十年归还户部,利随本减。如华商于期限之内能有人买此股票,准其随时交银,随时收票。[3]

1897年1月10日,盛宣怀致翁同龢一密函,谈及银行资本问题。盛打算仍集商股500万,官股则200万,同发股票。开张时先收银一半,即商股250万,官股100万,以后分期续收一半。关于200万官股如何划交的问题,银行总董中有人主张将铁路借款之1000万之中的200万划归银行,盛认为此举"原无不可,惟中外皆知户部借路本千万,实亦未便减少"。为此,盛请求翁照原议另拨200万,使银行与铁路两事均无掣肘。万一无可以另拨之款,则只可在路款内

①　《中国通商银行》,第25~27页。
②　同上,第28页。
③　同上,第40页。

分拨。①

严信厚则不同意将官款作为银行股本，而是主张作为存项，其理由是："官商隔阂，至今如故。若银行领有官本，商股必然裹足。"但他又认为，银行开办之始，"以存项多富为荣"，因此他主张户部拨银200万两存于银行生息，其利息为常年五厘，存储之久暂，悉听户部决定。但户部如需提用现银或拨解别处，须三个月前咨照银行，届期立即支付，决不有误。②

1897年1月21日，盛宣怀在其分别致翁同龢和张荫桓的电文中，表明了对官款的态度。盛放弃了将官款作为银行股份的打算，而是主张将官款作为银行存款。其理由是："以公款艰难，一作官股，盈亏相共，利害兼之，宣不敢担此重任。"他提出了存款数目、利息、缴还方式等具体办法，即："援照招商局办法，请领官款二百万两，存放该银行，按年认缴息银五厘，不计盈亏，六年为限，限满或分年提还，或仍接存，届时再议。"③

此后，《中国通商银行大概章程》正式规定了拨存官款的办法，即由盛宣怀奏请户部拨存公款200万两，只取长年利息五厘，不分余利；开办之时，先领100万两，俟续收商股250万两之时，再领生息公款100万两。④

后来，盛宣怀又与户部约定具体的拨款和还款办法：自中国通商银行开张之日即1897年5月27日起，将户部款项规元100万两按长年五厘起息存放于该行，自第一年至第五年按年付息，自第六年起分作五年，每年归还本银20万两，息亦递减，至第十年即1907年5月27日本银全数还清。

1897年2月22日，江海关道台将该关所存伦敦汇丰镑款项下部款规银100万两拨到中国通商银行名下。由于此时银行还没开张，此款乃按五厘起

① 《盛宣怀实业函电稿》，第471~472页。

② 《中国通商银行》，第45页。

③ 《愚斋存稿》卷25，第33~34页。

④ 《中国通商银行》，第57页。

息,先行由户部暂存汇丰银行30万两、德华银行40万两、麦加利银行20万两、源通官银号10万两,等银行开张时再承领。①在中国通商银行上海总行开张前的第六天,即1897年5月21日,此100万两部款分别从上述各行号取出,转存中国通商银行。

虽然盛宣怀和中国通商银行总董在领存官款的过程中,反复声明此举是为了加强中国通商银行的力量,以与华俄道胜银行抗衡,但是我们对其动机的认识不能仅仅停留在这一层。我们不能忽略盛宣怀所说的一句话,即"援照招商局办法,请领官款二百万两"。这句话道出了中国通商银行领存官款的行为在一定程度上是对轮船招商局起初拨借官款行为的借鉴与沿袭。

根据轮船招商局股商1909年12月对该局的调查,盛宣怀在任该局督办期间还清了该局所欠官款107万两。②可见,在轮船招商局的资本里确曾有过官款。而费惟恺认为,清政府给轮船招商局的借款,"更直率地说是息存于该局的"③。根据费氏所开轮船招商局所借政府款项及支付利息的数额,笔者列表如下:

表5　1872—1877年轮船招商局所借政府款项及付还利息率

年份	借款(单位:万两)	利息率(%)
1872	13.5	7
1876	45	10
1876	20	8
1877	100	—

资料来源:《中国早期工业化》,第168~169页。

从上表可知,轮船招商局付给政府借款的利息率均在10%以下。另外,根

---

① 上海市档案馆馆藏"中国通商银行"档案,Q281–1–1,第7页。

② 汪熙、陈绛编:《轮船招商局——盛宣怀档案资料选辑之八》,第919页。

③ 《中国早期工业化》,第168页。

据费惟恺的考察,在1876—1877这一财政年度里,轮船招商局按大约15%的利率归还其所借钱庄之款。可见,轮船招商局向政府借款之利息明显较其向钱庄借款之利息低。①这两者之间的差额,实际上为该局节省了一笔资金。而清政府存于中国通商银行之100万两的利息率,比其借给轮船招商局款项之利息率还要低,仅为5%。对这种低利息所造成的实际收益,盛宣怀和银行总董是不会视而不见的。

此外,中国通商银行请领官款的行为还与该行招集商股的不易有关。张忠民先生在其《艰难的变迁——近代中国公司制度研究》一书中曾论述道:垫借官款是官督商办企业的一种特有的经济现象,它是企业在开办之初,由官府以债权人的身份垫借一定数量的资金作为企业的建设费用或流动资金;在商股招募难以足额的情况下,垫借的官款往往成为企业开办之初最重要的资金来源;"官督商办"形式下商股筹集的不易以及筹集时间的拖沓,迫使官府不得不以"垫借官款"的办法来缓解企业开办时资金的不足,有时甚至采取先用官款将企业开办起来,等有一定成效后再以募集商股的办法来聚集企业所需的资本,然后陆续归还官款。他举出轮船招商局在开办时,垫借的官款达到该局实收资本的四分之一强。他还说,官款不入股,只是作为借款,不仅风险小,而且作为债权人可以保本;另一方面,国家的资金不作长期投资,也有利于周转。②综观张氏上下文的论述,他显然将中国通商银行也纳入了这一范畴。笔者虽然不赞同将中国通商银行的性质定位为"官督商办"③,

---

① 《中国早期工业化》,第169页。

② 张忠民:《艰难的变迁——近代中国公司制度研究》,第133~134页。

③ 盛宣怀虽然是中国通商银行的督办,但此职位不是清政府任命的,而是银行总董们自己加给他的,且盛本人实际是商人的代表。笔者认为,用"官助商办"来表述中国通商银行的性质将更为准确。费惟恺虽然也将中国通商银行定性为官商办企业,但他承认:"没有直接(证据)证明银行遭受其官僚主义管理的严重危害。"参见《中国早期工业化》,第305~306页。

但认为张氏的论述对我们认识中国通商银行请领官款行为的动机有一定的启发意义。显然,中国通商银行聚集资本的情形与张氏所论述的情况在某些方面有着相似之处,比如商股筹集的不易以及筹集时间的拖沓;官款只是作为借款,并要陆续归还等。尽管盛宣怀凭借轮船招商局和电报局的资金挹注以及自己雄厚的经济实力,最终将商股凑齐,但由总董认招之100万两及准备由大众认招之50万两的拖沓和招集不易的情况, 会迫使盛宣怀和银行总董考虑借助官款的力量。

第二节　章程制度

中国通商银行的章程制度体现在《中国通商银行大概章程》《中国通商银行总董条例》《中国通商银行分行大概章程》以及《中国通商银行总行与分行的合同议据》等一系列文本之中。笔者将结合这些文本的内容,对中国通商银行的章程制度作一探讨。

一、《中国通商银行大概章程》的产生及其特点

中国通商银行作为中国人自己创办的第一家银行, 没有现成的章程可循,只有靠自己探索。为此,人们围绕银行章程进行了反复的商讨和斟酌,可称得上"不厌其详",致使中国通商银行在成立之初出现众多的草拟章程,最后以《中国通商银行大概章程》作为定本,送交总理衙门审核。中国通商银行的章程经过反复修改的情况,是该银行作为中国首家银行所特有的现象。在分析《中国通商银行大概章程》的内容和特点之前,笔者对其拟订经过先作

一梳理。

1.《中国通商银行大概章程》的拟订经过

盛宣怀在其开设银行的请求得到光绪帝的批准后,即着手派人拟订银行章程。同时,某些热衷于银行事业的人也向盛宣怀献上自己对银行章程的建议。

1896年11月10日,枝巢将由其修改过的《华商集成官银行章程》交给盛宣怀。该章程旨意有:银行取名为"华商集成官银行";系商股组成;总行暂定天津;重视经理人员的选用;选一人以沟通官商;注重官款汇兑;对官款不借只存,给予利息;明确商股分红办法;分行间及总分行要互通声气;慎做押款;慎与钱庄来往;使用便利货币;结账单位为上海规元;股份公开等等。[①]

同月15日,陈炽给盛宣怀送来其所拟官银行办法十二条,提出要设分行、联合号商、招集股份、遴选经理、公举董事、行钞票、重抵押、公平兑换、扶持商务、慎重从事款项的放与收以及年终须考核监督等等。[②]

24日,陈镶勋给盛宣怀呈上其所拟的银行条陈和章程。其《臆拟条陈十则》包括广招徕、重责成、保利权、护邮电、勤报效、遵王章、崇名分、助圜法、裕埠通、均分予。其《臆拟章程四十则》则主要围绕股份、总办、利息及监督等问题展开。[③]

同月,银行某总董向盛宣怀呈上其拟设银行管见六则,提议银行宜官设,股本应官四商六,外洋各埠应设分行,照西法设计钞票,各省京饷汇费作为银行常年经费,参照汇丰、华利等外商银行办理。[④]同期银行董事拟呈章程四十

----

① 《中国通商银行》,第5~8页。

② 同上,第10~12页。

③ 同上,第16~25页。

④ 同上,第28~29页。

条,计银行总纲四条、总行章程十二条以及分行章程二十四条。①

12月20日,银行总董张振勋拟陈银行条议,认为"银行之得利,全在乎管事当手之得人"。管事若是外国人,则应为曾在各银行办过事并素有名望之人;若为华人,则必须有殷实体面之人担保。他提出了银行招股的办法,阐述发行纸币和铸造银元的必要性及应注意的事项。②

同月,某人向盛宣怀呈上其开办银行之节略,主张银行宜官助商办,而不宜采取"洋商集本代办""中西合股开办""国家发帑,户部督理"以及"悉资商本"等方式。银行股本为官商各250万两,官股抵存户部,由招商局、电报局、纺织局承认借领,股息为年息五厘,本息三年后分作十年归还户部,利随本减。此外对发钞、总行所在地、组织、监督、业务等方面也作了阐述。③

1897年1月12日,严信厚拟就其第一个银行章程。该章程主要内容为:银行不领官本,招集华商股份500万两;政府给银行颁发关防;上海总行合并江海关关号;各分行合力推行纸币;各分行与当地关号、票庄合作;不请洋人,由商董自行经理;不夺票号、钱庄等旧金融机构的生意;银行拟开银元局,之前请南京、粤东、汉口银元局代铸七钱三分重龙洋,并多铸角子;参考汇丰章程等。④但严信厚很快就改变了主意,不同意将官银号合并到中国通商银行。⑤

是月20日,严信厚拟就其第二个银行章程,主要内容有:盛宣怀为银行督办,并刊刻木质关防;银行属商办,参用西法;上海总行请洋人为管事,华人为总董,诸事仍由督办与总董作主,洋人不得干预;延请商董八人,买办一人,数年后选举总董一人;银行不宜请领官本,而宜请领官银作为存项,即请户部拨

---

① 《中国通商银行》,第30~35页。

② 同上,第36~38页。

③ 同上,第38~41页。

④ 《中国通商银行》,第43~44页;《申报》,1897年2月11日。

⑤ 《愚斋存稿》卷25,第32页。

银200万两存行生息,年息五厘;当前存储国家库银确有窒碍难行之处,但各省藩、运、道、局各库所存之银可酌量拨存银行若干;银行招集商股资本银500万两,先收一半即250万两,余下一半交与不交悉听其便;上海总行和北京分行须租赁洋房,其余各分行寄居银号、票号或钱庄,以节省开支;官利一分,招商局、电报局之股本先付官利六厘,分余利时再补足四厘;洋人职员不分花红,华人职员分派红股;余利分14股分派,各分行所获余利汇集总行照股分派,获利独厚者,给予酬劳银若干;请金陵银元局代铸七钱三分重银元,并多铸角子,同时银行可铸当五当十制钱;制造钞票时,加印平色字样;由银行经理各省拨还英、法、俄、德债款之收解业务;所发纸币在各地之间有汇价,照市场行情申缩平色;铁路之收支款项,均归银行经理,有铁路分局的地方,分行可附设其内。[①]

是月26日,银行总董拟就《中国通商银行大略章程》,主要内容有:银行名为中国通商银行,商股商办,而官为护持;用人办事悉以汇丰为准,不用委员而用董事,不刻关防而用图记,尽除官场习气,俱遵商务规矩;上海为总行,与北京分行同时开设,其余各地分行再陆续开设;资本规银500万两分三次交清;先收250万两,盛宣怀认招轮船、电报两局华商股份100万两,各总董认招华商股份100万两,其余50万两,听各省、各埠华商投股;请户部拨存公款200万两,先领100万两,只取年息五厘,不分余利;官利八厘,余利提公积金外,七成分给股东,三成分给总董及办事之人,再有余利,应提几成报效国家;总行实用总董拟十人为度,选三人为办事总董;京城及通商大口岸均用西人为大班,大班主政,买办辅之,总董不可掣肘,以后设一西人为总大班;在沪聘西商两人为参议;分行设分董,由各总董或各股东公举;上海总行大班为美德伦,

---

① 《中国通商银行》,第45~48页。

买办为陈淦,给予权柄单,洋人归美德伦选用,华人归陈淦选用;买办应由总董公举,取立保单;管事经手必须除去官场习气,皆用熟悉商务之人;放款按拆息时日,押款按时价折减,但不准抵押地皮股票;京城、上海两行先出钞票,票式一律平色,另加活戳,两者按市价折算,不加汇水;分行未设之前,准该处银行、票号、钱庄代为接转汇票;铸银钱之事另定章程办理;上海拟设商会公所,其所属之铁路、轮船、电报、金矿各项来往,俱归中国通商银行出入。①

2月7日,美德伦拟就中国通商银行招股条款,其内容涉及银行章程的许多问题,尤其是对存款、押款、买卖票据、发钞、经理国债等业务项目作了阐述。②

同日,冯敩高提议对《中国通商银行大略章程》第九条作出更改,该条原为:"如股东于八厘之外分得余利亦在八厘以外,是统计已得利息一分六厘,应将余利八厘外之余利酌提报效国家,以答国家专准本银行行银票、铸银钱、存放官本、汇兑公款及一切保护维持之利益。"冯认为,股东之利息被限制在一分六厘限内,附股者恐难踊跃,而国家之益,必须俟数年后商家获利在一分六厘以外方能收效,恐有议论。因此,他主张无论获利多寡,即提二成或三成报效国家,其余令股东按股匀派,如此则国家收效即在目前,浮言自息,商家看此事有无穷之利,附股者自争先恐后。③

次日,盛宣怀将该条修改如下:本银行照西例按六个月结账,股东官利拟定长年八厘,如八厘之外盈余即为余利,应由总董、股东公议,先酌提公积金若干,以及分给总、分各行董事人等酬劳若干,其余按十成计,以八成分给股东,以二成报效国家,藉答国家专准本银行行银票、铸银钱、存放官本、汇兑公

① 《中国通商银行》,第48~52页。
② 同上,第54~55页。
③ 同上,第529页。

款及一切保护维持之利益。至公积金已提至500万两应否停业，届时再由总董酌议办理。[1]

20日，银行总董拟定《中国通商银行大概章程》，其内容基本上和1月26日所拟的《中国通商银行大略章程》相同，主要按盛宣怀的意见对其第九条之内容即余利分配方法作了修改。该章程将总行实任总董增加为12人。最后增加一条：银行每届半年，须将一切款项核结清楚，由总理洋人刊印总册，分送各股东及公家存查。此章程被视为中国通商银行的正式章程。[2]

如第一章所述，《中国通商银行大概章程》曾先后遭到总理衙门和御史管廷献的驳诘，而湖广总督张之洞趁光绪皇帝让其复奏之机对银行章程的某些方面作了修改。直至1897年王文韶、张之洞和盛宣怀联名上《遵旨会同核议银行利弊拟请仍归商办并由南北洋稽查以保利权折》后，关于中国通商银行章程的讨论才停止下来。

2.《中国通商银行大概章程》的特点

《中国通商银行大概章程》首先标明银行的官助商办性质。其总董为股商，股本为商股，目的为通商兴利，这一切鲜明地昭示着其商办的色彩。但章程又载明："该银行因奉特旨开设，应即名中国通商银行，并拟请存官款，以示官为护持，与寻常商家自行开设银行不同。"同时，中国通商银行在业务上具备一些特权，"京外解拨之款，交本行汇兑"；"公中备用之款，交本行生息"。[3]这些均为中国通商银行寻求"官助"的内容。

中国通商银行章程突出的特点就是效仿"西法"，"悉以汇丰为准而参酌之"。尤其在用人办事上，"不用委员而用董事，不刻关防而用图记，尽除官场

---

① 《中国通商银行》，第529~530页。

② 同上，第56~60页。

③ 同上，第56页。

习气,俱遵商务规矩"。其中,关于总董,"一切总董办事会议章程、应有权柄,悉照西国银行规矩,详列条目,以资循守";关于大班,银行将在"总行及京都并通商大口岸暨各国都会,均用西人为大班,生意出入银钱均归大班主政,买办辅之";关于参议,银行将"请在沪之公正殷实、熟悉商情之西商两人为参议,遇有会商要事,应请西商参议一同会议,作为公正人";关于买办,"所有总、分行买办,应由总董公举,仍照西国银行之例,取具殷实人保单或保银存单,并议定办事权柄,订立条款"。制定银行章程的总董们还从汇丰银行逐渐壮大的历史中总结出一个结论,即"银行之得利,全在管事之得人",并强调"无论现下将来管事一切人等,必须无官场习气,熟悉商务之人,方可得力"。在业务上,中国通商银行也大量采用外商银行的办法。比如关于放款问题,"本银行应照西国银行严谨办法,画一不二,不徇情面,必须有货物等件抵押,并有妥当人担保,方可押放,以期有利无害";关于发钞问题,中国通商银行所发钞票,将"照汇丰所出香港、上海票式办法,各照各处市面通用平色,如沪票至京行取用,京票至沪取用,亦悉照汇丰折算办法办理";关于代国家借款问题,"应照西例,由总行总董及总理洋人查明,须有抵还的款,方能议定订立合同,禀明户部批准立案,照汇丰银行代国家借款章程,印发借券,应收年息归行取付"。在账目问题上,也照西例,按六个月结账,并照汇丰办法,由总理洋人刊印总册,分送各股东及公家存查。①

　　当然,中国通商银行的章程并非简单地为汇丰银行章程的翻版,而是注入了中国的特色,这一点突出地表现在该章程的第九条。该条规定了中国通商银行支付官利的数额和报效国家之金额在余利中的比例,涉及清末盛行的官利制度以及洋务企业对清政府进行报效的普遍做法。

---

　　① 《中国通商银行》,第56~60页。

"官利"又称"官息""股息""正息""额息""正利"等,是募股企业对股东之股本按额定利率定期支付的息额。中国近代企业的"官利"制度兴起于19世纪70年代,在19世纪末和20世纪初达到鼎盛时期,并在其后的很长时间里延续着"官利"这一名目。其形成和存在的原因除了企业为激发人们的投股热情外,还同近代投资者的投资理念有着密不可分的关系。张忠民先生认为,"官利"是具有近代中国特色的资本筹集方法。①中国通商银行也采取了这种资本筹集方法,显然也是立足于近代中国的特色。

关于企业报效国家的做法,在清末也是较普遍的现象。比如,轮船招商局和中国电报局都是每年提二成报效清政府。据截至1899年8月1日的轮船招商局和电报局报效数,轮船招商局每年提二成报效银14万两,包括:北洋海军经费银6万两,南洋公学堂、译书院经费银6万两,天津学堂改拨商务东文学堂经费银2万两。而电报局每年提二成报效银8万两、洋2万元,包括:北洋海军经费银4万两,南洋公学堂、译书院经费银4万两,天津学堂学生出洋经费2万元。截至1903年,轮船招商局缴纳报效银规元91.2万两。而到了1908年,轮船招商局所缴纳的报效银达到规元130.0574839万两。②既然中国通商银行是仿照轮船招商局而设,自然也要仿照该局向清政府缴纳报效银。

此外,就中国通商银行聘用西人为洋大班这件事来说,我们也不能简单地视其仅仅是仿效西法。从某种角度来看,与其说这种做法是仿效西法,不如说它是在仿效"中法",其理由就是:在轮船招商局、电报局、华盛纺织厂等盛宣怀所控制的洋务企业中,均存在着使用洋人的行为。对此现象,费惟恺已有所注意。他总结道:"电报局雇请了丹麦工程师;轮船招商局有马士和航

---

① 参见张忠民:《艰难的变迁——近代中国公司制度研究》,第406页。

② 汪熙、陈绛编:《轮船招商局——盛宣怀档案资料选辑之八》,第771、919、865~867页。

务主管罗伯茨的帮助;丹科监督过华盛纺织厂;美德伦管理过中国通商银行。"费氏将这种情况归结为当时极度落后的技术环境。[1]笔者不否认,作为中国第一家银行——中国通商银行与上述其他企业一样,必须克服技术上的落后和经验上的不足所带来的困难,为此要寻求富有银行知识和业务经验的西方人的帮助。此外,笔者也不否认中国通商银行设洋大班是为了加强与外商银行和洋行的联系、有利于钞票的发行以及在清政府勒索时作为挡箭牌等等。笔者只是想说明,中国通商银行聘请洋人为大班的行为,在一定程度上是仿照轮船招商局、电报局等企业聘用西人的做法。

上述中国通商银行章程的特点若用张之洞当时的一句话来概括,可能更显形象和贴切,即"不官不商,亦官亦商,不中不西,亦中亦西"。张氏的话可谓道出了中国通商银行章程的精髓。

二、《中国通商银行总董条例》的主要内容

《中国通商银行大概章程》曾列有关于总董和办事总董的条款。该章程第十条载明:总行实任总董拟12人为度,除已选5人外,其余续添各董,仍须公正厚实,声望素著,招集巨股,为股商信服者,方可选立;并于实任总董之内,随时议举在沪熟悉商务3人为办事总董。

1897年3月24日,各总董奉盛宣怀之令又专门制定《中国通商银行总董条例》。该条例首先述及盛宣怀奉旨选择总董的情况,其后规定总董退位和补选办法:总董办事至章程签字日之后股东第一期会议为止,其中两位必须退位;如果称职者,股东可再公举;每年股东会议,诸董之中两位必须轮流退位;

---

① 《中国早期工业化》,第318页。

如果彼此在位先后同期,又无议定,则以执筹而定去留;如总董中不论何故,空出一席,其余各董可选1人以补其缺,直至下次股东议事时,即须退位;如果其人称职,可以公举为总董。条例强调,公举新董或重举退位旧董,悉由股东会议作主。总董至多12位,每人名下必须有股至少100股,方许接任。条例还规定,银行暂举督办1人,此督办应由股东会议公举,须有资望,并有经招股份在2000股以上者,议定三年为一任,三年期满,督办照章告退,由股东公举新督办,并由总董转禀总理衙门立案。如果前督办称职,股东亦可再行公举之,仍以三年为任满。这一规定,没有限定督办的任期,实际上为盛宣怀终身为中国通商银行之督办提供了理论上的依据。①

三、《中国通商银行分行大概章程》的产生及其主要内容

中国通商银行分行章程的草拟活动几乎与总行章程同步,并且也经历了一个反复修改的过程。

1896年11月,银行董事草拟出分行章程二十四条。② 1897年5月24日,盛宣怀让刘学询参酌汇丰及票号规条拟订分行章程。为此,中国通商银行总董又拟议出一个分行章程。该章程仅有七条,主要就分行大班的权利,分行与总行、各分行之间银钱往来及分行账目等问题作了规定。关于分行华大班的权利,该章程规定,华大班不仅进行经营管理,还兼理账务,其应得权利悉照总行华大班陈淦办理,合同亦比照拟议,以归一律。关于股本,各分行按口岸之大小、生意之多寡,由总行总董与派定该分行之华大班公议。关于总分行之间存放款项之利息,无论是分行银多而放存总行生息,还是分行需款而借

① 《中国通商银行》,第63~64页。

② 同上,第30~35页。

用总行银两,彼此均按周年六厘计息,以六个月结算,存欠冲抵。关于分行借用总行银两之额度,银数在10万两以内,毋庸先期电商,以免耽误生意;如在10万两以外,必须先行电商,再定生意。关于分行之间的汇兑,其汇票按各省平色市价核合上海规元,在上海总行汇总转册,而汇兑的手续费按照汇丰惯例每千两应扣账房用钱一两二钱五分,在公账内支给。分行的账目则按半年一结,于两个月内将册报寄到总行汇总,不得迟逾。

对此七条,盛宣怀提出了修改意见。他认为该七条太简要,并对分行买办和伙计的报酬提出自己的主张。他特别要求承汇官商款项必须格外迁就招徕,提出"汇丰银行汇票不赚不做,通商银行汇票不赚亦要收"。为此,他反对账房在每千两汇款中先扣一两二钱五分的提议,认为此种做法将"致令股商吃苦,有碍大局"。对分行与总行往来,彼此定息六厘之做法,盛宣怀也表示反对。他建议照汇丰银行的做法,分行与总行之间往来之利息以不限定例为妥。盛宣怀还反对对分行伙计统一分配酬金的做法,主张在各伙计坐行之余利中酌提几成,以酬其劳,不与他行干涉。盛宣怀还对分行华大班的能力提出要求,要求以其能否办事为准。至于分行董事,盛主张在大班之外另派,以负稽察之责。①

鉴于此,总行总董又拟出"分设各路通商银行章程",共二十条,就分行股本、总行与分行及各分行之间的关系及各分行买办的权利、开销、报酬等问题作出细致的规定。关于分行之股本,总行为避免独耗股利,将银行之股份由总董酌定情形拨付给各分行作为坐本,其股息按长年八厘计算,结总之期缴至总行汇收。各分行坐本之多少按该行所在地的繁盛程度不同而有别,如汉口分行较他处繁盛,拟拨坐本二三十万之谱。银行所领户部之生息公款,亦

---

① 上海市档案馆馆藏"中国通商银行"档案,Q281−1−1,第23~24页。

按照坐本分别摊拨。章程强调总行与分行之间以及各分行之间必须互相关照,统一调度。分行如向总行支付款项在10万两以内,则随时应解;10万两以外,应预先关照总行酌定而行。各分行承接各路汇票,必须体察银根松紧情形,互相关照,若数额很大,必须预先电询,以免挤轧。各分行无论有事无事,遇有开船走信之期,统须每日将当地市面及银根松紧情形,互相咨照总、分各行,藉资通晓。各分行如有装寄现款由彼岸至此岸,设中途经过之分行适逢急需,准其截留抵解,截留之行应备汇抵款,冲作装现之数,以抵其用,既免跋涉多费,又应分行所需。总、分各行用银两、银元以及各票,应听各分行随时向总董请发通用平色票纸,盖用分行暗记。如此行之票行至彼处所用,彼行应认明票面暗记,核计平色照兑。其银付总、分各行之账,一律算利,其票由号信附缴咨明注册起息。对于各分行之间的存欠银两,应按当地市上大概利息核实计算,并听垫银分行随时接收彼行汇兑支解抵数。其平色汇费,各归各结。各分行的汇票,照六个月结总时分列各路收解汇票数目,核实扯计规元,造咨汇结盈亏,同时,各分行自行核实,总结计算。

各分行各项存款,其息统照议定章程,分别久暂核计按结造报总董(其市上期票以及进出现拆利息随市,由买办主裁,不在定章之例)。各分行设遇各省官司借贷银两之事,均即信报总董。而借或不借,则由总董裁定,各分行概不得擅主。各分行遵照原奏,京外拨解之款均应就近由各分行自行承汇领放,总结列报。各分行如有招入股份银两,统按上海规元计算汇交总行,或在拨领坐本内扣除,以免往返汇费。各分行收做各项产业、货物押款、各口岸随货汇票,均须互相接应,切实关照。章程对分行买办的权利、开销及应得利益作出限定。各分行买办如有私相受授,徇情借给官场及私亲己友款项,由总、分各董随时查核办理,并规定其所借之项不涉本银行之事。各分行买办每月酌定开销,由总董体察各路口岸情形开支。

各分行生财、房租以及修造银库三项,由总董酌定数目开支。除房租全数支消外,其余生财、造库二项以及添置修理等费,每次在盈余项下折除一成。各分行用人之权应归买办自主,照例取具保单存行。设有亏挪之事,均由买办自行赔补,不关银行之事。各分行买办应得利益,承接各路汇票拟每千两以二钱五分扣用为准。其所进利息一项,按六个月核计,除坐本股息八厘外,其余净得若干,每千两照各西国银行向例,提扣一成作为买办津贴及各伙友谢礼。各分行每至六个月造报总结,除按月开支买办各项薪水开销银两外,其余余利随册报解总董核收汇入总册。各分行应得酬劳之款,拟照分行册报盈余实数核计多寡分派。设有亏折之处,"记过无份",以期功过分明,赏罚各当。①

对此章程,盛宣怀只是就其中第九条提出修改意见,不同意照六个月结总时分别各路收解汇票数目。他认为若专指平色而言,尚可如此;若论汇票生意,则必须随时报明总行。②

1897年7月10日,严信厚与王同燮、陈子琴、胡梅宾等拟议《中国通商银行分行办事章程》十二条,并录呈盛宣怀批示。该章程之宗旨为兼采外商银行和华商票号的办法。拟议人宣称,洋大班美德伦所议章程一百五十五条,系参酌汇丰银行章程,立意甚善,惟中外情形不同,商贾互异,须参考票号办法。在此种思想指导下,该章程明显具有融合外商银行和票号办法的特点。比如,章程规定,中国通商银行在上海、北京、香港用洋人,并仿照外商银行同时使用华洋大班的办法,而在不用洋人之分行,将由盛宣怀选择殷实可靠之人举为分董,照票号章程办理。该章程将分行分为两种,一为自设分行,一为代理分行。自设分行照中国票号办法,由分董向总行领取股本银若干,视口岸之

---

① 《中国通商银行》,第73~76页。
② 上海市档案馆馆藏"中国通商银行"档案,Q281-1-1,第28页。

大小,领本银之多寡,再领户部存款十成之四,股息八厘,存息五厘,照章一年一缴。而代理分行将请票号、钱庄中声望素著而极能办事之人打理。关于汇兑,则照票号承汇官款章程,由分行向各地官府承汇若干。①

在前述几个草拟章程及盛宣怀所提意见的基础上,《中国通商银行分行大概章程》最终于1897年7月出台,此乃正式的分行章程。该章程共有二十六条,内容较前述草章皆详细。关于分行的开办问题,章程规定,先在北京、香港两处开设分行,并派华、洋大班会同办理,"余皆寄庄",以节省用费。各分行将按照海关银号、西帮票号式样,租屋数间,派账房数人,以减少开销。对"寄庄"之分行,须防止该钱庄"一门之内,公私夹杂,生意不专,且做官场生意"。章程中指定,将在天津、烟台、广州、福州、汉口、汕头、宁波、镇江、扬州、苏州、长沙十一处次第开设分行。此十一处正式开设分行之前,银行将选择该处"殷实公正之行号",先行代为接转汇票。以上十一处,均由总行给发招牌、图印、遴派华大班先行试办。或专租房屋,或附居"正大行号"之内,均由该处分行董事、大班审度地势人情决定。分行开办若须向总行领款若干,由总、分行董事、大班临时决定。

关于各分行华大班的担保及其用人权的问题,章程规定,华大班应与总行总董订立合同,并取具殷实人保单或保银存库,议定办事权柄,订立条款,一存银行,一交该大班,彼此执守。如华大班自己有巨款在银行,应准其自立凭单,即以自己股份作保。其股份售与他人另换记号,仍应照章补立保单,方准接充。分行用人之权应归华大班自主,其所用之人应由大班取具保单存于总行。设有亏挪及错误之事,均惟该大班是问,并另向各保追索。分行如天津、汉口等处大口岸,将来生意推广,或须添用洋大班,而该华大班仍得承充。

---

①　《中国通商银行》,第84~87页。

关于各分行的用度开销和酬劳问题,章程规定,分行薪水用费,口岸大者每月支银300两,口岸小者每月支银200两,凡大班以及一切用人辛工、伙食、应酬均包括在内,房租、电费准其另行做正开支。分行承汇官商各款,照汇丰章程每千两在汇资内开支一两二钱五分。所有华大班所用各人年终应给酬劳均在其内,由该大班自行酌给。但代理分行照汇丰章程,只给用钱不给薪水用费。分行按六个月所做生意,盈余亏折按籍而稽。如有异常出力致所获余利最多,则由总行酌提格外之酬劳。

关于分行的存款、放款、汇兑等业务及分行与总、分行之间相互往来等问题,章程规定,分行遇有存款,或留分行,或拨总行,皆须与总行商定。分行遇有放款,或抵押,或暂汇,总求稳当。分行设遇地方官府借贷银两之事,均即信报总董,各分行概不得擅自作主。分行汇票须随时函电知会总行,应收应付如在10万两以外,必须预为电商总行,再定生意。分行买卖各省汇票,应按各省平色市价核合上海规元,统归上海总行汇转,分行与分行不得另立存欠。如遇分行彼此适有期票可以冲抵,必须函报总行。关于公款,除由盛宣怀咨明各省关外,仍须由分行自向各省关招徕,并悉照生意规矩往来,不得漏泄。分行无论有事无事,遇有开船去信之期,统须每日将当地市面及银根松紧情形,互相知照总、分各行,籍资通晓。总之,分行运营的原则是:"初设之时,生意固须竭力招徕,尤宜格外谨慎,处处脚踏实地,不宜放开大步。"

该章程还强调了总行对分行账目及分行华大班经营行为的监督和控制权。章程规定,分行账目按六个月一结,必须于一个月内将册报寄到总行汇总并刊布于众,不得逾限。分行华大班不得私相接受或徇情借给官场及私亲己友之款项。如有违例借给,一经查出,即当勒令该大班如数赔缴,与本银行毫无干涉。分行所做生意,无论官商各款,得有余利即须据实开报总行。如有收多报少,一经查出,除将少报之数加倍缴公外,照章撤换。

与总行章程比较起来，分行章程更注重本国特色，尤其对票号的做法有较多的借鉴，这与分行主要从事汇兑生意，必须与票号展开竞争有着必然的联系。①

除总行总董拟有分行章程外，有的分行也单独草拟过章程，如烟台分行大班万仁燮曾于1897年7月拟有烟台分行章程。该章程共有十条，专门就烟台分行的业务情况作出规定。②

四、《中国通商银行总行与分行合同议据》的主要内容

在《中国通商银行分行大概章程》的基础上，银行总董于1897年7月拟定《中国通商银行总行与分行合同议据》。该合同议据为总行与分行华大班、经理人合同的一般性条款，共有二十三条。关于分行的资本，合同规定，分行拨领5万两，以作暂存之款，此款所得利息周年不得比六厘再少，按六个月册报总行结算。关于分行华大班、经理人的开支用度，合同规定：月给薪水银70两，应用账房人等归该华大班、经理人自主，所有应给各人辛工伙食及一切应酬月支银130两，总共每月支银200两；此外，除电报费一项，不得再有开销；房租、生财必须先期告知总行，俟有回信允准，方能开支。关于分行人员的保单及责任人问题，除华大班、经理人已取有保单外，所用账房人等应由该华大班、经理人自行取具切实保单存行。设有亏挪情弊以及错误公事，自向各保追索赔补。而其所做押款及经手汇票等项，设有不妥，均惟该经理人是问。关于分行的存放款、汇兑等业务、分行所得利益、总行与分行及分行之间的互相关照以及总行对分行的监督和统筹权等方面，与分行章程所规定的内容基本相

① 《中国通商银行》，第89~91页。

② 同上，第88~89页。

同。此外,合同强调分行华大班、经理人与总行大班均须和衷共济,不得稍分畛域。遇有缓急,互相维持,不得推诿贻误。分行经理人与总行大班遇有意见不洽之处,由各总董秉公理断调处,亦不可稍涉偏袒。设总董有处断不公,准由该经理人禀请盛宣怀核示。无论何时总行派查账人,往查该经理人账目、信件、契据清账、押款凭据、保单、汇票、现银等项,该经理人必须速即一一陈明,听候查验,不得稍有迟误。最后,合同规定分行经理人应用招牌、图章须向总行领用,并不得用银行招牌图章做自己之生意,不能用本银行图章替人作保。①

　　总行在与各分行签订合同的过程中,曾发生了一件不愉快的事情。邓廷献曾代表汕头分行大班洪秉钧与总行在合同卜签字,结果叶成忠在合同上签了"弗行"二字,并称汕行为代理分行。对此,邓大为不满,于1897年7月3日致函盛宣怀,表达自己的不满情绪。"弗行"二字同样出现在广州、天津、镇江等地的分行与总行的合同中,总行总董签字人仍旧为叶成忠。其中,王同燮欲以总董严信厚为保人,叶成忠谓总董不能保人,王则告以其尚未觅保,叶乃在合同上签"弗行"二字。对叶成忠的签字,王同燮、梁绍祥、尹德坤、洪秉钧等人也在1897年7月3日联名致函盛宣怀,声称他们"并非靠此营生,何苦受此愚弄",并集体提出辞退合同的请求。②

　　从上述几个文本产生的过程及内容可以看出,中国通商银行在章程的拟订问题上着力颇多,其内容也是力求完备,尤其是专门制定了分行章程以及总行与分行的合同议据,这在近代华资银行制度近代化的进程中具有重要地位。但后来的事实证明,中国通商银行在处理总行与分行的关系问题上是很失败的,双方经常发生一些对峙的情况,而总行对分行管理和监督的失控,使

---

① 《中国通商银行》,第92~95页。

② 同上,第83~84页。

得一些分行的经理人为所欲为,肆意营私舞弊,致使总行深受分行之累,亏损严重。如此看来,其关于分行的章程乃一纸空文。而分行负责人与总行签订合同议据过程中发生冲突的事情其实已经表明,自分行运作之始,那些负责人就已置章程制度于不顾了。

第三节　人员组织状况

中国通商银行总行实行的是总董负责制,而具体的业务经营者为华、洋大班。分行也采用了这种体制,设有分行分董和大班,在有些分行里分董兼任大班,而在北京、天津、香港三分行还设有洋大班。笔者下面将对这些人员组织分别作一介绍和分析。

一、总行总董

中国通商银行"总董"的名称最早见之于盛宣怀的《自强大计折》。在该奏折中,盛宣怀"拟请简派大臣,遴选各省公正殷实之绅商,举为总董,号召华商,招集股本银五百万两"[1]。军机处批准了盛宣怀的这一提议,并"责成盛宣怀选择股商,设立总董,招集股本"[2]。此后,"总董"成为中国通商银行总行董事的正式称呼。但事实上,"总董"和"董事"的名称经常互用,总行董事在文件的署名中大都冠以"总董"的头衔,但有时也冠以"董事"。就连盛宣怀本人也对总行总董时而称为"总董",时而称为"董事"。在中国通商银行中"总

---

① 《中国通商银行》,第1页。

② 同上,第8页。

董"和"董事"混用的最有力证据就是,有些分行董事也曾经被称为"总董"。这一状况凸显了中国通商银行作为第一家华商银行在创办之际无旧章可循的探索性。但银行中的洋大班是将这两者分得很清楚的,在总行洋大班美德伦、香港分行洋大班拉打分别与中国通商银行所签订的合同中,银行方面之签名者严格地称为"董事",而绝不用"总董"的字眼。

关于中国通商银行将所有董事皆称为总董的问题,有人认为:"照一般企业惯例,应在10个董事中推举1人为总董,现在10个董事均称为总董,实际上谁也不是头,唯一的头就是后来由各总董公举'现任之督办'的盛宣怀。"[1]笔者认为,尽管中国通商银行总行总董听命于盛宣怀的情况乃不争的事实,但认为盛宣怀靠在名称问题上做文章来加强其控制的论断还缺乏说服力。按笔者前述总董和董事称呼混用的情况来看,"总董"只是"董事"的另一种称呼而已,并非是一种特殊的职务。因此,我们只能说盛宣怀在中国通商银行没有设一个"董事长"或"首席总董"的职位,而不能说盛宣怀将10名董事皆设为总董就是为了造成"谁也不是头"的局面。按西方企业中的董事会制度,董事长应为最大股东,但在中国通商银行这10名总董中,谁的股份也没有盛宣怀多。

事实上,中国通商银行的这10名总董并非地位一样,其中7名是议事总董,3名是办事总董。关于董事中群龙无首的情况,盛宣怀后来也有所意识,并试图改变这种状况。他曾于1902年派严潆为驻行办事总董,节制行中一切事宜。严潆去世后,盛宣怀又于1905年任命2名驻行办事总董和1名驻行办事分董。当然,多名总董并称的做法,也不仅仅限于中国通商银行,比如在轮船招商局,"自1891年后称为商董的,自1904年起都称为总董"[2]。而且中国近代企业实行董事长制度的时间较晚。据杜恂诚先生考察,浙江兴业银行于1914年

---

[1] 洪葭管:《中国金融史》,第171页。

[2] 《中国早期工业化》,第153页。

修订行章,在董事中选出董事长1人,此乃当时中国人所办公司中有董事长制度之首创。①

　　盛宣怀在酝酿开设银行时,预计选择8名总董。但在《中国通商银行大略章程》中,则提出要设立10名总董,并于实任总董10人之内,随时议举在沪熟悉商务3人为办事总董。在《中国通商银行大概章程》中,又提出"总行实任总董拟十二人为度",但该章程结尾签名的总董仅有10人。②《中国通商银行总董条例》则注明,银行总董有8人。不过,该条例仍然提出"总董至多十二位",并要求"每人名下必须有股至少一百股,方许接任"。③在总行华大班陈淦与银行的合同议据及《中国通商银行总行与分行合同议据》等文件中,签名如同《中国通商银行大概章程》一样,皆为10人。可见,中国通商银行成立之初,总行总董的人数为10人。其中,严信厚、朱佩珍、刘学询为办事总董,余者为议事总董。后来,严潆取代刘学询的位置而任办事总董。

　　关于中国通商银行设立总董,并将总董分为议事总董和办事总董的做法,按盛宣怀的说法,乃按"泰西商例"。他在1902年6月16日令严潆为驻行办事总董的札文中说道:"泰西商例,公举首领按期到行筹议,谓之议事总董,常年驻扎总行,整饬应兴应革,主持黜陟进退,暨一切商务出入大计,谓之办事总董。"④此举和轮船招商局、电报局等企业的组织体制相比较,确实具有仿效西法的意味。该两局在中国通商银行成立之际,除了盛宣怀为督办外,还设有总办、会办等名目。虽然总办、会办是由商人担任,但他们是经过盛宣怀推荐,由清政府任命的,而盛宣怀的督办职位也是清政府所任命。中国通商银行则

① 杜恂诚:《"南三行"的乐与路》,《银行家》,2003年第7期;杜恂诚:《上海金融的制度、功能与变迁》,第73页。

② 《中国通商银行》,第58~60页。

③ 同上,第64页。

④ 上海市档案馆馆藏"中国通商银行档案",Q281-1-2,第126~128页。

不然,首先,盛宣怀不是清政府任命的该行的督办,其督办职务乃银行总董所推举;其次,中国通商银行没有总办和会办,其决策者是总董,包括议事总董和办事总董,而执行者是办事总董。至于银行的具体业务,则由华、洋大班负责进行。但事实上,中国通商银行真正的决策者仍然是盛宣怀,总行总董皆为盛宣怀所指派,而并非由股东选举产生。尽管如此,我们仍不可否认,中国通商银行在形式上一定程度地采取了外国董事会负责的制度。

和后来成立的户部银行相比较,中国通商银行的总董负责制明显地体现了该行的商办性。户部银行之《试办银行章程》第十一条规定:"公家既认买2万股,即为最大股东,可以选派银行总办一人、副总办一人。"[①]该总办和副总办由清政府任命,与中国通商银行"不用委员而用董事"的做法迥然不同。其原因在于,户部银行为国家银行,而中国通商银行为商办银行。

1897年6月19日,徐宇君在其载于《华报》上的《闻中国通商银行开张喜而论之》一文中评论道:"行内所举总董十人,类皆富有行号,名动王侯。"[②]此语点出了中国通商银行开办之初10位总董不同寻常的身份。笔者下面对10位总董分别作一简介。

张振勋,字弼士,南洋华侨巨商,曾任清政府南洋商务大臣,驻槟榔屿第一任领事,驻新加坡总领事,先后创办有张裕酿酒公司(烟台)、机器制砖裕益公司(佛山)、机器制造织造布匹亚通公司(佛山)、玻璃公司(惠州)、垦牧公司(雷州)等事业。1897年授太仆寺卿,权理粤汉铁路事宜。[③]

叶成忠,字澄衷,浙江镇海人,早年与外国兵舰水兵做生意起家,陆续开设南顺记、新顺记、义昌等五金行、伦华缫丝厂、燮昌火柴厂等。费惟恺是这

---

① 孔祥贤:《大清银行行史》,第71页。

② 《中国通商银行》,第78页。

③ 同上,第36页。

样描述叶氏的："叶成忠发迹于1861年上海的一家船具五金杂货店,他的业务发展迅速,以至于在通商各埠都建立了分号。在国内,他的名字变成了洋油的同义语。他把从这些商店得来的利润又投资于缫丝厂和火柴厂。"①

严信厚,字筱舫,浙江慈溪人,由贡生入李鸿章幕,在李鸿章手下任长芦盐运使并在沪襄办转运军饷和兵械,候补道知府衔,曾任河南盐务督销,积资巨万,在上海、宁波设机器纺织、面粉、榨油等公司。他是一位海关官银号主,曾许诺将其在各通商口岸的银号加入中国通商银行。他还是轮船招商局的股东,并于1909年被选入该局董事会。他曾于1902年组织了上海商会公所,并担任总理。他还参与创办上海四明商业银行和华兴水火保险公司。②

杨文骏,字彝卿,广东雷琼道台,原任芜湖关道台,曾于1907年任驻沪帮办电政大臣。③

刘学询,字慎初,广东香山人,曾为李鸿章幕僚,招商局董事。④

严潆,字芝眉,上海招商局董事,曾代理轮船招商局总会计,也是华盛纺织厂的董事。⑤

陈猷,字辉庭,上海招商局董事,曾负责轮船招商局的翻译和职工部,1909年和1910年担任该局会办,1913年被选为该局董事。他曾与徐润、严信厚一起创建华兴水火保险公司。⑥

杨廷杲,字子萱,上海电报局提调,也是华盛纺织厂的董事。⑦

---

① 《中国通商银行》,第59页;《中国早期工业化》,第25页。
② 《中国通商银行》,第4页;《中国早期工业化》,第302~303页。
③ 《中国通商银行》,第60页;《中国早期工业化》,第254页。
④ 《中国通商银行》,第53页。
⑤ 《中国早期工业化》,第152页。
⑥ 同上,第151页。
⑦ 《中国通商银行》,第60页;《中国早期工业化》,第282页。

施则敬,字子英,清朝举人,经营丝业致富,招商局汉口分局经理,办过赈灾捐款。他也是轮船招商局的一位商董,并曾在上海参与创办两个保险公司。①

朱佩珍,字葆三,浙江定海人,1878年开设新裕商行,经营进出口贸易,后兼任英商平和洋行买办,曾创办中兴面粉厂。他曾在江苏办过一个陶瓷厂和一个榨油厂,参与创办上海四明商业银行和华兴水火保险公司。他还在上海建立了一家缫丝厂,并参与创办了华安人寿保险公司。1905—1906年担任过上海商务总会的协理。②

此10位总董,多为商界巨富,即所谓的"公正厚实,声望素著,招集巨股,为股商信服者"③。而且他们大都和盛宣怀有着密切的联系,其中多位直接在盛宣怀所控制的轮船招商局、电报局或华盛纺织厂等企业中任事,既便于为盛宣怀所控制,又能为中国通商银行招集巨股。

需要说明的是,董事会还不是中国通商银行实际的最高决策机构,盛宣怀才是真正的决策者。盛以其在中国通商银行创立过程中的贡献及其在银行招股中的作用,包括他个人是最大的股东这一情况,无可置疑地决定了他在银行中的核心地位和作用。同时,盛还将自己的很多亲信和心腹任命为中国通商银行的总董,通过他们以达到控制董事会的目的。费惟恺已看到,第一届董事会中至少5位成员是盛宣怀的支持者。④如果从银行总董与盛宣怀的其他企业的人事交叉关系来看,费氏所举数字符合实际情况。从前文可知,这5位分别是:刘学询、严潆、陈猷、杨廷杲和施则敬,他们无疑是盛宣怀刻

① 《中国通商银行》,第60页;《中国早期工业化》,第303页。

② 《中国通商银行》,第53页;《中国第一家银行》,第11~12页;《中国早期工业化》,第303页。

③ 《中国通商银行》,第50页。

④ 《中国早期工业化》,第304页。

意挑选至中国通商银行任职的。

二、总行大班

中国通商银行总行设有华、洋大班,开设之初的洋大班为曾在汇丰银行供职二十余年的英国人美德伦,华大班为曾任上海咸康钱庄经理的陈淦。而陈淦的职务本是总行买办,华大班是其兼职,但实际上以华大班之称呼为多。

1896年12月30日,上海汇丰银行大班贾德纳致函美德伦,表示愿意推荐他应聘中国通商银行大班一职,并同时写有荐函一封。该荐函写明美德伦于1874年至1895年在汇丰银行供职,后来告退系出于本心,而非为他事。同时,上海仁记洋行洋东麦克鲁也为美德伦写有荐函一封,着重强调美德伦充当汇丰银行天津分行大班之时,与李鸿章等重要人物打过交道,于接办中国通商银行大班一职甚为相宜。

1897年1月8日,美德伦将此三封信函寄给盛宣怀,并开出四个条件:一是中国通商银行派其充任上海总行大班,以10年为期。二是中国通商银行照汇丰办法,由"大董事"给其凭单一纸,即权柄纸,行内各事归其经理。三是行内雇用洋人及以后对洋员或留或撤均归其决定。四是从光绪二十三年正月初一日起,按月给其薪水1200两。[①]

其后不久的《中国通商银行大略章程》明确载明,上海总行大班已延请英国人美德伦,并强调美德伦在汇丰银行数十年,熟悉中西银行生意。同时承诺将由各总董会议后给予其权柄,本行洋人归其选用。[②]按照外商银行的向

---

① 《中国通商银行》,第41~42页。

② 同上,第49页。

例,大班有荐无保。因此,不同于买办须有保单,只要求美德伦提供保荐单,并将之存库。①

是年2月2日,中国通商银行与美德伦签订聘用合同。该合同首先规定美德伦的任期和薪水,自该日起,银行聘用美德伦,以5年为期,每年薪水规银9000两,按月付给。自银行开办之日起,两年之后,若美德伦所办一切事情为各董事心满意足,且银行已收足之股本能派给股东股息至周年八厘,则美德伦每年之薪水可加至规银1.2万两。

关于美德伦的权柄,合同规定,中国通商银行将来须在中国各通商口岸并各省会及外洋各国开设分行,美德伦可派为其中一处分行大班。中国通商银行将来在总行须派一总大班,而在未派定之前,美德伦可暂在总行充当总大班。所有总行及各分行应用洋人,可由美德伦举荐,但须由董事允准,将来他们或留或撤亦须由董事允准,美德伦方可照办。

合同还规定,美德伦的职责主要是管理账目、银钱、抵押品、开销费用及银行员工薪水等事务。银行每日公事毕后,美德伦应同洋司账及买办将该日收进金银元宝、押据、支票、庄票、契券等账目互相核对。如果无讹,该账目应妥为抄入各簿。至每月月底,总行所有现货,由一名董事会同总大班,或司账,或管规银之人并买办当面查点。如查得实数相符,由该董事签名为凭。美德伦或自己或令司账将银行各账并收进之银洋、抵押之货物、器具、各项放款、银行存欠总数,以及账目细情均须一一登记不讹,以便董事随时查核所用。不论何时,如为董事所要者,美德伦须将生意之撮要账单或清单,以及其经办生意之各种情形,递寄董事、行内司员或董事授命之人查阅。所有美德伦经手之各账簿及各细件,须听董事或董事授命之人查核。美德伦须将银行开销费

---

① 《中国通商银行》,第530页。

用及所用诸人之辛工酬劳等项,开列清单注明缘由,为董事所要者即须交呈。此种费用及辛工酬劳等项必须先与董事商定,俟允准后方可付给。此外,如有别项应得开支之处,亦须随时商明董事办理。

最后,合同规定美德伦须忠于中国通商银行事务,应将一切时候及心思专办银行之事。如无董事之命,美德伦不得将银行之生意声扬于外,且其所做交易必须始终"真实公正于银行"。除平常正道生意外,不得损害银行声名,任意妄做放账。①

从这份合同可看出,尽管此前不久的《中国通商银行大略章程》载明要对所用西人"不可掣肘,以期生意流通,不徇情面"②。但事实上,银行对美德伦的权力和职责进行了种种的限制,充分体现了"权归总董"的宗旨。而且银行在聘用了华大班之后,规定一切事宜,"美德伦便须与华大班妥商办理"③,以使华、洋大班"互相钳制"④。这一切使得洋大班的权力受到大大的限制。

在聘用美德伦为代理总大班后,中国通商银行为正式的洋总大班物色过人选,曾托华俄道胜银行买办宋仲遽探听香港惠通银行大班英吉培能否胜任总大班之任。后来董事会议决物色总大班之事暂缓,仍以美德伦代理总大班。⑤

在聘用总行洋大班的同时,盛宣怀还在物色华大班的人选。先是打算在总董中选一人为总办,⑥后来指令将总办改为华总大班,并令其会同洋大班办事。⑦而中国通商银行开办之初所选用的华大班陈淤,其职务本是该行买办,

---

① 《中国通商银行》,第52~53页。

② 同上,第50页。

③ 上海市档案馆馆藏"中国通商银行"档案,Q281-1-1,第10~11页。

④ 《中国通商银行》,第68页。

⑤ 上海市档案馆馆藏"中国通商银行"档案,Q281-1-1,第3页。

⑥ 同上,第5~6页。

⑦ 同上,第9页。

以体现该行在经营管理体制上是按"西国银行办法,总董主事,由大班而用买办"①。尽管如此,陈淀并非由洋大班聘用,而是由银行总董选用,这体现了该行并非尽搬西法。后来由陈淀兼任总行华大班之事,则进一步体现了中国通商银行的本土化倾向。

1897年3月24日,陈淀与中国通商银行签订合同,充任总行买办。该合同首先规定了陈淀的薪水,每月规元100两,按月支付,其舆车及一切应酬均归自给,不支公账。

关于陈淀的用人权及相关责任问题,合同规定,自副买办及跑楼、司账、伙友并出店、看门佣人等均由陈淀选用;其保人由陈淀自向取保,如有用空行中银两以及错误之事,唯陈淀是问,并另向各保追索,不关银行之事。副买办兼管正跑楼,每月给薪水规元75两,其余人之薪水,量才按月酌给,均支行中公账。加上陈淀,所有华员的薪水以300两为包额。

合同规定了陈淀经手业务的范围及其在业务活动中与美德伦的关系。银行之各项生意,由美德伦主政,凡由陈淀所经手之生意,应随时咨商美德伦定夺。设双方意见不同,则由总董核议。合同赋予陈淀与钱庄进行业务往来的权力,规定银行中洋员所收各路华商汇票及本街庄款必须与陈淀接洽。而陈淀办理银行向钱庄拆款之事,应随时咨商美德伦,其拆票家头设有错误,以及买入或收入金银若有假伪,均唯陈淀是问。设有控案等事,则由中国通商银行总董及洋大班美德伦帮同办理。中国通商银行给华商之押款,如陈淀经手所做者,其押款单子必须由陈淀签字为凭,免致推诿。

合同规定了华账和西账的不同。对银行收付现银、现洋及庄票、汇票等据,陈淀须每晚收市之时汇总,开一总数,交与管账西人进行核对。库房钥匙

---

① 《中国通商银行》,第85页。

两副,由陈淦与管账西人各执一副。银行总账归西人登记,票据也同时归管账西人收贮。华账房所记之账,只有收解现银、现洋、庄票、汇票以及本街拆票、押款、支付杂项等,且均是华文草账。其总账则归西人管理,均用英文。

最后,合同规定,陈淦务须尽力经营,行中机密事情,不得泄露于人。[1]由合同的内容可看出,陈淦在被赋予选用华人员工从事拆票、押款等业务的权力时,更多的是被要求与洋人员工尤其是洋大班美德伦进行配合。此一精神,在《中国通商银行大略章程》中就已载明,即"生意出入银钱均归大班主政,买办辅之"[2]。不过,按盛宣怀的意思,"大班之外,即派买办陈淦兼充华大班,互相钳制"[3]。

对中国通商银行同时选用华、洋大班的举措,我们可以从如下四个方面解读其原因:

其一,从美德伦和陈淦的特殊背景来看,中国通商银行选用他们是为了取得与外商银行和钱庄的联系。美德伦在汇丰银行供职二十余年,在其任职于中国通商银行之前,汇丰银行大班以及仁记洋行洋东写有荐函。由此可见,其背后有着外商银行及洋行的势力。陈淦则出身于钱业,与钱业有着密切的联系。对中国通商银行这一中国第一家银行来说,最重要的是如何打开业务局面,以在根基牢固、实力雄厚的外商银行和中国旧式金融机构的业务中分一杯羹。

其二,《中国通商银行大概章程》及该行分别与美德伦、陈淦所签合同议据的有关规定表明,中国通商银行欲建立这样一种机制:洋大班美德伦听命于总董、买办陈淦虽受美德伦节制,但两人须遇事相商,以使美德伦和陈淦

---

[1] 《中国通商银行》,第64~66页。

[2] 同上,第50页。

[3] 同上,第68页。

"互相钳制",并真正达到"权归总董"。

其三,与一切悉照西法的宗旨相吻合,中国通商银行在总行及重要分行中同时设立华、洋大班的行为显然是借鉴了外商银行中使用买办的做法。为了便于开展业务,近代在华的外商银行绝大多数都雇用有信誉和身价的华人作买办。①

其四,如同笔者在论述《中国通商银行大概章程》并非完全仿效西法这一问题中所表明的,中国通商银行在总行及重要分行中设立洋大班的行为一定程度上也是对轮船招商局、电报局、华盛纺织厂等企业聘用洋人做法的仿效。这种现象体现了洋务企业在开办之初所面临的技术落后、人才缺乏的问题。中国通商银行作为中国第一家银行,其技术和人才基础是现有的外商银行和中国旧式金融机构的管理经验和业务人员,而该行正是从这些金融机构中选用业务人员。盛宣怀还曾经让北京电报局委员冯敦高替其物色"平遥巨手",并声称:"如此人不能来,弟亦决计要用西帮。"但票号中人"访求殊不易得",致使中国通商银行的业务人员中鲜有票号中人。②这一行为当然可以理解为盛宣怀欲使中国通商银行取得与票号的合作,但也不能否认票号中人因有着丰富的业务经验而受到盛宣怀的青睐。对技术落后和人才缺乏的情况,盛宣怀是深有感触的,故他在《自强大计折》中,将育才和练兵、理财相提并论,后来又相继在天津创办北洋公学,在上海创办南洋公学。

中国通商银行在创立之初所面临的技术落后和人才缺乏的问题在其后成立的户部(大清)、交通、四明商业储蓄等银行中依然存在。比如,盛宣怀曾指斥大清银行"直不过一大银号大钱庄之办法"③。而交通银行第一任总理李

① 参见《20世纪上海文史资料文库》(5),第13~33页。

② 《盛宣怀未刊信稿》,第73~74页。

③ 同上,第184~185页。

经楚,乃义善源银号之总司理。当邮传部奏派李任交行总理时,在奏文中夸李"长于理财,于银行事业讲求有素"[①]。至于四明商业储蓄银行,其长期任董事长兼总经理之孙衡甫,出身于上海丰和钱庄,该行的业务因之而带有浓厚的钱庄色彩。[②]

到了民国后,银行业中此种技术落后和人才缺乏的情况有所改观,一方面是一批从事经济学、银行学等专业研究的留学生回国开办银行或在银行中担任重要的职位,比如曾任中央银行总裁的宋子文在哈佛大学、哥伦比亚大学学习过经济学;曾长期任中国银行总经理的张嘉璈在日本庆应大学攻读过货币银行和政治经济学;曾任交通银行总行协理之钱新之在日本神户高等商业学校学习过财经及银行学;上海商业储蓄银行总经理陈光甫曾获宾夕法尼亚大学商学士学位;曾任浙江实业银行总经理的李铭在日本山口高等商业学校攻读过银行学专业;曾任大陆银行董事长的谈荔孙在日本东京高等商业学校攻读过银行经济专科等等。[③]另一方面,随着华资银行业的发展,它们本身也培养出一批具有丰富的银行业务知识和能力的人才,比如,曾任中国银行上海分行行长并在1916年停兑令风潮中一举成名的宋汉章,早年曾在中国通商银行担任过查账员和翻译等职。

---

① 交通银行总行、中国第二历史档案馆合编:《交通银行史料第一卷(1907—1949)》,中国金融出版社,1995年,第308页。

② 参见黎霞:《商办四明银行的兴衰述略(1908—1937)》,载吴景平、马长林主编:《上海金融的现代化与国际化》,第249~265页。

③ 徐矛、顾关林、姜天鹰主编:《中国十银行家》,上海人民出版社,1997年,第2、48、88、142、185、314页。

三、分行分董

《中国通商银行大概章程》第十三条载明,中国通商银行将在大口岸、大省会设分行,在分行所在地选举认股最多者立为分董。[①]中国通商银行北京分行的董事与上海总行董事一样,被称为总董,而其余各处分行的董事一律称为分董。[②]

《中国通商银行分行办事章程》规定,除上海、北京、香港各处分行已用洋人,并悉照外商银行用华、洋大班章程办理外,其余各口岸、各省会凡设分行不用洋人之处,由盛宣怀选择殷实可靠之人举为分董,悉照票号章程办理。该章程赋予分董主理分行之事的权力,并责成各分董将其所用买办、账房等伙友的姓名籍贯报知总行,并由分董向各伙友索取保单存案,各伙友倘有亏空舞弊等事,唯分董是问。[③]

1897年7月9日,盛宣怀照会银行总董,通告各分行分董人员名单:香港分行分董为中书科中书吴文矩,广州分行分董为候选知县王同燮,九江分行分董为户部郎中郑炳勋,长沙分行分董为江西候补道朱昌琳,天津分行分董为直隶候补县丞梁绍祥和山东候补同知王文郁,镇江和扬州两分行分董为内阁中书尹德坤。[④]

是年9月14日,盛宣怀又向银行总董通告新增加的分行董事名单:汕头分行分董为江苏候补知府洪秉钧,北京分行总董为三品衔补用知府山东候补同

---

① 《中国通商银行》,第58页。
② 同上,第557~558页。
③ 同上,第85页。
④ 上海市档案馆馆藏"中国通商银行"档案,Q281-1-1,第31页。

知王文郁(兼充天津分行分董),汉口银分董为前广东鹤山县知县蒋定权。①

至1898年1月29日,又新增加一批分行董事,计有:福州分行分董为同知衔候选通判王同恩,常德分行分董为候选同知蒋定琨,银行北路总董为前内务府郎中庆宽,备充银行总董为三品衔候选知府孙树勋。②

充当分行分董的首要条件是必须在银行中入有巨股。盛宣怀曾经指示冯敦高,北京分行"董事须得京中有巨股者,无论绅商皆可保充"③。而香港分行分董吴文矩,因其所认股银10万两分文未交,银行总董乃以其"年少轻浮,不足以当此重任"为借口而不与其订立合同。④尽管如此唯"财"是用,但银行总董们还是作出一些表面文章,提出"不能以其有股而速为董事",而"必须视其人能否充当董事, 抑或但出其面而另请内行人为买办, 总须视其人能否办事"。⑤此外,还有一点不容忽视的是,从盛宣怀陆续公布的分董人员名单看,所有分行的分董都为带有官衔之人。而从以后中国通商银行各分行的业务活动情况来看,分董所起作用并不突出,业务活动主要由分行大班进行。当然,有些分行分董兼任大班。

四、分行大班

《中国通商银行大概章程》第十一条规定,总行及京都并通商大口岸暨各国都会均用西人为大班,生意出入银钱均归大班主政,买办辅之。其余小口岸

---

① 上海市档案馆馆藏"中国通商银行"档案,Q281-1-1,第33页。

② 同上,第61页。

③ 《中国通商银行》,第540页。

④ 上海市档案馆馆藏"中国通商银行"档案,Q281-1-1,第40~41页。

⑤ 《中国通商银行》,第80页。

及各省会所设分行均用华人经理,不派大班、买办。①《中国通商银行分行大概章程》第二条更具体规定,将在北京、香港特设银行。因北京居北,香港居南,上海总行居中调度,故北京、香港均准用洋大班和华大班会同办理。②

据此,总行洋大班美德伦保荐厚士敦和拉打分别任中国通商银行北京、香港两处分行洋大班。厚士敦系英国人,向在汇丰银行天津分行任事,还在其他外商银行工作过。拉打亦系英国人,向在香港阿加剌银行任职。③

1897年5月30日,盛宣怀对中国通商银行即将与厚士敦签订合同一事作出指示:一是厚士敦请汇丰香港大班哲生、上海大班楷士各写切实荐保信,只保账具,不保银钱。二是合同以五年为期,不拘何处口岸分行,悉听总董派赴,并非专指北京。三是厚士敦如不胜任办分行之任,合同可以随时作废,立遣离分行。所谓不胜任者,总董须将实在确据逐款指出,设厚士敦不服,各请公正人理断。四是厚士敦立合同后,先请四个月假回国一次。如逾假期,合同即为废纸。薪水俟销假到行之第一日起算。④

1898年7月7日,拉打与中国通商银行签订合同。该合同与美德伦充任总行洋大班合同的内容基本相同, 只是其薪水按元计算, 比美德伦的薪水略低,其定位为分行大班,不像美德伦一开始就为总行代理洋大班。⑤

华大班和买办这两个名称, 在中国通商银行的大多数分行里亦是并用的。1897年5月25日,银行总董向盛宣怀上报各分行买办的人员名单是:北京为赵小珊,天津为梁绍祥(直隶候补县丞),汉口为蔡莘臣,香港为吴柏涛,广

---

① 《中国通商银行》,第58页。

② 同上,第89页。

③ 上海市档案馆馆藏"中国通商银行"档案,Q281-1-1,第19~21页。

④ 同上,第22~23页。

⑤ 《中国通商银行》,第115~116页。

州为王同燮(原沅丰润司事)。①至同年6月,又增加一批华大班:汕头为洪秉钧(花翎盐运使衔,江苏补用知府),汕头代理人为邓廷献(广东试用知县),烟台为万仁燮(原烟台谦益丰管事),苏州为徐乾斋,扬州和镇江为尹德坤(花翎知府衔候选同知,镇江官银行司理),宁波为陈甄甫(曾任卢保铁路天津分局提调)。②

从这两份名单可看出,中国通商银行分行华大班或买办大部分是有功名之人,也有的是票号中人。后来的事实证明,这些人要么使用官僚主义的一套,贪污舞弊,要么是重视自己的票号业务而轻视银行业务。中国通商银行作为中国首家华资银行,人才缺乏的问题极端严重,无奈只能主要地以"财"取人,让各地出有巨股之人担任分行负责人,即使没有这样的人物,也要在地方官场上去寻找,或在票号中物色。与早期中国通商银行"唯财是用"的做法截然不同的是,民国时期的上海商业储蓄银行自20世纪30年代开始,一律凭考试录取人员,各大口岸的经理,则必须是在外国留过学的人员。③早期中国通商银行对各地分行经理人实行"唯财是用"的做法,为其后来受分行之累而发生亏损的结果埋下了祸根。

本章小结

中国通商银行的商股主要来自盛宣怀所控制的轮船招商局和电报局以及盛本人。这种情况体现了商股的难以招集,也体现了盛宣怀将其洋务企业

---

① 上海市档案馆馆藏"中国通商银行"档案,Q281-1-1,第19~22页。

② 《中国通商银行》,第82页。

③ 参见徐矛、顾关林、姜天鹰主编:《中国十银行家》,第163页。

进行统筹安排的倾向。同时也表明,中国通商银行在成立之初就和盛宣怀的其他企业发生了紧密的联系。盛宣怀对中国通商银行的控制,不仅因为他是该行的创办人,还因为他是最大的股东。

对于官款,盛宣怀开始并没有考虑将其加入银行资本,但在华俄道胜银行的竞争并在总行总董的请求下,乃决意请领官款。盛宣怀先是打算将该官款作为股本,后又担心银行因此而受政府的控制,于是乃将之作为户部在中国通商银行的存款。对中国通商银行领存户部款项的行为,我们不能仅仅认为是由华俄道胜银行的竞争行为所引起,更深层的原因在于,这是中国通商银行对轮船招商局、电报局等企业息存官款行为的借鉴和沿袭。而户部存款利息的微小,实际上是对中国通商银行的一种经济上的补贴。当然,这也与中国通商银行开办之初招集商股的不易和拖沓有关。

作为华资银行的首创,中国通商银行的章程,包括分行的章程,均经历了一个反复斟酌和修改的过程。《中国通商银行大概章程》有三个特点:其一,体现出该行官助商办的性质;其二,在很多地方仿效汇丰银行的章程;其三,对中国某些固有的传统体制的沿袭,包括官利和报效制度以及对轮船招商局、电报局、华盛纺织厂等企业"洋人主政"行为的仿效等。《中国通商银行分行大概章程》更注重本国特色,尤其对票号的做法有较多的借鉴,这与分行将主要从事汇兑生意,必须与票号展开竞争有着必然的联系。此外,中国通商银行还制定有《中国通商银行总董条例》和《中国通商银行总行与分行合同议据》。

中国通商银行实行的是董事责任制,业务经营则由大班负责进行。中国通商银行开办之初,总行设有10位总董,其中大部分在轮船招商局、电报局、华盛纺织厂中兼有董事职位。华大班受洋大班节制,而洋大班有些事须与华大班相商,两者"互相钳制",并且都听命于总董,而总董又听命于盛宣怀。作为创办人和最大的股东,盛掌握着银行的最后决定权。总行华、洋大班分别来自出身于外商银行和钱庄的人,这既体现了中国通商银行欲与该两方面取得联系的愿望,也体现了盛宣怀欲让华、洋大班互相钳制的意图。此外,这种情况也与中国通商银行成立之际所面临的技术落后和人才缺乏有关。在各分行中,分董的作用并不突出,业务主要由大班进行。当然,有些分行大班由分董兼任。

中国通商银行的资金来源、章程制度和人员组织状况均存在着一个共性的问题,那就是该行和以轮船招商局为首的盛宣怀所控制的其他洋务企业存在着密切的关系。在资本中,轮船招商局、电报局的股份是中国通商银行商股的主要来源,而领存户部存款也是仿效上述企业的做法;《中国通商银行大概章程》中所规定的任用洋人为大班的做法是对轮船招商局、电报局等企业中"洋人主政"做法的借鉴;而在中国通商银行成立之初的10位总行总董中,大部分在轮船招商局、电报局等企业中兼任董事。

第三章
中国通商银行开办之初业务的开展

中国通商银行在辛亥革命之前的业务情况,大体可分为三个阶段:第一个阶段大体在1897—1899年之间,主要是业务展开的阶段;第二个阶段大体在1900—1904年之间,主要是业务萎缩并发生亏损的阶段;第三个阶段则大致包括1905—1911年之间的几年,表现为业务的整饬和回升。[①]

在1897—1899年这一阶段中, 总行的业务全面铺开,各分行亦纷纷开设,并不同程度地开展了一些业务,整个中国通商银行呈现出一种新事物产生伊始朝气蓬勃的气象。当然,在良好的形势下也潜伏着一些危机,有的地方已露出衰败的端倪, 而且嗣后导致中国通商银行发生亏损的一些事件其

---

① 可参见《中国第一家银行》,第14~15页。当然,这种划分是就每一个阶段的主要趋势而言,事实上,在每一个阶段里都存在着一些相反的趋势。比如,在业务展开的阶段,各分行已尽显颓势;在业务萎缩并发生亏损的阶段,盛宣怀及总行负责人并没有放弃努力,故在这一阶段铁路存款仍在增加;而在业务回升的阶段,中国通商银行的账目制度依旧很不健全,而且和户部(大清)银行及轮船招商局等比较起来,其获利状况仍然不容乐观。而且有些业务活动或金融案件跨越了几个时段,故笔者在余下几章的论述中并不打算完全受这种划分时段的限制。

实在这一个阶段里已埋下了伏笔。

第一节　总行业务的开展

在1897—1899年间,总行在存款、放款、铸币、买卖外汇和发行纸币等业务项目上均积极地展开了活动。

在正式开业之前,中国通商银行总行就已经开始了业务活动。陈淠将总行截至1897年5月20日所收的股本和存款共计规元181.2827万两全部分存南北各钱庄代为拆息,不过拆息很小。[①]而总行开业不久,即于是年7月16日开具了一份"收支概略",其情况见下表。

表6　截至1897年7月16日中国通商银行总行收支概略

收项(单位:规元万两)	股本	244.55
	存项	141.045
	挂号	0.5435
	庄息	0.995156
	总计	356.043656
支项(单位:规元万两)	庄号拆票	307
	与汇丰银行往来	40
	盛宣怀经手	6.075
	蒋太守	0.35
	行用	2.401429
	总计	355.826429

资料来源:《中国通商银行》,第87页。

从表中可知,银行股本直至1897年7月16日还没完全筹足,其中还包括盛宣怀于当日划入的30万两计6000股。存项141.045万两中,除去户部存银

---

① 《中国通商银行》,第713页。

100万两及与盛宣怀关系密切之仁济和保险公司存有40万两外,散户存款仅
1万余两。这些款项绝大部分拆给了钱庄,达307万两,约占总行资金的86%,
其次是与汇丰银行往来达40万两,而盛宣怀拿去6.075万两作为湖北股单款
所用。[①]

关于中国通商银行成立之初绝大部分资金拆给钱庄的情况可见下表。

表7　1897年5—12月中国通商银行总行对钱庄的拆款额

月份	放款余额 (单位:规元万两)	其中对钱庄拆放	
		金额(单位:规元万两)	%
5	249	249	100
6	298	298	100
7	310	310	100
8	341	337	99
9	334	319	96
10	344	331	96
11	339	329	97
12	249	115	46

资料来源:《中国第一家银行》,第143页。

从表中可知,中国通商银行在1897年5月至7月这三个月间,将款项全部
拆给了上海钱庄,而在8月至11月这四个月间,放给钱庄的款项在放款总额中
的比例均在96%以上。对此,总行总董曾于是年11月30日致函盛宣怀,称上海
总行拆给钱庄的款项仍高达280余万两,"市上得此巨款,藉为抑注,众情欣
喜。而总行得此厚息,春夏之抱耗均可弥补"[②]。

但此时正值上海发生"贴票风潮",盛宣怀对总行将资金主要拆给钱庄的
行为很不放心。他向总行总董指出,银行拆票达280万之多,如果照外国银行

---

① 《中国通商银行》,第87页。
② 上海市档案馆馆藏"中国通商银行"档案,Q281-1-1,第42~44页。

章程,分作等差,数日一拆,原不足惧,唯恐华大班陈淦兼充钱业董事,"碍于情面,而又重于救市面,遂致不论好歹放拆,日期稍长,年终岁偪,苟有不测,则银行全局坏矣"①。因此,他于是年12月3日致函总行总董和大班,让他们将各钱庄底细查探明白,并仿照汇丰银行的做法,将上海南北市钱庄分作上等和中等,上等至多放银若干万,中等至多放银若干万,由大班开明清单,与各位总董会同核定,书于议事簿上,不得稍有徇情。盛强调中国通商银行领有部款在内,创办之初,必须格外留意,如有不甚可靠之户,务须随时收回,以重公款,并称此为中国通商银行第一要紧关键。②

次日,银行总董回复盛宣怀,坚持对钱庄进行大量拆借。对盛所要求的将各钱庄分别等次并相应放银之事,总董称,上海各钱庄本有福、禄、寿三等名目,历来因拆票而累及公款者甚少,而外行亏欠钱庄者甚多。他们还称,外商银行与中国通商银行情形不同,汇丰银行因不知华商底蕴,故对钱庄的拆款有限定数目。中国通商银行总行因有钱庄出身的陈淦经手拆借事宜,而陈对钱庄的情况甚为了解,故不必对钱庄分列等次而限定数目。总董们告诉盛宣怀,中国通商银行在"贴票风潮"中并未受到影响,只是跑楼陈福保,因私自做仙令、金子、洋块、煤油囤脱等生意,亏空10万两之多,但与中国通商银行毫无牵涉,故中国通商银行并无宕欠。总董们还告诉盛,银行拆票仍有270余万两。③

尽管如此,盛宣怀仍不放心,又于12月7日致函银行总董和大班,称银行万一稍有倒账,因有部款在内,立脚未定,不仅吃亏不起,且声名有关,不可不预防。他要求总行在冬月内多做押款,其钱铺中有无力者,亦不妨取其实在货物,照六、七折抵押,以过年为期,若连货物亦无抵押之家,只好设法联环具

---

① 《愚斋未刊信稿》,第49~50页。

② 上海市档案馆馆藏"中国通商银行"档案,Q281-1-1,第46~49页。

③ 同上,第44~46页。

保。①对于陈福保事,盛要求银行总董、大班登报辩明其与中国通商银行毫无
干涉,以辟谣言。②

对盛宣怀的反复要求,总行办事总董严信厚于12月9日致函盛,予以详细
答复。关于盛将钱庄分列等次之要求,严解释道,如果各董事照此办理,万一
议定之钱庄出事,则买办必将责任推在董事身上。因此,严建议将拆款之事
责成买办一手经理,如此则买办无所推诿。严进一步指出,因中国通商银行
系盛宣怀督办并有官款存储,人皆畏惧。他举出乾大庄的例子予以证明,该
庄搁浅后,中国通商银行本有拆票2万两,一闻风声,陈淦立逼其将该项拆款
待至三更后先行归还。关于盛让银行多做押款之要求,严信厚答应照办,并
认为"此为上上之策"③。

但盛宣怀仍然强调押款的重要性,甚至亲自为银行的押款业务出面打
理。12月10日,大德油厂续押5000两,盛宣怀为之作保。同时,华盛纱厂打算将
其纱照七折向银行抵押,盛宣怀于是月13日电令陈淦速与该厂商谈此项生
意,并声称此举银行得稳利,而纱市亦得救。④次日,他再次对银行总董和大班
指出,押款最为妥当,并要求押款须以多押少,限期以近为妙,货抵之外,仍须
有人作保。⑤

在盛宣怀的强烈要求下,总行收缩拆款,而加大押款的比例。12月12日,
陈淦在近期总行业务情况的报告中表示,拆票已陆续收束,拟做妥当押款。
至该日止,拆票减至210万两,而押款增至110万两。次日,银行又收进拆票20

---

① 上海市档案馆馆藏"中国通商银行"档案,Q281-1-1,第49~50页。

② 《中国通商银行》,第566页。

③ 同上,第104~106页。

④ 同上,第568页。

⑤ 上海市档案馆馆藏"中国通商银行"档案,Q281-1-1,第51页。

余万两,均做押款。①是月18日,押款又添做30万两,而拆票降至160万两。②

在中国通商银行总行初期的押款业务中,业务重点对象乃盛宣怀所控制的几家企业。比如,在1898年,汉阳铁厂曾借用中国通商银行总行规元36万两,议定将全厂作押,长息九厘,以息抵付押息。③同年3月至5月,中国通商银行总行贷给大纯棉纺厂5.3万两。而1899年,华盛纺织厂在中国通商银行总行押到规元54.6万两。同年,裕源纺织厂也押得5万两。④

中国通商银行总行在开办的最初几年里,对一些外国洋行也施放了数额较大的款项。比如,1897年12月至1898年3月间,中国通商银行总行给美商鸿源纺织厂(Iternational Cotton Manufacturing Co LTD)和德商瑞记棉纺厂(Soy-Chee Spinning Co LTD)分别贷放了规元20万两和10万两。中国通商银行总行放给外国洋行的款额在其放款总额中所占比例是比较大的,在1897年至1900年底,最低为12%,最高达到50%。其情况见下表。

表8　1897—1900年中国通商银行总行给外国洋行放款消长趋势

年份	放款金额(单位:万两)	占放款总额百分比(%)
1897年底	32.2	12
1898年底	64	38
1899年底	25.6	15
1900年底	121.2	50

资料来源:《中国第一家银行》,第146页。

盛宣怀不仅重视押款业务,还指示总行积极开拓押汇业务。1899年10月,华大新公司重庆一庄,议定与中国通商银行作押汇票,由沪装棉纱运渝,每装

---

① 《中国通商银行》,第568页。

② 同上,第569页。

③ 《中国第一家银行》,第114页。

④ 同上,第146页。

出棉纱一大包,在中国通商银行上海总行先支取规元60两,而在中国通商银行重庆分行解缴渝平银70两。①据陈淦1900年1月13日在电文中披露,当时总行渝纱押汇数巨,加之套做仙令,致使总行银根颇紧。②而据是年3月25日总董致盛宣怀的电文披露,铁厂、华盛、重庆纱款等将及百万,致使总行银根不敷周转。③

中国通商银行在开办之初的几年里,不仅将款项大量放给钱庄、工交企业和外国洋行,还对一些中国商号、外商银行及个人发放了贷款。其1897年至1900年间放款分类的情况可见下表。

表9　中国通商银行总行1897—1899年放款分类表④

年份		1897年底	1898年上半年	1898年底	1899年底
放款余额 (单位:规元万两)	工交企业	91.7	88.4	44.8	78.3
	国内商业及其他	85.6	20.8	42.0	69.9
	外国洋行	32.2	12.6	64.0	25.6
	钱庄	35.8	191.8	18.7	1.5
	外商银行	9.5			
	合计	254.8	313.6	169.5	175.3
各类放款 占放款总额 的百分比(%)	工交企业	36	38	26	45
	国内商业及其他	34	7	25	40
	外国洋行	12	4	38	15
	钱庄	14	61	11	—
	外商银行	4	—	—	—
	合计	100	100	100	100

资料来源:《中国第一家银行》,第142页。

---

① 《中国通商银行》,第179页。

② 同上,第582页。

③ 同上,第587页。

④ 据《中国第一家银行》所列"中国通商银行(上海总行)放款分类表"之说明:"通商银行关于各类放款的记载,不够详细,也不全面,有些年份还没有放款余额表,同时又是用英文计账,由于翻译的口音不同,对人名或字号往往难以译得准确。因此,在分析时,只能就现有资料,结合有关资料酌为分类统计,有些放款贷给个人的大多从事商业活动,我们把这一类数字归入国内商业。"见该书第142页。

从上表可知,中国通商银行总行在最初几年里,将主要款项放给了工交企业、外国洋行和钱庄。而据前文分析所知,在工交企业中,以盛宣怀所控制的企业为主。

中国通商银行总行初期的业务除存款、拆借、押款和押汇之外,还涉及铸币、购买外汇、发行钞票等。

由于张之洞的反对,中国通商银行总行没有获得银元的铸造权,不得不让湖北、天津等地的银元局替其代铸。1897年8月至9月间,盛宣怀曾请张之洞和王文韶分别让湖北和天津两地的银元局为中国通商银行各铸造银元10万元。

关于购买外汇之事,1897年12月16日,总行在致盛宣怀的电文中曾提到其购买了2万英镑,价格为8便士。[1]而陈淦在1900年1月13日致盛宣怀的电文中则提到了总行套做仙令之事。

中国通商银行还于1898年在英国伦敦印制了面值235万元的银元券和规元50万两的银两券,而其发行所得在1898年为规元28.73万两,到1899年增至规元63.19万两。[2]关于中国通商银行在1898年印制钞票的具体情况可见下表。

表10　中国通商银行1898年印制银行券分类统计

银元券(单位:万元)	一元券	20
	五元券	80
	十元券	85
	五十元券	35
	百元券	15
	合计	235

① 《中国通商银行》,第568页。

② 《中国第一家银行》,第157~158页。

银两券（单位：万两）	一两券	10
	五两券	15
	十两券	15
	五十两券	5
	百两券	5
	合计	50

资料来源：《中国第一家银行》，第157页。

第二节 各分行的陆续开设及其初期之业务状况

　　盛宣怀起初将中国通商银行各分行的业务定位为主要进行汇兑，并寄希望于在票号中选拔人才作为各分行的经理人员。但票号采取不合作的态度，致使盛的愿望落空。按照盛宣怀的指示，中国通商银行先后在北京、天津、烟台、汉口、香港、广州、福州、镇江、重庆等地开设分行。但绝大部分分行在运作之初，就出现违背章程的行为。而各分行自开办之后，其业务均难见起色。这一情况为中国通商银行总行最终受分行之累而出现虚本实利埋下了伏笔。

一、盛宣怀对设立分行的认识和打算

　　盛宣怀认为，分行只能从事汇兑生意，与票号业务相同。为此，他打算遍请票号中人为各分行负责人。他的这些认识和打算在1898年5月23日致冯敩高的函文中得到充分的表露。他认为："泰西银行与我山西银号立法颇相似，而气局宏大，直并数十百银号为一银行而已。"他还认为，内地分行不能放款,仅能汇兑,或寓放款于汇兑之中。基于这样的认识,他打算在通商大码头用洋人为"总管",在内地各省会用山西票号中人为"总管",并声称,如果一时得不到许多"汾太好手",他将在湖北、湖南、四川、陕西、山西各处分行里专用"西帮",并悬挂中国通商银行招牌,悉照"西号"办法办理。为此,他让冯敩高将"平遥巨手"代为延定。他表示,若该"平遥巨手"不能来,他亦决计要用"西帮"。最后,他满怀信心地提出:武昌、沙市、宜昌、重庆、成都、长沙、常德及各省会所在地之中国通商银行分行,皆可次第开张,只须章程一定,"拔毛速茹,其权利自必比寻常银号高出数十倍"①。

从这封信函中可看出,盛宣怀将中国通商银行各分行的业务定位为汇兑,即票号所主要进行的业务,并寄希望于在票号中选拔人才作为各分行的经理人员。只是盛宣怀的想法在后来的事实中证明是一厢情愿,票号业中人并不愿合作。比如,严信厚虽然加入了中国通商银行总董的行列,但拒绝将其源丰润票号合并于中国通商银行。而在各分行中,仅仅是广州分行大班王同爕出身于票号业,为广州源丰润司理。但王将主要精力仍放在票号业务上,致使中国通商银行广州分行的业务废弛。此事证明,即使票号中人愿意合作,也是以不放弃其原有的业务为前提,但事实上两者又难以兼顾。

在总行还没开张的时候,港、粤两地就急欲设立分行。对此,盛宣怀不予同意。1897年4月25日,盛宣怀致电总行总董杨文骏和刘学询,阐明分行必须在总行之后开设的原因:一则人手不齐,忙中有错;一则外埠收股必须先解,总行声名一振,方可分划外埠;一则须防外埠股份截留作本,虚而不实。不过,他表示,香港、天津皆为大口岸,该两处之分行应与北京分行在秋间一同开办。②

---

① 《盛宣怀未刊信稿》,第73~74页。

② 《中国通商银行》,第540页。

但盛宣怀在是年6月2日致总行的第十四号信函中又提出,北京及有股之天津、烟台、汉口、长沙、香港、广州、福州、宁波、镇江、苏州、扬州等地均可先行开设分行,并仿照汇丰、德华银行样式,用铜板皮做招牌,尺寸一律。[①]

而总行总董在是年6月29日会议决定,各处分行虽急需开设,但只能择其尤要者先行开设,具体来说就是在北京、天津、香港、广州、汉口先行开设分行,其余各处之分行则缓开。同时,总董们提议,分行所招之股必须先缴至总行,待分行开设时,再由总行发给资本,不能就在分行本处划扣,以防流弊。董事会还议定如下事宜:其一,北京分行洋大班定为厚示敦,而办事董事必须由钱庄和票号出身之人充当;其二,应物色天津分行董事和洋大班;其三,汉口分行董事定为林友梅,不用洋大班;其四,香港分行应同时聘用洋大班和华大班。[②]

二、各分行之开设及初期业务之状况

1. 北京分行

北京分行开设过程中最费周折的是选址问题。盛宣怀曾委托北京电报局委员冯敦高为北京分行选址,冯先后提出购买位于东交民巷正街西头路南的一所靴铺房屋和位于东交民巷中间路北的一所炭厂,但皆因不合适而相继放弃。最后,北京分行先租下五老胡同的一间房屋进行营业,同时对所购得的东长安街中间的一所房屋进行改建,以作为分行将来正式的办公场所。选址问题的难以解决,致使北京分行开业的时间,由原定的1897年冬季延迟至次年的5月。1898年5月14日,北京分行在五老胡同租屋开张,而东长安街的

---

① 上海市档案馆馆藏"中国通商银行"档案,Q281-1-1,第23~24页。

② 《中国通商银行》,第80页。

银行房屋迟至1899年1月份才完工。①

关于京行董事的选择也费了一番周折。盛宣怀先是打算选两名董事，一人与户部接洽，一人与商家接洽。②按此要求，冯敦高于1898年4月15日推荐杨仁山和姚仲云两人为京行董事。其中，杨系户部司员，以联络户部；姚夙习商务，以接洽商家。③但盛对该二人皆不满意，并要求由冯敦高和袁保三两人充当京行董事。冯敦高不愿任京行董事，同时建议先请袁帮忙，如果胜任，再予董事名目，倘不行，再另行择人。④北京分行董事人选最终定为庆宽，而华、洋大班则分别为冯商盘和厚士敦。

京行因处于京都，有着较多的官款存储。比如，管理兵部事务军机大臣荣禄曾将武卫中军饷银库平银26万两存于京行，并在京行中寄放有5万两。京行的款项大部分贷放给了天津的行号。据1900年8月24日陈淦给盛宣怀寄送的北京分行放款于天津各户之账略，京行在天津放款共计40.4万两。其放款对象包括钱庄、商号、洋行及个人等，个人放款均有押款或保单，放款利息从周息8.4厘至1.08分不等。⑤京行开办之初的生意，据1899年1月30日冯敦高密告盛宣怀所称，"尚称和平"。⑥

2. 汉口分行

1897年6月8日，盛宣怀确定林友梅为汉口分行大班，次日，盛宣怀致函总行总董，要求汉口分行先行开设。在正式开设之前，汉行就开始了业务活动。是年7月3日至8日，总行先后给汉行装运现银或汇去规元50万两，汉行将

---

① ⑥ 《中国通商银行》，第578页。

② 同上，第572页。

③ 同上，第573页。

④ 同上，第574页。

⑤ 同上，第140~142页。

此款全部放出,利息为6.4厘。为了与汉口新添之五家票号竞争并抢在它们前面放款,林友梅曾请求总行将多至100万两,少至60万两至70万两之款项,限7月半后由轮船招商局船只分班装汉。①盛宣怀表示,此事须等汉行先将汉口之股银汇沪并领承招牌图印之后方能核办。其后,盛宣怀批准汉行于是年11月29日开张,并与林友梅订长本10万两,准其装现,并暂汇30万两(林要40万,盛已另筹10万),准于开张之日前后分批汇到。此暂汇之款,由汉口照上海拆息算还。②

在总行拨款至汉行的问题上,林友梅和总行发生了矛盾。因此时正值申市银根奇紧,现银不多,所以总行勉强给汉行装现10万两和汇去15万两之后,余下15万两则拒绝汇汉。③此场纷争使得林友梅给总行总董留下了不好的印象,严信厚在致盛宣怀的函文中称林友梅"才具开展,且有胆识,惟其办事锋芒太露"④。

汉行在最初的放款业务中,存在着拆息过重的情况。对此,总行总董进行了指责,称林友梅"恃势凌人,欲求通商而反不通"⑤。盛宣怀也耳闻汉行开张时,因拆息过厚,各商啧有烦言,乃令汉行将拆息酌量减少。他强调银行开办之初,必须注重声名,不能因贪图小利致碍大局。⑥

此外,总行认为汉行的放款为两手脱空行为,并为此于1898年2月9日致函盛宣怀,报告汉行存欠清册内列有汉阳铁厂欠洋例银13.112908万两、萍乡煤矿欠洋例银2.25万两,但汉行既未先期电询总行,亦未声明期限、利息,其

① 《中国通商银行》,第557页。
② 上海市档案馆馆藏"中国通商银行"档案,Q281-1-1,第39页。
③ 同上,第42~44页。
④ 《中国通商银行》,第106页。
⑤ 上海市档案馆馆藏"中国通商银行"档案,Q281-1-1,第42~44页。
⑥ 同上,第51页。

为两手脱空,毫无疑义。总行总董还指责汉行的押款行为与总行定章不符,称汉行开列之押款共洋例银15.232412万两,并未将行号牌名及所押何物分别注明,无从查核。[①]

在汉行与总行的业务往来中,也存在着龃龉。据总行总董在1898年1月21日致盛宣怀的函文中披露,汉行悬欠总行款项至16万两之多,而年内一无汇还。[②]在是年2月9日的函文中,总董报告盛宣怀,汉行所列之账目与总行所列的数字大相悬殊。据汉行账目,其与总行往来,计十二月底止共欠总行洋例银1.59万余两,但总行账目上的数字为规元16.5万余两,两者大相悬殊。其中虽有汇款10余万到申,但由于其均系本年到期,总行没能于年底先行列收。[③]在拆息问题上,汉行与总行也发生了矛盾。总行与汉行的拆款利息,原定按上海拆息计算,后林友梅要求照六厘计算。[④]此外,总行指责汉行有些开支没有先期知会总行总董核准。据汉行账目记载,其开支计洋例银2114两。总行总董称,当初所订合同曾注明,生财准另行开支,但必须先期知会总行,由总董核准,但汉行之生财开支并未先行知会。总董向盛宣怀报告,上年各埠分行除官利开支外,均有余利可沾,唯独汉行则亏至2286两有余,而生财并不折除。[⑤]

鉴于汉行种种不符银行定章的行为,总行总董请求盛宣怀严饬林友梅一面遵照定章办理,不准过于浮费,并将汉阳铁厂和萍乡煤矿所欠各款赶紧收回,另做两手不脱空之稳妥生意,一面将各项押款及期限、利息分别补报。[⑥]对此,盛宣怀一面让林友梅按照总董之要求办理,一面向总董解释,汉行与铁路、铁厂往来系存欠相抵,非两手脱空之生意。其中铁路总公司汉口账行存洋

---

① ③ ⑤ ⑥ 上海市档案馆馆藏"中国通商银行"档案,Q281-1-1,第64~66页。

② 同上,第56~58页。

④ 同上,第58~60页。

例银18.96731万两,至冬月底止,只欠洋例银2.44083万两,而萍乡煤矿则存洋例银5万两。①

尽管如此,林友梅最终还是被撤差,由施肇英接替。是年9月27日,盛宣怀电令林友梅将其经手所欠银3.8万余两速交施肇英以结账。②

3. 天津分行

1897年11月8日,天津分行附居铁路总公司天津"路局"开张营业。津行在开办之初,铁路总公司是其重要的放款对象,仅在是年12月29日,盛宣怀就令津行划付"津局"规银10万两,并令自己的账房赵致祥相应由铁路总公司拨银10万交总行收。在芦保铁路和保正铁路的工程中,都有着津行的业务活动。比如,据天津分行1899年11月2日摘抄的芦保铁路欠款账单可知,芦保铁路公司实欠津行行平银3.9万余两。③而是月28日,盛宣怀电告梁绍祥,他已交总行汇付津行规银2.5万两,听候保正工程拨用。两天后,比国公司洋人给津行送上京公砝银10万两。④天津分行还与盛宣怀所控制的华大北号有着密切的业务联系。据1900年1月30日天津分行摘抄的华大北号存欠账单,该号结欠津行行平银9.2万余两。⑤此外,津行与天津的行号也有着相当多的业务往来,对一些工商业企业给予了放款。

5. 广州分行

1898年4月10日,广州分行开张。该分行分董兼大班王同燮系源丰润司事,广州分行办公处所就附租在源丰润屋宇之内。

---

① 上海市档案馆馆藏"中国通商银行"档案,Q281-1-1,第66~67页。

② 《中国通商银行》,第576页。

③ 同上,第122页。

④ 同上,第581页。

⑤ 同上,第122~124页。

广州分行开办之际,李鸿章在两广总督任上对该分行予以了扶持,将粤省京协两饷交由该分行与各票号一起汇解。①尽管有着李的扶持,但该分行的业务并没有什么起色。其原因在于王同燮将主要精力放在源丰润事务上,对银行业务并没有认真经营。1898年11月9日,广州分行股东戴春荣等致函盛宣怀,要求更换粤行大班。他们认为,广东京协各饷为数最巨,股商富贾屈不胜数,与香港一水之隔,汇兑尤为繁旺,若大班能联络官商,专心致志,生意之盛当非他行所及。他们指出,总行用王同燮为广州分行大班的初意,因王系票号老手,可以驾轻就熟,但银行与票号系属同业,王一心不能二用,顾此而失彼。故自粤行开设以来,源丰润生意日见其盛,而银行则鲜有人过问,几乎门可罗雀,是有银行之名而无银行之实。因此,他们提出,王同燮虽具大才,断非银行所能用,源丰润自有门面,亦非银行所能争。他们请求盛宣怀饬令总行总董另选一身家殷实、熟悉商情之人为粤行大班,以使粤行独树一帜,不致有名无实。②对此,总行总董予以调查,发现粤行历次账略,每届不过盈余1000两至3000两不等,较之源丰润每年所得余利相去悬殊。此外,在粤行发行钞票问题上,总行华、洋大班允留四分之一现银存在粤行,并允王同燮日后结账时,提取钞票余利十分之一作为酬劳,但王必欲照钞票行用若干提存粤行现银若干。总董们认为,照此办法,钞票若能畅行,亦与中国通商银行毫无裨益。鉴于以上种种问题,总董们也建议将王同燮予以撤换。对此提议,盛宣怀予以批准。③

4. 香港分行

盛宣怀曾令吴文矩为香港分行董事,但由于吴所认股银10万两分文未交,

① 《中国通商银行》,第112~113页。

② 同上,第120~121页。

③ 同上,第126页。

加之总行董事以其年少轻浮,不足以担此重任,所以并未与其订立合同。①此事导致港行迟至1898年10月才得以开张。

关于港行开办之初的生意,在该行华大班冯厚光1899年8月致盛宣怀的函文中有所展示。是年上半年,生意比较平淡,利息亦平,所有放出按揭各款通计仅得七厘周息。7月后,生意日有起色,放出按押各款五六个月期限者周息一分,而汇兑比前亦多。冯厚光希望粤汉铁路之款存200万至300万于香港分行,并望广州分行发行钞票,以使港行生意蒸蒸日上。②

而据港行董事温灏1900年4月27日向盛宣怀报告,港行第四届年结除开销外,盈余1.2万余元,第五届年结除开销外,盈余2.6万余元,可见生意已渐有起色。但温灏同时披露,港行华、洋大班存有矛盾,往往意见不洽。这一点成为阻碍港行业务发展的重要因素,后来还愈演愈烈,曾闹得沸沸扬扬。③

5. 烟台分行

烟台分行在开办之初,仅只领得备本银3万两,但存款较多。据1898年1月21日银行总董上盛宣怀函稿记载,烟行有东海关道署存银10万两、载福堂存银2万两、初次铁路存银5万两,共20万两之多。后盛宣怀又电谕总行给烟行续拨铁路款10万两,如此则前后总计共有30余万两之多。但总董认为烟台非通商大口岸,烟行之存款论数未免太巨,且未知是否全系押款,因此他们向盛宣怀提出,若尚未将10万拨付烟行,则不再续拨。④

总行还曾经因担心东北发生战事而令烟行收缩业务。1897年12月21日,美德伦恐东北一带有战事,建议北路未开银行可以缓开,已开各行必须收束。

---

① 上海市档案馆馆藏"中国通商银行"档案,Q281-1-1,第40~41页。

② 《中国通商银行》,第122页。

③ 上海市档案馆馆藏"中国通商银行"档案,Q281-1-2,第5~9页。

④ 上海市档案馆馆藏"中国通商银行"档案,Q281-1-1,第56~58页。

据此,陈澂要求烟行大班万仁燮陆续将该分行放款收回,并不再接存款。①

烟行的业务之一就是将东海关道署的税款托津行解往津海关道署。但此一环节曾发生过问题。1899年的农历九月初,烟行曾托津行解洋税款5万两。至1900年1月13日,津海关署电咨东海关署,催解此款,东海关署的官员由此向烟行追问,烟行乃电催津行,而津行查此款竟于1899年农历十月底已投解。东海关道台遂大启疑窦,几欲将其存于烟行之款立即全部提走。对此,盛宣怀急忙亲自出面处理,一面电饬津行速解,飞寄回批;一面电咨东海关道台,安慰其心,免致催提烟行存款,同时电令津海关道台黄建筦立即电达东海关道台,说明款已收到,以慰其心。最终此事得以和平了结,东海关道台继续将其官款存于烟行。②但此事暴露了津行业务混乱以及烟行与津行之间缺乏默契配合的状况。

6. 镇江分行

镇行开办不久,总行就发现其放款活动以及账目存在不符定章的情况。1898年1月21日,银行总董致函盛宣怀,指控该分行放款不慎,利轻害重。总董报告,镇行所寄来的账目,计收存项20余万两,分别转放盐号、钱庄、米栈、洋行等户,其中有6万余两放给了源同、晋源,但没有注明期限。其6个月之利息,竟只有480余两,而存项之息高达七两半,是否常年亦未注明,无从查核。总董除让华大班函询其存息是否照常年计算外,还请盛宣怀饬令镇行妥慎办理,不得任意存放,并不得与源同、晋源随便往来。③

7. 汕头分行

汕头分行与总行的合同曾由邓廷献代洪秉钧签字。关于洪秉钧的担保

---

① 《中国通商银行》,第107页。

② 同上,第583页。

③ 上海市档案馆馆藏"中国通商银行"档案,Q281-1-1,第56~58页。

问题,起先欲以洪在银行中的股份抵保,但因其股份银数不足,乃改立保单,由义生隆糖行、裕生号当铺两号作保,该两号均设在汕头。

汕行开设之初,总行拨规银3万两给其作为备存之款。但汕行在该地招揽的存款很少,致使该分行资金不足,难以周转。洪秉钧曾于1897年12月3日致函盛宣怀,请求总行给汕行拨款以资周转,但盛宣怀批以“现在市面紧急”,拒不接济。①

8. 福州分行

福州轮船招商局委员王叔蕃曾奉盛宣怀之命,在福州招集银行商股,并举荐福州分行董事和买办。1897年6月14日,王叔蕃致函盛宣怀,称福州本地人于各项股份素少附搭,风气使然,近年茶市不佳,粤人之在闽贸易者,光景年不如年,因此中国通商银行在福州之股份只有52股。因此,他报称,福州本地绅富,无入股堪充董事者。不过,他推荐通源钱铺执事王荫人兼充福州分行董事或华大班,称此人身家殷实,熟悉本地商情。王叔蕃还建议,福州初设银行,与洋商交涉事件不多,可不用买办,而用翻译,以节经费。②

后来,相继任过福建按察使和布政使的周莲曾于1898年1月29日向盛宣怀推荐福州源丰润号商胡学鸿为福州分行董事。周莲称胡学鸿“在闽多年,督军、宪、司、道各署公款往来颇觉可靠,知严小舫、叶澄忠、朱宝珊、陈淦诸君均经保荐”③。

9. 重庆分行

重庆分行开办得比较晚。盛宣怀觉得重庆生意必好,乃于1899年10月24日电令总行迅速与包星北订立合同,由何瑞堂作保,并令包起程前往开

---

① 《中国通商银行》,第103页。

② 同上,第77页。

③ 同上,第109页。

办分行。①

10. 筹备但没开成之扬州和长沙分行

盛宣怀还曾打算在扬州、长沙等地开设分行，但最终因没有合适的经理人员或股本不足而没有开成。其中，扬州分行已领去备存之款3万两，但大班严树德最终告退。扬行所领备本银后来归还给了总行，而其开办之日却最终变得遥遥无期。而长沙分行仅招得股银6万两，不及预定的10万两。尽管该行得到湖南巡抚陈宝箴的支持，湖南绅士熊希龄还为该行分董人选的问题积极奔走，但最终该行仍然没有开办起来。

三、分行中所存问题

各分行在开设之初不同程度地存在不合定章的情况。1898年1月21日，银行总董致函盛宣怀，报告汉行和津行欠总行款项过多的情形。当初，总行与各分行议定之合同注明，分行对总行如有悬欠，以2万至3万两为度。但汉口分行悬欠至16万两，而天津分行悬欠6万余两，后又要求总行汇去13万。对此，总董请求盛宣怀饬令各分行遵照合同办理。②

是月28日，总董再次向盛宣怀报告，各分行章程已详载分立合同之内，但现在各分行买办统未遵照合同办理。他们提议，嗣后续添分行，拟由总行大班举荐妥当之人，并先与总行总董会同商量，然后呈请盛宣怀核夺。他们还提到："各分行所领在本短欠及就地存项，分放各铺，是否相符，无从悬拟，

---

① 《中国通商银行》，第580页。

② 上海市档案馆馆藏"中国通商银行"档案，Q281-1-1，第56~58页。

故不得不赶紧查账。"①

2月2日,盛宣怀致函总行总董,强调各分行必须遵守定章。他说道:"总行去年幸赖银拆高大,结账稍有余利,然若不开分行,不通汇票,何异上海开一大钱庄;而分行如现在办法,各自放账,又何异各处开一钱铺分庄,皆于银行不合。"他给分行定出的业务方针是:"以汇票为正宗,而有益之生意亦不能不做,但断不可放外行两手脱空之账,亦断不可不听总行调度。"对于总行总董所提到的汉行拆息,镇行与源同、镇源往来并无限期,津行汇13万银款并不先行电商,烟台铁路款10万不再续拨等事,盛宣怀令总董分别致函各分行,让其迅速更改。②

2月15日,总行总董致函盛宣怀,报告董事会对分行存款、放款、汇兑诸业务和各分行之间以及分行与总行之间的往来等问题的讨论意见。关于各分行的存款问题,总董们议决,各分行遇有绅商存款,自1万两至10万两,议定利息为常年5厘。但此利息数既不登报,也不刊列章程,只是作为各分行之内办章程。这些存款可以立即拆与各殷实钱庄、行号,可以是短拆,也可以是长期。若市面平稳,市息没多少涨落,其息亦必照存进之数加大2厘至3厘,并将存拆数目、日期、利息及户名牌号随时函告总行,以便接洽。设或总行因银根奇紧,则将各分行存款调汇到申,以应总行急需。

总董还议决,各分行之放款,非殷实庄号不办,设有不妥,唯各分行经理人是问。各分行如有常存之款在库,亦准就地订做押款,但所押之物必须确实为市面易销之货,并须取其真实凭据,如栈单、提单之类,并须分行经理人亲验属实。只有做到每值十抵七,并取有殷实钱庄或行号保单,方可抵押。唯

---

① 上海市档案馆馆藏"中国通商银行"档案,Q281-1-1,第58~60页。

② 同上,第61~62页。

期限以两三个月为度,不宜过远。倘到期不赎,而抵押之货经久不坏者,亦必须将利息付清再议展期。

关于各分行之间及分行与总行之间的往来问题,总董们议决,各分行往来存欠及利息、日期、户名、行号应每月结报总行逐条详注,以便总行查核。各分行与总行收解汇兑,如欠总行数在1万以内,按照6厘计息;若1万以外,统照上海钱庄转账息价核算。各分行如有支取总行汇票数在5万以外,即使有远期汇票足以抵解,仍须先行电商。所谓的5万以外,并非专指一票而言,设或同日同期有汇票数张,总数在5万以外,也应先行电商接洽。每届年终,各清各款,不得以年外之票抵入年内结数。①

根据总行总董们对分行进行查账的请求,盛宣怀分别于1898年6月21日和7月1日电令各分行将是年农历四月以前分行月报速寄总行,并规定五月后每礼拜寄一小账,每月寄一总账,总行照章按礼拜和按月候分行账到汇结。②

1900年4月27日,香港电报局委员兼港行董事温灏就东南地区的港、广、汕三个分行中存在的一些问题及有待改进之处向盛宣怀上陈了自己的意见。其有关意见表现在八个方面:

一是广、汕二行宜试用纸币。他认为,银行之利权全在纸币。港行设在英界,若用纸币须禀准英官方许可,故此时当缓办。而广、汕二行皆中国地方,尽可我行我法。况粤省盗贼横行,携现银者皆有戒心,一有纸币,则收藏更便,人皆乐用。因此,他请盛宣怀饬令广行先试用纸币10万元,汕行先试用纸币5万元,俟销售畅旺,再逐渐推广。

二是广、港汇兑勿再延搁。他查得,广、港每天有轮船往来两次,甚为方

---

① 上海市档案馆馆藏"中国通商银行"档案,Q281-1-1,第67~69页。

② 《中国通商银行》,第575~576页。

便,凡本地银号对现银汇单无不即日交兑,但由广行交给港行之洋钱往往超过三四天始行交兑。他认为此种延误情形乃中国通商银行各分行的普遍现象,称"卑局如此,他处可知。一埠如此,他埠可知"。故他请求盛宣怀饬令广行遇有汇单必须留意,不能再延搁,以致损害银行名声。

三是广、汕汇兑应设法招徕。他查得香港一埠与广、汕二处之汇兑生意,皆本地各银号在做,而与港行来往者绝少。推原其故,本地各银号皆广、潮二帮所开,广人汇广,潮人汇潮,已成惯例。而港行悉遵外国规矩,未能与华商通融办理;汕行虽本地巨富,官气未免太重;广行兼顾源丰润,一心难以二用;三行各有偏弊,导致商贾鲜人顾问。故他请求盛宣怀饬令广、汕、港三行设法招徕汇兑生意。

四是华、洋大班宜和衷共济。他披露港行华、洋大班往往意见不洽,并认为华商之情形非洋大班所能熟悉,银行之规矩在华大班亦当恪遵。他由此请求盛宣怀饬令总行总董转嘱港行华、洋大班毋存私见,致启争执。

五是行中银钱宜由华大班掌管。他称外国银行无不由买办管银,故买办必须担保。今银行华大班已由总董举荐,又有殷商担保,以之管理银钱似无不妥。他建议以后洋大班专管支数,华大班专管收数。

六是行中洋人无庸添用。他称港行开办之初,仅有洋大班及洋写字两人,而每年薪费已万余元。他认为多用一西人,能多做一份生意犹可,但港行自开张以来,均系与华商交易,而绝少与洋商往来。他断定,即使银行全用西人,也不能招徕一西商,只不过以华商之资本徒供洋人之薪费。因此,他主张除洋大班、写字外,不得再添用一洋人。

七是行中翻译无庸另设。他认为此一席乃糜费。即使该职位必不可少,而华大班每年所得之用钱数以万计,故应由其自行雇用。他还举出外国各银行买办均自设翻译。

八是办事诸人宜遵守规矩。他说外国银行规矩,上下班均有一定时刻,请假销假均有一定限期。但港行办事诸人,除洋人尚遵规矩外,华人则往往到班不依期,告假无定时,且多为年轻之人,算盘笔墨均未娴熟,每做一宗交易,皆费时很多。因此,他请盛宣怀饬令总行总董转饬港行华大班整饬行规,并选用熟手办公。

温灏所提之意见虽然主要针对东南地区的几个分行,但他所揭示的某一些问题具有普遍性。比如,各分行之间汇兑往来在时间上的延误、银行绝少与洋商往来、华人员工业务欠精、纪律性欠强等问题在其他分行中也不同程度地存在。实际上,温灏的此次建议,其出发点就是针对整个中国通商银行的。在前述致盛宣怀的信函中,他提到,中国通商银行开办以来,不是用人办事不尽妥当,就是章程规则尚有待"参详"。他指出,银行草创之初,这些情况原无足怪,但目前若不加整饬,恐将来流弊无穷。盛宣怀很赞同温灏的提议,认为温氏条陈之整饬各节甚有见解。盛也意识到,中国通商银行开办将及三年,成效尚不显著。上海总行为发号施令之所,应该对银行认真整饬,而不能任其废弛。为此,盛将温灏所陈各条发给总行总董,令其逐条核议,并向其详细回复。①

总行总董对温灏所提各条建议进行了讨论,对温氏所提的建议大部分予以采纳,但某些方面意见相反,某些方面则予以辩解。其中,关于温灏提议的行中银钱宜由华大班掌管一条,总董们认为,银洋出入照银行章程,应由华、洋大班彼此接洽办理,而不便责令洋大班专管支数、华大班专管收数,若如此则会导致华、洋大班各不相谋。关于温灏提议的行中翻译无庸另设一条,总董们认为,各分行情形不同,不能一概而论。②

---

① 参见上海市档案馆馆藏"中国通商银行"档案,Q281-1-2,第5~9页;《中国通商银行》,第716~718页。

② 《中国通商银行》,第124~126页。

第三节　盛宣怀为中国通商银行
初期业务开创条件

　　作为自己一手创办起来并在其中投入巨额股份的中国通商银行，盛宣怀对之竭力关照，一直力所能及地利用自己的权力和关系网为之创造有利的条件。因创办铁路之事为中国通商银行开办的直接起因，而近代中国建设铁路的资金多靠外债获得，故中国通商银行与铁路外债不可避免地会发生密切的关系。而盛宣怀利用其督办铁路事务大臣的权力，在与外国商谈铁路借款的活动中努力为中国通商银行争取各借款中部分款项的经理权。在英德续借款达成协议之前，盛宣怀曾被清政府委托与英国呼利公司商谈借款，而盛在此次借款谈判中竭力为中国通商银行招揽全部款项的经理权，但此项借款谈判最终失败。盛宣怀还向清政府陈请将部分省关公款交中国通商银行存储和汇兑。此外，盛宣怀令自己所控制的中国电报局给予中国通商银行电报价格上的优惠。

一、争取外债款项的经理权

　　在中国通商银行创设之初，盛宣怀曾努力为其争取外债款项的部分或全部的经理权。这些外债既包括铁路外债，也有为筹措对日赔款而举借的国债。在这些活动中，盛宣怀所取得的成效总体上不大，只是使中国通商银行获得了极为有限的权利，而大部分努力或因借款谈判的破裂而失败，或因借款合同的废止而落空。

在芦汉铁路借款中，盛宣怀曾为中国通商银行争取一部分款项的经理权。在1897年7月27日签订的《中国铁路总公司、比国合股公司续订借款合同》之第四条专载明，中国铁路总公司以所收之款，汇存中国通商银行上海总行；至应还利息、本银，应照镑价付于中国通商银行上海总行。虽然在1898年6月26日的《中国铁路总公司、比国合股公司续订借款详细合同》即芦汉铁路借款正式合同中再没出现中国通商银行的字样，但反复出现了"中国总公司、比公司共同指定之银行"的提法，而且该合同在最后注明，前面所订合同之各条款，凡不与此合同相悖者，均须照办。①因此，虽然此项借款的收支由华俄道胜银行经理，但因盛宣怀是借款的经手人，所以在他的努力下，中国通商银行亦准予参加。②比如，1897年8月上旬，铁路总公司存入中国通商银行80万两。③

李鸿章在办理英、德续借款的过程中，因"汇丰欲税司干预，农部力持不允"，乃欲向别处借款。正在此时，英国呼利-詹悟生公司（Hooly-Jamieson syndicate）派来福禄寿（Frassel）向盛宣怀兜揽此笔借款，李鸿章乃让盛与之接洽，并答应，若"年息相符，并可由通商银行收解"④。盛宣怀向福禄寿提出，将借款担保之盐课厘金归中国通商银行管理，福禄寿也允诺将稽查催收盐课厘金之权归于中国通商银行。⑤1897年8月17日，盛宣怀致函翁同龢，解释为何要将借款担保之盐课厘金归中国通商银行管理。他说道，中国通商银行洋大班恐内地课厘洋人不能过问，买票者疑而不信，故欲借中国通商银行过手以坚买票人之信。①

---

① 中国人民银行参事室编：《中国清代外债史资料》，中国金融出版社，1991年，第288~295页。

② 徐义生编：《中国近代外债史统计资料（1853—1927）》，中华书局，1962年，第31页。

③ 《中国第一家银行》，第18页。

④ 《盛宣怀未刊信稿》，第39页。

⑤ 同上，第29页。

在借款谈判的过程中，福禄寿曾答应给中国通商银行酬劳银4万英镑。而盛宣怀与中国通商银行总董议定将此款购办铸银钱之机器，并照奏案在沪开办。他声称,此事若能办到,则中国通商银行所铸之银元可期逐渐通行,以杜鹰洋泛滥所造成之漏卮。②

正当此项借款渐有眉目之时,福禄寿声称自己此行实为铁路生意,并向盛宣怀兜揽苏沪铁路借款。③后来,福禄寿将承办苏沪铁路借款作为在国债正约上画押的前提条件,甚至提出要同时承办宁汉铁路借款,并一度达到"呼议成毁,苏宁决之"的地步。此外,福禄寿还要求增加一厘半之行用,计24万镑。④盛宣怀只是答应等此项国债办成后再议苏宁铁路借款。最后,福禄寿提出九四扣,并答应带押款10万镑来北京。⑤但此10万镑之押款最终"杳然",而清朝驻英公使又电告李鸿章,英国并无呼利公司之存款。对此,李鸿章大骂福禄寿荒唐和可恨至极,并令盛宣怀对该项借款"勿再议"。⑥

尽管如此,盛宣怀仍然幻想和呼利–詹悟生公司达成借款协议。他于是年11月2日致函翁同龢,陈述其向呼利–詹悟生公司借款的经过,并将失败的原因归为被汇丰银行所乘。他还阐述了呼利借款对中国通商银行的重要性,并请求翁劝说李鸿章回心转意。他指出,中国通商银行之设,大有益于国家者,一为招商股,一为借民债。但若不先对之扶冀,该行将"得气之难"。而呼利借款若能办成,50年厘金盐课悉归该行收付,则将来必能由该行经借民债。最后,他强调,此举关系中国通商银行之兴衰,亦关系借民债之"权舆"。①

---

① 《盛宣怀未刊信稿》,第26页。
②③　同上,第30页。
④　《愚斋存稿》卷28,第16页。
⑤　同上,第18页。
⑥　同上,第21~24页。

但后来清政府仍然和汇丰、德华银行达成"英德续借款",显然,盛宣怀的"呼利借款"毫无结果,其为中国通商银行争取该项借款之经理权的努力也宣告失败。

1898年5月12日,盛宣怀在其所筹划的《沪宁铁路借款草约》中也考虑到为中国通商银行争取该借款之部分款项的经理权。该草约第十七条载明,借款存于汇丰银行,而进款由汇丰和中国通商银行分存。[②]但该项借款因"彼以特战,我以拳乱,搁置已久"[③]。

二、争取各省关的款项往来

盛宣怀为中国通商银行初期业务开创条件的最重要手段就是争取各省关与中国通商银行来往。他利用自己在官场上的关系,为中国通商银行的业务寻求官府的扶助。其具体做法就是劝告各分行所在地的地方官将一部分官款存储于中国通商银行在该地的分行,或将解往京城的一部分饷银交付中国通商银行在该地的分行汇兑。而对于设有海关的地方,盛宣怀曾打算让中国通商银行在该地的分行负责海关税收的工作。而这些都是钱庄、票号或官银号的业务,此即意味着中国通商银行各分行将与之展开竞争,而竞争的筹码乃是盛宣怀的权利和关系网。

盛宣怀为打开中国通商银行各分行业务的局面而进行官场上的疏通活动是很多的。比如,1897年10月14日,镇江分行董事尹德坤电告盛宣怀,镇海关道台曾某交卸时,曾将银行票4万两交与新任官员,意在后来各款统归银行

---

① 《盛宣怀未刊信稿》,第39~41页。

② 《中国清代外债史资料》,第424页。

③ 同上,第325页。

收解,不料新任官员反将银票全交钱庄。尹请求盛电商新任官员照旧办理。盛当即致电镇江新任道台,称其前任已照奏案与中国通商银行往来,请他照前仍由银行收解,利息则与尹德坤面商。① 11月14日,天津分行开张,盛宣怀请求江苏粮道陆春江将其汇解天津之款交由中国通商银行办理,并答应贴费可较西号酌加。② 1898年8月28日,盛宣怀致电津海关道台,请其将存于德华银行而即将到期之8万两公款改存中国通商银行天津分行。③

盛宣怀的努力取得了一些成效,通过其疏通,有些官款或被存于中国通商银行,或被交付中国通商银行汇兑。比如,北京分行就寄存有荣禄统率的武卫中军饷银京平足银31万两;天津分行有津海关道台黄建筦所存的行平银12万余两、张振榇经手交存的海防捐局行平银12万余两、统带北洋各兵轮补用参府萨镇冰所存的北洋船饷行平银近1万两;广州分行有李鸿章所存的两广总督署公款10万两;烟台分行有东海关道署存银10万两等等。而关于公款的汇兑,其数量也不少。比如,据盛宣怀于1897年12月2日致天津分行大班梁绍祥的电文中称,"顷已咨补各局并函托,现有汇津规元十万可收"④。

但这种成效是很有限的,很多地方官员拒绝将官款存于中国通商银行或交其汇兑。比如,1898年3月7日,北洋淮军银钱所负责人李竟成向盛宣怀表示,该所饷源奇绌,入不敷出,目前实无款可存。又如,同年3月18日,北洋支应局负责人汪瑞高向盛宣怀表示,该局异常支绌,无款存入中国通商银行。当然,汪表示,如果将来该局库帑充裕,可以存款于中国通商银行天津分行生息。①盛宣怀也查得,一年多来,中国通商银行之10处分行,汇兑官款"甚属稀

---

① 《中国通商银行》,第560~561页。

② 同上,第563页。

③ 同上,第576页。

④ 同上,第565页。

少"②。

对此,盛宣怀深为不满。他向翁同龢抱怨,各省关均为私家银号所把持,严信厚原议将其独开之海关银号归并银行,嗣亦"有所扞格"。而据闽、广各分行来禀,监督及司局皆以中国通商银行未奉部文为辞,拒不将公款交于中国通商银行在该地之分行存储或汇兑。盛指出,现在京行已开办,若各省关"官无汇款",恐贻洋人耻笑。盛请求由户部咨行各省督抚、藩司和监督,其官款虽不能尽交中国通商银行,亦须将半数交于该行存储或汇兑,否则于奉旨特开之中国通商银行,"似太落漠"。③

早在1896年11月1日的《自强大计折》中,盛宣怀就提议银行将从事官款的存储和汇兑。当时他在奏折中声称:"嗣后京外拨解之款,可交汇,以省解费;公中备用之款,可暂存,以取子息。"④鉴于地方官对中国通商银行扶助不力的状况,盛宣怀于1898年5月又上陈《筹办中国通商银行次第开设情形折》,再次请求清政府对中国通商银行予以扶持。在该折中,盛宣怀阐述了各省关交中国通商银行存解公款的重要性。他说道,中国通商银行创办一年,始基已立,而扩充中国之商力,收回自有之利权,关键是京外拨解官款是否皆归中国通商银行经理。若各省关存解官款仍循旧辙,专交私家之票号,绝不与奉旨设立之中国通商银行相涉,则商政之体全失,西人"腾笑",华人增疑。他进一步指出,中国通商银行非特国家主持于上,各督抚、藩司及各关监督维持于下,无以"徐收两利,宏此远谟"。最后,他恳请户部命令各省关,嗣后凡存解官款,但系设有中国通商银行之处,务须统交该行收存汇解。①

---

① 《中国通商银行》,第111页。

② 同上,第119页。

③ 《盛宣怀未刊信稿》,第81页;《中国第一家银行》,第88页。

④ 《中国通商银行》,第4页。

盛宣怀的要求并没有得到光绪帝和户部的全力支持。光绪帝在谕旨中称,国家设立银行原为振兴商务,并非垄断利权。但他一面令盛宣怀派人与各省关商订收存汇兑官款的具体办法,包括汇兑价格如何减少等,一面令户部咨行各省将军、督抚及各关监督,凡有中国通商银行之处,若该行汇兑官款、协饷之汇费较轻,则交该行承办。②按照光绪帝所定的基调,户部拟定了一份意见,认为将各省关官款交中国通商银行汇兑的行为迹近把持,于市面商情多有窒碍。但户部也表示将对中国通商银行予以维持,嗣后凡有中国通商银行之处,所有各项官款及汇解京协各饷,向由商号汇兑者,如果查明改交中国通商银行而不至吃亏,且汇费可以轻减,即交由中国通商银行办理。③

尽管光绪帝和户部都对中国通商银行表示了一定程度的支持,让各省关酌情与之往来,但各省关汇兑皆有定章,一经中国通商银行汇兑,将于报销有碍,因此不与该行商订明确切实之办法。为此,盛宣怀又于1898年10月上陈《推广通商银行以流通自铸银元折》,从流通自铸银元的角度,阐述各省关对中国通商银行扶助的重要性。他指出,各省关于奉旨开办之中国通商银行漠不关心,这与各国之官重视本国银行迥然不同,无怪乎中国所铸之银元不能通用。为此,他请求光绪帝令户部、各直省督抚以及各关监督与中国通商银行商定切实办法,并表示中国通商银行若能与各省关渐通往来,则"京局银兑"自可与各省流通不滞。④

对于盛宣怀请求清政府赋予中国通商银行存储和汇兑省关公款特权之行为,我们可以从如下三个方面加强认识:

---

① 《愚斋存稿》卷2,第86~87页;《中国通商银行》,第113~115页。

② 《中国通商银行》,第119页。

③ 《光绪政要》,卷24,第21~22页。

④ 《中国通商银行》,第119~120页。

其一，中国通商银行成立之初，身处外商银行、钱庄和票号三足鼎立的环境之中，一时还难以打开业务局面。面对这样的状况，盛宣怀只有为中国通商银行争取官款的存汇权，以使该行从有限的专利权中获取一些利益。关于中国通商银行以及后来的户部银行、交通银行依靠官款存汇的状况，杜恂诚先生有着较深刻的论述。杜先生考察了晚清华资银行业的整体状况后认为："1897年，中国本土的第一家银行——中国通商银行成立，到1911年，陆续设立了约三十家本国的官办和商办银行，但绝大多数不能维持多长时间就倒闭了。这是因为外国银行和钱庄已经形成了固定的金融制度，已经能够满足绝大部分金融服务的需求，华资银行缺乏生存下来的业务依据。中国通商银行、户部银行（后改名大清银行）、交通银行等都依靠官款的存放和汇兑才得以勉强维持。"[1]就是普通的商办银行如四明商业储蓄银行在成立之初也曾向清政府禀请一部分官款的存汇权。比如，1909年4月，四明银行禀请度支部札行上海道于各国洋款中酌量给其分汇一部分款项。[2]同月，该行又禀请农工商部拨款存放该行，以为扶助。[3]

其二，晚清洋务企业在开办之初拥有一定的专利权为一种比较普遍的现象。在盛宣怀所控制的其他洋务企业中，大多拥有过一定的专利权，比如，轮船招商局曾被批准享有运输漕粮的特权；上海机器织布局曾被授予棉布和棉纱生产的10年专利权；中国电报局控制着中国与国外电报的收发；汉阳铁厂有制造京汉和粤汉铁路钢轨的垄断权。[4]由此可见，盛宣怀为中国通商银行争取官款存汇权的行为并不奇怪。

其三，清政府后来对户部银行存汇官款问题的态度与此时其对盛宣怀的

---

① 杜恂诚：《北洋政府时期华资银行业的兴起》，《银行家》，2003年第1期。

② 上海市档案馆馆藏"四明商业储蓄银行"档案，Q279-1-47，第42~44页。

③ 同上，第45~46页。

④ 《中国早期工业化》，第37页。

奏请所给予的答复相比较,两者有着很大的区别。此时,户部虽然同意各省关将一部分官款交给中国通商银行存汇,但那是有一定前提条件的,即各项官款"改交中国通商银行而不至吃亏,且汇费可以轻减"。正是这样的要求,导致盛宣怀后来不断令中国通商银行总行降低汇费。但后来户部对户部银行则没有提出此种要求,而是一味地令各地将官款交该行存汇。比如,1906年11月,户部飞咨各省将军、督抚和库伦办事大臣,称"各该处既设立(户部银行)分行,嗣后应行汇解存储款项,均可随时与该行商办"①。户部还命令各地,"嗣后凡各省如有应行解部之款,一律由户部银行兑交京师"②。后来,户部还让户部银行接收各海关官银号。黄鉴晖先生认为,户部对中国通商银行和户部银行在存汇官款问题上的态度之所以不同,是因为前者乃商办银行,而后者是官商合办的国家银行。③

三、电报费方面的优惠

盛宣怀还利用自己所控制的重要企业,为中国通商银行的发展提供有利的条件。除了让轮船招商局和电报局购买中国通商银行股票100万两以及将铁路总公司的一部分款项存于中国通商银行外,盛宣怀还让电报局对中国通商银行的电报费给予减半的优惠。

1897年7月13日,为了扶持其主持的"路行"事业,盛宣怀让其管辖的电报局将铁路总公司和中国通商银行的电报费列作四等, 算给半费。①但按照

---

① 黄鉴晖:《山西票号史》,山西经济出版社,2002年,第435页。

② 《大公报》,1907年1月1日。

③ 黄鉴晖:《山西票号史》,第431页。

1896年8月1日电报局与大东、大北公司订立的三方合同，三者在上海、福州、香港、厦门四处之电报费必须一致。为此，盛宣怀于1897年7月20日致电总行总董，要求银行电报经过前述四处之时，照三方合同，收以全费。此外，对减半之电报，中国通商银行以图记为凭，只准用明码，如用密码，应将密本送交电报局翻阅。如果查出假借隐藏之弊，将对银行加三倍罚资。[②]

即便如此，中国通商银行往来各报列为更便宜的二等居多。对此，电报局向盛宣怀报告此举"实属有碍电政"。盛宣怀据此于1897年11月18日照会总行总董，要求银行嗣后发电报不得再列二等。[③]

当然，在清末的几家银行中，中国通商银行不是唯一享受半价电报费的银行，后来成立的户部银行和交通银行均享有同样的权利。[④]

第四节　中国通商银行初期业务之绩效

中国通商银行在开办之初，虽然大部分分行难见起色，并且各分行不同程度地均存在不合定章的情况，但总行业务的进展状况良好，使得中国通商银行总体上处于盈利状态，无论是资金总额还是各项业务额，在这三年里均呈逐年递增的趋势。在盈利状态下，股息得以按预定之八厘的比率分配。中国通商银行在1897—1899年间的业务情况可见下表。

---

① 上海市档案馆馆藏"中国通商银行"档案，Q281-1-1，第32页。
② 同上，第32~33页。
③ 同上，第38~39页。
④ 交通银行总行、中国第二历史档案馆合编：《交通银行史料第一卷（1907—1949）》，第179页。

表11　1897—1899年中国通商银行业务统计

年份		1897	1898	1899
负债项目 (单位:规元万两)	股本	250	250	250
	发行钞票	–	28.7	63.2
	存款	261.9	267.2	397.1
	应付汇票	5	17.2	15.2
	各分行往来	4.4	–	3.8
	综结	15.7	19.2	23.1
	总计	537	582.3	752.4
资产项目 (单位:规元万两)	现金	28.6	30.8	35.3
	放款	394.9	395.3	581.8
	应收汇票	110.5	125.6	126
	房地产	2	4.2	4.9
	生财	1	4.1	4.4
	各分行往来	–	14.3	–
	总计	537	582.3[①]	752.4

资料来源:《中国第一家银行》,第116页。

从上表可知,中国通商银行的资金总额在1897—1899年间是逐年增加的,由1897年的规元537万两增至1899年的752.4万两。其原因主要是存款发生了大幅度的增加,由1897年的261.9万两增至1899年的397.1万两。此三年内,中国通商银行重点存户的情况可见下表。

表12　1897—1899年中国通商银行重点户存款统计[②]

年份 户名	1897	1898	1899
仁济和保险公司	400000	700000	600000
轮船招商局	325079	–	55208
盛宣怀	–	–	401146
荣禄	–	–	310000

① 1898年资产项目相加之和与总计相差8万两。参见《中国第一家银行》,第116页。

② 武卫中军之饷银31万两系库平银,此数系从档案或账簿中查出的数字,其余均来自会计报表。参见《中国第一家银行》,第116页。

续表

年份 户名	1897	1898	1899
粤汉铁路	–	–	3208
华北铁路公司	–	198600	–
吴淞铁路	–	2641	–
苏州道台(米款)	–	32250	32181

资料来源：《中国第一家银行》，第116页。

从上表可知，仁济和保险公司在1898年存入中国通商银行70万两，1899年虽取走10万两，但还剩60万两，比1897年存入中国通商银行之款多出20万两。铁路总公司之子公司华北铁路公司则在1898年存入中国通商银行近20万两，而盛宣怀本人也在1899年存入40余万两。此外，荣禄将武卫中军饷银26万两存入中国通商银行北京分行，5万两寄放在该行。由此可见，1897—1899年间存款的主要来源除了清政府的存款外，就是盛宣怀所控制的轮船招商局、仁济和保险公司[①]、铁路总公司以及盛本人，另加上荣禄所存的武卫中军的饷银。由此可见，如下的一段话基本符合实情："通商银行最初几年的存款主要来源是清政府的存款，其次是官督商办企业的间歇资本，再次是各地关道和道台的待解款以及少数买办、官僚的个人存款。"[②]

据前列1897—1899年业务统计表可知，中国通商银行的资金在这几年里大部分都投放了出去，其放款比例在资产总额中高达百分之六七十。其具体比例见下表。

---

① 仁和水火保险公司于1875年由徐润和唐景星负责筹建，其发起资本为25万两。1878年，徐和唐又创办了济和水火保险公司。这两家公司实质上都是招商局的子公司，于1888年合并为仁济和保险公司，发行股票1万张，每股50两。参见《中国早期工业化》，第173页。

② 《中国第一家银行》，第15页。

表13　1897—1899年中国通商银行放款统计

年份	资产总额 (单位:万两)	放款余额 (单位:万两)	放款余额在资金额中 所占百分比(%)
1897年底	537	394.9	73.5
1898年底	582.3	395.34	67.9
1899年底	752.4	581.81	77.3

资料来源:《中国第一家银行》,第116、141页。

这一期间,中国通商银行工业放款的重点对象除了盛宣怀的洋务企业华盛纺织厂、大纯纱厂、裕源纺织厂外,还包括一些中国民族资本主义工业和外国洋行。这一情况可见下表。

表14　1897—1899年中国通商银行重点户放款情况[①]

户名	年月	借款金额(单位:规元万两)
华盛纺织厂	1899	54.6
大纯棉纺厂	1898.3—5	5.3
大生棉纺厂	1898	7.4
裕源纺织厂	1899	5
大德榨油厂	1898[②]	1
天津贻来牟机器磨粉厂	1899	4.7
美商鸿源纺织厂 (Iternational Cotton Manufacturing Co LTD)	1897.12—1898.3	20
德商瑞记棉纺厂 (Soy-Chee Spinning Co LTD)	1897.12—1898.3	10

资料来源:《中国第一家银行》,第146页。

---

①　注:(1)表列金额系最高放款额。(2)中国通商银行总行成立时,上海、南通两地的中外棉纺厂一共有11家,其中6家与中国通商银行发生了贷款关系,具有民族资本性质的5家棉纺厂中,有3家发生了贷款关系。参见《中国第一家银行》,第146页。

②　《中国第一家银行》第146页所列的该时间为1899年,但该书第27页又载该时间为1898年。笔者此处以1898年为准。

此外,中国通商银行在1897—1899年间应收汇票额在资产总额中也占有一定的比例,均在20%左右。可见,中国通商银行的汇兑业务在这几年也得到一定程度的开展,这是中国通商银行在此阶段积极开设分行的结果。其具体比例可见下表。

表15　1897—1899年中国通商银行应收汇票统计

年份	资产总额 (单位:万两)	应收汇票额 (单位:万两)	应收汇票额在资产总额中 所占百分比(%)
1897年底	537	110.45	20.7
1898年底	582.3	125.59	21.7
1899年底	752.4	126.03	16.8

资料来源:《中国第一家银行》,第116、118页。

至于中国通商银行在这几年印制和发行钞票的情况,已在前述总行的业务中进行了介绍,兹不赘述。

关于中国通商银行在开办初期的盈利情况,据盛宣怀在1898年6月28日致王文韶的信函中称:"通商银行试办一年,股分息八厘,存款息五厘,居然做到。"[①]而根据费惟恺的统计,中国通商银行在光绪二十四年的获利情况如下:

表16　1898.2—1899.2中国通商银行所付净利和股息

时期	净利 (单位:规元万两)	股息率(%)	股息 (单位:规元万两)
1898.2.22—1899.8.16	13.037	8	10
1898.8.17—1899.2.9	11.1048	8	10

资料来源:《中国早期工业化》,第309页。

但中国通商银行这种较好的局面并没有持续多久,从1900年开始,中国

---

① 《盛宣怀未刊信稿》,第77页。

通商银行受各分行之累,接连出现亏损,终至出现"虚本实利"的情况。

本章小结

中国通商银行上海总行在成立后的半年里将绝大部分资金贷给了钱庄,但时值上海发生"贴票风潮",盛宣怀令总行多做押款。在总行初期的放款业务中,其重点对象是工交企业、外国洋行和钱庄。而工交企业中,以盛宣怀所控制的企业为主。总行初期的业务除存款、拆借、押款和押汇之外,还涉及发行钞票、铸币、购买外汇等。

盛宣怀将中国通商银行各分行的业务定位为汇兑,并寄希望于在票号中选拔人才作为各分行的经理人员。但这种愿望落空,中国通商银行没有得到票号的支持。按照盛宣怀的指示,中国通商银行在有股之北京、天津、烟台、汉口、香港、广州、福州、镇江等地将分行先行开设起来,而长沙、苏州、扬州等地之分行因预定股份没有招齐或缺乏合适人选而没有开办起来。在成立北京分行的过程中,对选择地基和董事人选颇费周折。该分行开办后,曾获得武卫中军31万两饷银的存寄权,而京行将存款大部分投放到天津市面。汉口分行的主要业务对象为汉阳铁厂和萍乡煤矿。但该分行开办不久,其大班林友梅即因和总行发生严重的冲突而被撤差。因盛宣怀在天津有着广泛的关系,故津行获得了很多存款。其主要业务对象为盛宣怀所控制的铁路总公司和华大北号,此外,与天津的行号也有着比较多的业务往来,对一些工商业企业给予了放款。广州分行开办后即得到两广总督李鸿章的扶持,但其大班身兼源丰润司理之职,且重票号轻银行,致使广州分行的业务难见起色。香港分行则存在着华、洋大班不合的情况,这成为影响其业务发展的隐患。烟台分行虽得到东海关道的巨额存款,但因其地处海疆,受战事的直接影响,因此总行对其业务予以了限制。同时,因津行经营得混乱,致使其汇兑业务受到影响。镇江分行的账目存在问题,使得总行无从查核,同时,该分行在和钱庄的业务往来中不是很谨慎。福州分行的股份很少,而且难以找到合适的经理人员。重庆分行则开办得较晚,主要是为盛宣怀所控制的华大新公司在重庆开展业务而设。

各分行在开设之初,不同程度地存在不合定章的情况,主要是悬欠总行款项过多,也包括脱手放账等。为此,总行提出要对分行的存放款和汇兑业务予以规范,同时提出要对分行进行查账。分行中所存问题在香港分行董事温灏对港、广、汕三行业务所提的建议中得到比较充分的体现。

盛宣怀极力地为中国通商银行招揽存款和汇兑的业务。他利用自己在铁路借款谈判中的权力,努力在芦汉路和沪宁路的借款合同中为中国通商银行争取部分路款的经理权。此外,盛宣怀在向英国呼利公司借国债的过程中曾努力为中国通商银行争取该项债款的经理权,但此项借款没有成功。盛宣怀还努力争取各省关将公款存入中国通商银行,或交给该行汇兑,并为此专门上陈奏折。他还利用自己在电报局的权力,为中国通商银行争取电报费的优惠权。

中国通商银行的资金总额在1897—1899年间是逐年增加的,其主要原因是存款在不断地增加。其存款的主要来源是盛宣怀所控制的轮船招商局、仁济和保险公司、铁路总公司以及盛本人。此外,荣禄、李鸿章、津海关道、东海关道、镇海关道、海防捐局等也存入很多官款。其工业放款的重点对象除了盛宣怀的洋务企业华盛纺织厂、大纯纱厂、裕源纺织厂等外,还包括一些中国民族资本主义工业和外国洋行。随着分行的纷纷开设,中国通商银行的汇兑业务在这几年也得到一定程度的开展。此外,还发行了一定数量的钞

票。在资金总额和各项业务均不断增长的情况下,中国通商银行这几年的业

务经营皆处于盈余状态,股息也按预定的八厘发放。

第四章
中国通商银行的亏损与"虚本实利"

1900年之后,京、津、镇三行发生严重亏损,而其他分行也获利微弱,总行也遭遇一些挫折,致使中国通商银行出现虚本实利的亏损状况,并深陷债务纠葛之中。在这个过程中,中国通商银行几次面临被改组或合并的危险。

第一节　京、津分行的亏损与债务纠葛

在庚子事变中,北京分行遭到清兵和义和团的抢掠与焚毁,其后该行又被划入各国公使馆界内,致使该行业务暂时中止。更严重的是,战争使得京、津市面萧条,京、津分行的放款一时难以收回。此时,荣禄又向中国通商银行追讨其存储和寄放在京行中的武卫中军饷银。同时,天津分行大班梁绍祥亏空案暴露,总行为此与其保人梁绍刚打了数年的官司。由于梁绍祥账目的混乱,津行出现盘根错节的债务纠葛。这一系列变故使京、津分行出现严重亏

损。此后,该两行之业务虽得以展开,但没有什么起色,主要任务为清理债务。

一、庚子事变与京、津分行的受损

在庚子事变中,八国联军、清兵以及义和团均对京津地区的财物进行了抢掠。比如,在北京,20余家炉房被焚毁,202座当铺被抢空,未被抢夺或抢夺未尽者只有10座,损失数百万两。[①]在天津,仅八国联军就掠走银两1000万两至2000万两。此外,焚毁财产更难以数计。[②]在这一浩劫中,中国通商银行北京分行也难逃厄运,于1900年6月22日被清兵和义和团抢掠一空,继而又遭焚毁。据该分行襄办钱邦彦在7月12日致总行总董和大班的信函中报称,计抢去该行钞票10万两,现银2.8万余两,银元2.5万余元。而各户借券、契据一概无存,房屋殆尽,内有税务司汇丰账目等项一并失毁。[③]但后来查明,该分行被抢失之银并不止此数,仅被抢走之武卫中军饷银就有5万两。其被抢走之确切数目,据1906年1月24日中国通商银行历届盈亏结数记载为规元6.680985万两。而该分行房屋被毁计损失规元2.341585万两,两项共计9万余两。[④]

庚子事变之后,京行地址又被意大利公使占据,美德伦曾为此事于1901年1月10日致函盛宣怀,请求盛电达李鸿章,向该大使理论。[⑤]盛乃令美德伦、陈淦将京行地基原价和各项造价迅速详细开示,以便电饬铁路总公司法文参赞柯鸿年办理索赔事宜。据该二人报价,被毁之京行房屋原价及损失物品

---

① 董继斌、景占魁主编:《晋商与中国近代金融》,山西经济出版社,2002年,第239页。
② 参见吴必龙:《二十世纪天津金融风潮及其对对外贸易的影响》,《南开经济研究》,1995年第1期。
③ 《中国通商银行》,第136页。
④ 同上,第431页。
⑤ 同上,第163页。

之价共计规元5.526676万两。①在柯鸿年的活动下，户部将赔偿京行损失之款额定为2万两，由户部批准在该部所存中国通商银行款项内扣除。

京行先是被抢毁，继而被意大利公使占领，此双重打击使得京行"受亏不能开张"②。更严重的是，京、津两处房屋多被损毁，钱庄及商家均已逃入内地。而两地生意非日久不能复原，钱庄、商家非安心不敢回来复业。③此外，还有些京、津分行的欠户在战乱中死于非命。这些情况致使京、津分行所放之款一时难以收回，有的则根本无法收回。

北京分行的放款数目，据该分行华大班冯商盘1900年9月26日向盛宣怀所报，冯在天津放出40余万两，该分行洋大班厚士敦在北京放出30余万两。④到了1901年农历八月底，京行在北京放款数额还有公砝银7.407634万两，在天津放出者，仍有公砝银42.088292万两还没有收回。而截至同一时间，津行之放款，在梁绍祥公账上有行平银30.574603万两，私账上有54.727005万两，已账上有12.022982万两，三项共计97.32459万两，其中有存欠可互相拨抵者约18万两，是年年内大致可收进者约15万两，可是还有64万余两没有收回。⑤至1902年1月6日，京、津分行共还有90余万两"清厘尚无眉目"⑥。直到1905年9月，两分行还有70余万两没有收回。⑦

① 《中国通商银行》，第190~191页。

② 上海市档案馆馆藏"中国通商银行"档案，Q281-1-2，第85页。

③ 《中国通商银行》，第144页。

④ 上海市档案馆馆藏"中国通商银行"档案，Q281-1-2，第29~31页。

⑤ 《中国通商银行》，第246~247页。

⑥ 上海市档案馆馆藏"中国通商银行"档案，Q281-1-2，第89页。

⑦ 《中国通商银行》，第399页。

二、武卫中军饷银的偿还

京行被毁和其放款的难以收回,导致其资金周转困难,难以归还武卫中军之存款26万两和寄放在该行之款项5万两。1900年7月14日,荣禄令上海道台余联沅向中国通商银行总行提取该款项31万两。[①]军机处也于8月13日令盛宣怀将该款如数由总行提交江宁藩库。[②]

但中国通商银行总行按汇丰银行的办法,拒绝对武卫中军存寄款予以立即支付。陈淦在致严信厚的信函中称,目下仗务方殷,京、津两行为兵所困,所有该两处存项,不论到期与否,暂不付给,必须等事平后,查核账目,再行定夺。[③]同时,美德伦、陈淦向盛宣怀报告,该款并没有汇存上海总行,其中所存26万两按惯例已陆续转放京津各商号,而所寄放之5万两被抢。是年阴历五月二十三日,清廷曾谕令步军统领衙门对因战乱遭受巨大损失的四恒等商号进行维持和保护,陈淦乃援引此案,请求荣禄准许京行俟事平复业后再行清理。[④]鉴于此,盛宣怀一面请上海道台余联沅将大班的意思转致荣禄,一面令冯商盘对京行前存武卫中军饷银26万两原订是何限期、现在分存何处、能否全数收回、究应如何归缴,以及寄存库内银5万两是否尽被抢失等情况分别查明。[⑤]

9月18日,京行洋大班厚士敦向盛宣怀禀报,抢京行者乃义和团与荣禄所属之武卫中军。他主张清廷应将荣禄所存款项扣除5万两,以补京行被抢

---

① 上海市档案馆馆藏"中国通商银行"档案,Q281-1-2,第9页。

② 同上,第17~18页。

③ 《中国通商银行》,第131页。

④ 上海市档案馆馆藏"中国通商银行"档案,Q281-1-2,第18~22页。

⑤ 同上,第24页。

之银,余下之款则缓还,以免京行追逼所贷之钱庄和商号而致其倒闭。①

10月15日,盛宣怀拟出《武卫中军存寄通商京行饷银赔缴办法折》底稿。其办法为:对于寄库银5万两,由于其为武卫中军兵勇所抢,应查明管带之营哨官与有巡防弹压职任之地方文武,照律拟办。而对于26万两之存款,则酌分数期,由中国通商银行立限赔偿缴纳。②

10月23日,盛宣怀上奏《酌拟武卫中军存寄京都通商银行饷银办法折》。在奏折中,盛宣怀提到武卫中军饷银31万两均系本年春夏间分起交行,内分三票,一系阴历七月二十一日期5万两,一系阴历闰八月十五日期20万两,一系阴历九月十九日期1万两,此外另有寄存银行库内银5万两。自阴历六月起至七月初十日止,向别处陆续筹交银5万两,尚余存款21万两。对于此21万两,盛宣怀拟请酌分期限,由中国通商银行立限,从本年阴历九月初一日起,限六个月届满,偿缴11万两;一年届满,偿缴10万两。该军粮饷处续由镇江、上海、汉口、重庆汇用银3.3万两,即在六个月偿缴数内除算。此外,被抢之寄库银5万两,拟请立案,俟中国通商银行稍有余利,仍令如数拨还。③

1901年2月20日,武卫中军因欠户部银20万两,欠直隶藩库银2.5万两,荣禄提出该两款在中国通商银行所欠之31万两内拨还,余银8.5万两拨交户部,户部据此令中国通商银行遵照办理。④26日,上海道台袁树勋奉户部之命,催中国通商银行归还武卫中军存款,以抵还武卫中军向户部和直隶藩库之借款。⑤

---

① 《中国通商银行》,第144~145页。又参见上海市档案馆馆藏"中国通商银行"档案,Q281-1-2,第31~32页。

② 上海市档案馆馆藏"中国通商银行"档案,Q281-1-2,第40~43页。又参见《中国通商银行》,第148~149页。

③ 上海市档案馆馆藏"中国通商银行"档案,Q281-1-2,第40~43页。

④ 同上,第49页。

⑤ 同上,第50~52页。

3月1日,盛宣怀又上奏《遵查银行所存军饷酌拟赔偿办法》一折,其主要内容与前述《酌拟武卫中军存寄京都通商银行饷银办法》一折相同,赔偿办法也一样。盛宣怀所提的赔偿办法得到了户部的同意。

6月4日,应该赔缴武卫中军存款之第一批款项早已逾期,因存票遗失,中国通商银行迟迟未缴,上海道台袁树勋乃禀请盛宣怀饬令银行速缴。盛宣怀则咨请行在户部立案,同时请钦差大臣在各国驻京公使处挂失。他还令总行迅将前项存单遗失作废缘由分别登列中外各报。①此外,盛宣怀还让袁树勋缮写一张保单,并加盖关防。该保单载明,日后不论中西人等,有持武卫中军粮饷处抬头及聂桐秋、洞记各户名之北京分行存单向中国通商银行总分各行取银者,皆唯该道及其后任一力担当证实作废,概与中国通商银行总分各行无关。②7月23日,袁树勋将中国通商总行所赔缴武卫中军存款第一批剩余款项计京平银5.7万两兑收。

应该赔缴武卫中军存款之第二批款项10万两将于1900年农历九月初一日限满,但全权大臣庆亲王和李鸿章因北京教案急需,要求中国通商银行提前两月将此款汇京。8月23日,中国通商银行将此10万两交给袁树勋。至此,所存武卫中军饷银26万两已全数缴清。袁树勋除对此10万两开具回照和印收外,还将中国通商银行北京分行原立华洋文信函两件一并交给中国通商银行存案销废。③

中国通商银行偿还武卫中军饷银的经过表明,在官府和商人利益发生冲突时,官府的态度何其强硬,其利益丝毫无损,而一切损失皆推给商人承担。而在洋人面前,清政府又何其软弱,宁可牺牲商民的利益,也要满足洋人的要

---

① 上海市档案馆藏"中国通商银行"档案,Q281-1-2,第63~65页。

② 同上,第72~73页。

③ 同上,第81~83页。

求。清政府对中国通商银行索取武卫中军饷银的事件,再一次凸显出当时中国社会的半封建半殖民地性质。在这样的社会环境中,指望清政府保护中国通商银行的利益是不可能的。

三、天津分行大班梁绍祥的亏空和津案的诉讼

在庚子事变中,天津分行华大班梁绍祥病死,总行认为梁绍祥私收私放,乃将该分行之欠款和呆账归于其头上,并要求其保人梁绍刚赔偿部分金额。梁绍刚拒不赔偿,总行乃对之起诉。但梁绍刚受到香港司法机关的庇护,致使中国通商银行在诉讼中败北。津案①诉讼历时逾年,总行不仅没有追回丝毫赔款,还贴上一笔不菲的讼费。

梁绍祥的巨额亏空是在其死后发现的。总行检查津行账目,发现梁绍祥共立有公、私、己三本账,且"另账甚多"。②同时,陈淦发现梁绍祥之私账无日流滚存簿,且有明显混乱之处,如备本银一项,津行已开张多年,总行早将该银汇去,但该账上竟载明无此款。③陈淦乃于1900年12月6日将梁绍祥经手至1900年农历五月二十日止之津行正账摘要及津行总结清单抄呈盛宣怀。该清单上表明,津行存欠均为86万余两。④

后来,总行进一步查明,在梁绍祥去世之前,除有存欠划抵及已经收回之款外,其公账欠19.79万两、私账欠27.92万两、己账欠15.22万两,三项共计欠银62.93万两。总行认为,照平时放账向例,凡有亏倒者,总因放账人疏忽在

---

① 中国通商银行将其起诉梁绍刚的案件称为"津案"。
② 《中国通商银行》,第146~147页。
③ 同上,第154页。
④ 同上,第154~157页。

先。基于此,总行提出津行亏空之款应责成梁绍祥理赔。不过,总行办事总董严潆认为,梁绍祥公账内之欠项,因天津遭遇兵燹,无论将来可收与否,只能付诸天灾,但其私账内之欠款,系梁私收私放,情节较重,而其己账内之欠款,则纯粹是梁私自用空。因此,严潆向盛宣怀提议,只对梁绍祥私账和己账内之欠款进行追偿。[①]截至1903年11月16日,梁绍祥私账内除梁自欠外,尚欠行平银11.3万余两。[②]

据1904年6月29日盛宣怀在致总行大班和总董的札文中称,梁绍祥亏空银行款项之数目,计私收海防局往来存公砝银12.823014万两、电报局存洋1.18405万元、自用欠行平银4.574779万两、洋1.35323万元、备本规银5万两(合行平银4.76195万两)。[③]而在后来中国通商银行历届账目之欠项下,均载有梁绍祥之私账规元10万两。

由于梁绍祥系身后亏倒,银行只能控告其保人而不能不认其账目,[④]故中国通商银行总行一面设法收回津行之放款,一面向梁绍祥之保人梁绍刚追偿赔款。1900年10月10日,陈淦催促梁绍刚来沪,商量梁绍祥未了之事。但梁绍刚以其洋行事多,且不谙北方生意情形为由,拒绝至沪清理。

鉴于梁绍祥所亏空以及应赔之款数额不少,因此美德伦建议,先责令保人梁绍刚垫偿若干,等津行将存欠各项逐一清理之后,再与保人核算。[⑤]由于梁绍刚拒绝来上海商谈梁绍祥亏空之事,故盛宣怀派总行总董张振勋赴港查办梁绍祥账。

---

① 上海市档案馆馆藏"中国通商银行"档案,Q281-1-3,第1~3页。

② 同上,第33~34页。

③ 同上,第48页。

④ 《中国通商银行》,第314页。

⑤ 同上,第265页。

　　1902年3月5日,张振勋向盛宣怀汇报其与梁绍刚交涉之情况。张称梁绍祥所遗资业有限,而梁绍刚亦非殷实。梁绍刚提出以梁绍祥在寿险公司获得之赔款1.5万元偿还后即作了结。[①]而是年9月22日,梁绍刚致函中国通商银行总董,称津行数目向称妥当,只是因梁绍祥已去世,遂多生枝节。至于自己之情况,梁绍刚称数年来寄人篱下,积余不过万余金。[②]

　　后来,总行向梁绍刚提出一个具体的赔偿数目,即18.1万两。据严潆向盛宣怀禀称,梁绍祥经手放出之账,应归保人理赔,但为数甚巨,必须分别账情,然后向保人追偿,方有头绪。因为梁绍刚所出之保单并无担保客欠字样,故梁绍祥公账内欠出之19.79万两,无论将来可收与否,只好付诸天灾,不能向保人追偿。而梁绍祥私账内所欠之27.92万两中,可收者有18.6万余两,不可收者9.3万余两。此外,在梁绍祥己账名下所欠之15.22万两中,除去其股票值银6.4万两,尚欠8.8万余两。梁绍祥私账中之不可收者9.3万两,加上其己账中尚欠之8.8万余两,两共计18.1万余两,应由保人梁绍刚赔偿。此外,梁绍祥尚有保人寿险可以收回银洋1.5万元,加上梁绍刚答应再赔偿银洋1.5万元,两共计3万元,作银2.1万两,尚少16万两。严潆声称,梁绍刚允赔之数,不满其应赔数之一成,若不经律师讼追,势难着力。盛宣怀乃依照严潆所请,于是年10月13日令总行责成梁绍刚赔偿18.1万余两,同时还令梁绍祥当初之荐主刘学询设法理直。[③]

　　在梁绍刚拒绝赔款的情况下,总行延请律师在香港英臬署向梁绍刚控追。但据律师函称,此案须至天津英国领事处集证质对。范松岩前为梁绍祥司账,公私账目进出均归其经理,故盛认为范为此案要证,乃于1904年6月29日

　　① 上海市档案馆馆藏"中国通商银行"档案,Q281-1-2,第103~105页。

　　② 《中国通商银行》,第290~291页。

　　③ 上海市档案馆馆藏"中国通商银行"档案,Q281-1-3,第1~3页。

饬令范氏届时赴天津英领事署,将梁绍祥用空银行银洋以及所控各款的确系私账之处据实直陈。①同时,盛宣怀于是年11月21日,令冯商盘会同魏秋农、宋汉章在天津清查梁绍祥产业,以抵其欠款。②

1906年3月14日,总行所聘律师福开森就津案致电盛宣怀。他认为此案银行万难得胜,不如早结,若再控追,赢则无银可取,输则须认讼费。因此,福开森建议银行罢讼。③但盛宣怀和中国通商银行总董执意要将此官司打下去。

此案初审曾判梁绍刚承担梁绍祥透支之数,但梁绍刚不服此判决而提出上诉。1909年6月28日,香港高等裁判署下达津案复审之判词。复审判词在三个方面对初审判词作出改判:其一,梁绍祥之遗产,应归其承受遗产之人担任,与原保人无干;其二,梁绍祥之账系个人透支之私账,应属个人负责,故此案应为控欠之案,而与原保人无涉;三,梁绍祥先充任津行经理,而继为代理,其职守前后不同,当时未将此情况通告原保人,原保人既未承认于先,则不能担任于后。④法官尤其抓住梁绍祥职务名称变更这一层对该案之初审判决予以完全翻案,称上次讯问时账籍文件纷纭错杂,误将此层紧要关键抹煞,律师既未注意,而公堂又不细核案情,又未邀请法政师补助研究,致令被告受曲,而有上控之举。而此次据律师之辩论,始知初审所判为非。最后,法官裁定,此案因被告更换职业之故,所有原保人责任应予以撤销,故所有上

---

① 上海市档案馆馆藏"中国通商银行"档案,Q281-1-3,第47~48页。

② 《中国通商银行》,第618页。

③ 同上,第661页。

④ 据《中国通商银行》资料所载,在总行与梁绍祥的两份合同中,梁的职务皆为中国通商银行天津分行经理大班,并没有由经理改为代理的证据。也许在两份合同的英文本中有此种变化。参见《中国通商银行》第96~99、117~119页。

控堂费应令原告中国通商银行赔缴。①

　　复审判词所称的梁绍祥职务名称变更之事乃指的是1897年8月13日梁绍祥与中国通商银行总行签订其充任天津分行经理大班的合同,1898年8月17日,两者又重订了一份合同。此一变更是否能解免梁绍刚之担保责任,乃津案的关键。而梁绍刚提出数条理由证明其担保责任应该免除:其一,总行与梁绍祥重订合同之事,梁绍刚绝不知情;其二,此改派之举在立保单之后;其三,梁绍刚之保单仅保梁绍祥充津行买办;其四,派梁绍祥为津行充买办之日期未能确定,而证据中亦未显证明白。这些理由皆被复审法官采纳,故有前述改判之词。

　　英国律师费烈向盛宣怀提出,立保单时双方均按照中国律例着想,而按照华律,受保者职事虽有变更,而保人仍应承担责任,若照此,则此案或能令保人担任。但费烈认为,初讯及上控此案时,所有全案与辩论均就英律察核,以此而论,伦敦大审院恐不会因此而将案件发回重审。②对费烈所提之"华律"一节,总行大班沈敦和和王存善认为,此乃费烈之理想。他们提出,要在伦敦上控,亦只可由时任清朝驻英公使李经方"以情动之"。③

　　1910年3月7日,沈敦和函告盛宣怀,中国通商银行英京讼案卷宗业于1909年农历十一月十三日由西伯利亚火车递往伦敦,并嘱伦敦律师仇客等从速注册。④ 4月20日,盛宣怀致函李经方,请其在伦敦对津案予以援手。

　　中国通商银行在津案上倾注了很大心血,据1911年8月总行开具的本月

---

① 《中国通商银行》,第458~459页。
② 同上,第467~469页。
③ 同上,第470页。
④ 同上,第490页。

底止银行存欠总结单载明,在欠项下有津案讼费规元7.337484万两。[1]是年10月13日,总行办事董事禀告盛宣怀,伦敦寄来上控呈词,英法官已定中国农历九月十五日审讯,而伦敦各律师皆言可操胜算。[2]但此时辛亥革命已爆发,随着盛宣怀权力的丧失,津案最终不了了之。

综观津案诉讼的前后经过,我们可以发现,中国通商银行的章程制度存在着很不成熟的一面。比如,根据案情可知,在总行先后两次和梁绍祥所订合同中,梁的职务名称发生了改变,但其保人之保单没有相应重立。保人梁绍刚抓住这一要害展开回击,致使中国通商银行在诉讼中落败。这固然是香港高等裁判署使用"英律"造成的结果,但中国通商银行本身也不无责任,即不应对银行经理职务名称混用和随意更改。[3]

中国通商银行在津案诉讼中的落败还表明,中国商民为维护自身的经济利益,难以避免地将和列强的势力发生对抗,但前者往往处于非常弱势的地位,在中国司法制度受到列强严重破坏的情况下,指望依靠法律的手段在列强控制的领域里讨回自身的经济利益谈何容易。有盛宣怀这一靠山的中国通商银行尚且如此,其他没有靠山的商办企业更可想而知。

四、津行的债务纠葛

由于梁绍祥所造账目的混乱不清,致使其死后津行发生了严重的债务纠葛。外加庚子事变造成的混乱及梁绍祥死后其手下人捏造假账,使得津行的

---

① 《中国通商银行》,第507~508页。

② 参见上海市档案馆馆藏"中国通商银行"档案,Q281-1-6,第46页;《中国通商银行》,第506页。

③ 如笔者在第二章所述,中国通商银行在银行经理职务的名称上,时而称买办,时而称大班,很不严谨。在董事的名称上也是如此,时而称总董,时而称董事。

一些账目益发扑朔迷离。而盛宣怀将中国通商银行视作其各洋务企业的财务总公司,并将各企业甚至包括其自己的财务混在一起的做法,加剧了津行账目上的复杂性。下面笔者列举几个案例以展示津行债务纠葛的错综复杂性。

1. 天津海防捐局存款的纠葛

由李鸿章负责而由张振榘经手的天津海防捐局曾在中国通商银行天津分行存有23万余两。1900年10月26日,严潆向盛宣怀报告,该23万余两之款不在津行公司账内。据梁绍祥之副手陈日初称,该款内有6万两系炉坊汇款,五月底到期,不料在是年农历五月二十一、二日义和团与洋兵开仗,人皆逃散,银未收到。陈还报告,另有张振榘经手代华大公司及芦保铁路向梁绍祥借去银16万两至17万两亦不在津行公司账内。如此,以存抵欠则不相上下。①

是年11月2日,李鸿章电催张振榘提取海防捐局存款,否则参办。在李的严催下,张振榘请盛宣怀先将汇票银6.1万余两先予以兑付。盛乃令美德伦、陈淦将张振榘所存津行之银务须先还6万,断不能再缓。中国通商银行总行乃于1901年1月8日由麦加利银行汇缴李鸿章行平化宝银7万两。

但在次日,张振榘致函盛宣怀,称海防捐局之账与津行之账有不符之处,两者在解北洋支应局之款上相歧:津行账内付款项下有光绪二十六年五月十七日付5.625903万两一款,系解北洋支应局之款,但该局只收到2.1万余两,尚少3.5万余两。而陈淦也提出要对汇信1.06万两之款进行查对。②

1902年8月17日,海防捐局存津行之银还有12.8万余两,袁世凯令张振榘限一个月内催清。张乃请求盛宣怀速饬银行,无论如何务将此款依限交清,或分期于两个月内备齐现银付清。盛宣怀则答应分一年归还,并电商袁世凯,

① 《中国通商银行》,第151~152页。

② 同上,第161~162页。

九月还2.8万余两,其余10万两年内还清。但袁世凯要求迅速措缴,盛宣怀无奈,乃备齐此款,并于10月11日令汪瑞高用之购米拨用,以省汇兑。[1]

2. 津海关道存款的纠葛

1901年4月10日,美德伦、陈淦向盛宣怀呈上前任津海关道台黄建筦与津行往来存欠账略。该账载明:津行公司存账上,有津海关道台自光绪二十五年七月二十六日至二十七日先后存银15.6万余两;梁绍祥经手外账上,有津海关道台存银1000余两,欠银5.4万余两。美德伦、陈淦声称,津行公司账及梁绍祥经手外账,与黄建筦所开数目稍有不符。另外,黄建筦虽有存款,但其经手担保各欠户之银两数亦颇巨,与其存款可以互相匹抵。[2]盛宣怀乃令美德伦、陈淦速将黄建筦所担保各款花户数目逐一查明,开单具复。

是年12月28日,美德伦、陈淦又向盛宣怀报告,黄建筦上年与天津分行存欠各账,计津海关道户存津行公账内12.418万两,又津海关道账房户存梁绍祥个人账内1294.79两,两项共计存银12.547479万两。黄花农户欠梁绍祥个人账内2.655843万两,又黄建筦所担保之陈忠俨户欠银5万两,两项共计欠银7.655843万两,存欠相抵,合计津海关道净存津行4.891636万两。但现任津海关道台唐绍仪饬令津行将黄建筦所存之12.547479万两全数缴还,而黄所欠之7.655843万两不能冲抵。[3]

1902年1月22日,黄建筦给中国通商银行上海总行致函,声称上年陈忠俨欠津行5万两,原借时系王文韶令其作保,为磁州矿务之需。现在该矿议归铁路,可归在铁路总公司账内结算。[4]

---

[1] 《中国通商银行》,第601页。

[2] 同上,第176~177页。

[3] 同上,第264页。

[4] 同上,第273页。

经过断续的归还,津海关存款还剩8万两。盛宣怀于1902年1月27日电告唐绍仪,对于此8万两,拟先付4万两。但总行拒绝先付此4万两,并要求黄建筦将担保之陈忠俨户欠银5万两商定归还办法后,方能照付。对此,盛宣怀致函美德伦、陈淦,强调此事于中国通商银行之名声大有关系,万勿迟误,并声明津海关存款8万两,先付4万两,连磁州欠款5万两相抵仅多付1万两,铁路总公司即可作保,决不迟误。盛宣怀还要求,"凡理账必须一款清楚一款,切勿拖泥带水,致坏声名为要"①。

中国通商银行归还此4万两之后,黄建筦和唐绍仪又先后奉袁世凯之命,分别于1902年5月3日和1903年8月4日向中国通商银行索要余下之4万两。

3. 铁路总公司存款的纠葛

津行曾与铁路总公司有着大量的业务往来。由于梁绍祥账目的混乱,导致其死后银行与铁路总公司发生了长期的债务纠葛。这些债务纠葛突出表现在津榆铁路和保定铁路工程处的存款问题上。

盛宣怀曾于1900年5月16日查看梁绍祥呈送之清折,内开盛宣怀往来账,计存有行平化宝银19.795807万两。但据梁死后津行所抄来之账单,在盛宣怀往来账上,载有1900年5月18日付卢保铁路局行平银9.606227万两。盛调查各项账册,均无此款。而梁绍祥之账簿记载:盛宣怀曾将铁路款项规银10万两分两次汇到津行,一系1900年1月25日,计规元5万两,一系1900年3月18日,计规元5万两;津行则于1900年5月22日将该两款由盛宣怀往来户如数拨出,并拨收在芦保铁路新折往来之账上。但盛宣怀查得,张振荣经办之铁路,系1900年义和团运动以前停止,所呈报销清册并无10万两一款收入。盛乃派总行司事宋汉章在梁绍祥簿子上查对此10万两之款。

---

① 《中国通商银行》,第283~284页。

宋汉章查津行各账簿之铁路户口,只有芦保铁路老、新折两户,而厚士敦经办洋簿内,注明芦保铁路老折系费彦卿经手,芦保铁路新折系陈甄甫经手。而光绪二十六年间张振榮所办铁路差使,系津榆铁路局。该局确在庚子事变以前停辍,与芦保铁路分为二起。宋因此判断此10万两之款,津行定是误收在芦保铁路新折之账上。1905年8月11日,宋汉章将其调查和分析的结果报告给总行办事总董。①董事们则认为,此事非梁绍祥虚报列支,即陈甄甫已收未报。而梁绍祥已死,各账房亦复记忆不清。此事欲彻底清查,非查铁路原册,再问陈甄甫有无收到此款,方能清楚。但因年深月久,陈甄甫恐亦记忆不清,账册经庚子事变又不知是否全存。而梁绍祥之账明已列支,不能责问查账之洋人漏未算入。②

是年9月26日,盛宣怀札饬张振榮迅速查明如下问题:津榆路系何年何月移交?卢保路系何年何月裁撤?梁绍祥死后私账所列已付银9.606227万两,张振榮撤局之后有无此项收款?系由何人何处交付张振榮查收?③次日,张振榮禀告盛宣怀,津榆铁路系光绪二十三年六月奉旨饬交候补侍郎胡燏棻管理,并于是年七月初一日移交胡接管。卢保铁路系于光绪二十五年八月工竣,因此公司承办保正铁路,奉文将卢保铁路津局裁撤。张振榮于二十五年九月底止报明撤局,因尚有零星账目有待清理,乃留提调陈甄甫在津清理账目,截至是年十二月为止,均将收支一切分别造册报销。张因此判定,梁绍祥私账所列已付银9.606227万两之账,明系梁绍祥死后其手下人捏造假账。④对此,盛宣怀令总行办事总董严行追查。

---

① 《中国通商银行》,第385~387页。
② 同上,第384页。
③ 同上,第405~406页。
④ 同上,第406~407页。

盛宣怀本人也对津行账目进行了仔细的调查和分析。在1905年11月6日致王存善和谢纶辉的函文中,盛谈到该账之伪。盛首先述及1900年5月16日梁绍祥面呈之清折载有盛宣怀存津行行平化宝银19.795807万两,而他因督办之各局、厂与中国通商银行均有欠款,故未提用。梁绍祥死后津行所呈之折,列明盛宣怀之款除付结存19.795807万两,与前数相符,但其后开列前后两次付卢保铁路规银10万两。盛宣怀当即饬令铁路总公司调查。卢保铁路天津局九月份报册载明,其欠津行行平银3.9305329万两,十二月份报册仍是此数。盛又查核卢保铁路陈甄甫津行往来新折,该折载明卢保铁路结欠津行行平银3.9305329万两。盛发现该折内列有1900年5月24日收银两款,乃判断此折系结至是年5月24日,不应再有是月22日付10万两之巨款。盛将此折之3.9305329万两,比对结欠行平银3.965105万两,判断造账者已知陈甄甫经手结欠津行银3.9万余两,但不知电报局、华大北号欠款另有往来账,且另有经手人,与卢保铁路账无涉,乃力将他款混作卢保付款,并将10万两混作卢保收款,两凑仍欠3.9万余两之数而畸零仍不符合。另外,抄单列收规银10万两之下收息2508两,盛指出他已与梁绍祥约定,盛名下及铁路局、华大北号三项收付通扯,总是存多欠少,暂免算息,而独有此一笔计息,即此可见新账之伪。盛令铁路总公司、铁路津局、华大北号各原经手调齐账册,与银行与铁路往来新折查对,最后断定,此10万之款既非陈甄甫已收未报,亦非梁绍祥生前虚报列收,而是梁死后其手下人捏造之假账。盛还提到,本年八月抄其过津时,据冯商盘、陈景星等云,乱后窖内取出账目残缺不全。盛因此更断定此10万两款之账系后来移花接木。[①]

此外,保定铁路工程处和津行来往之账目数字也存在出入。1901年4月

---

① 《中国通商银行》,第415~418页。

20日,津行称截至上年四月底庚子事变时核算,保定铁路工程处尚欠该分行8100余两,而时任芦汉铁路总工程师之比利时人沙多则称津行尚欠该处2万余两,两者出入3万两之多。芦汉铁路北段总办兼行车监督孙钟祥请盛宣怀电饬津行派人携带账目、洋文收条到京,与沙多将账算清。而沙多禀称,津行悬欠保定工程处保平银1.3077万两,合行平银1.339882万两,沙多请将短付之款拨入津行亚锡黎存路款账上。但亚锡黎电称,津行只答应找付行平银1.2万两,并索取沙多亲笔收据。津行则称,该款系由铁路总工程司洋人来津与厚士敦面同核算,查与该账不符有2000余两。至于索取沙多亲笔收据一事,因津行前交银1.2万两之票抬头系写芦汉公司字样,则收银之时须由该公司之司事人签字,并非专指沙多而言。①

以上几个案例表明,津行的债务纠葛大多发生在与盛宣怀有密切关系之人员或机构之间,甚至包括盛本人也深深卷入其中。这些人员或机构以前是中国通商银行的坚定支持者或业务的主要对象,但因债务的纠葛,致使其与中国通商银行发生矛盾和冲突,并一度处于尖锐的对立状态。因这些纠葛,中国通商银行以前最坚定的支持者如黄建筦、张振榖等人均对该行丧失信任,这无疑使该行的信誉受到极大的损害,而该行难成气候的前景由此可窥见一斑。

五、京、津分行的重建与债务的清理

1900年9月19日,董事会公议:鉴于和议大定,天津各业次第开张,而津行为北京、烟台两行枢纽,应先行悬牌接做汇兑生意,同时赶紧清理旧账,而放

---

① 《中国通商银行》,第222页。

款需等旧账理清,再行办理。是年11月18日,董事会议决京、津分行必须复业,并责成厚士敦和冯商盘将存欠各账逐款清厘。[1]同时,盛宣怀见各地汇往北京之官款为数甚巨,也令总行立即将京行设法开办。但严漋、陈淦等人于1901年5月29日回复盛,称英国驻天津领事曾告戒厚士敦,此时和议仍未定,中国通商银行究系中国局面,不便先行悬牌开市。而京行房屋业经被毁无存,一时急切难以寻觅。因此,该人等提出京、津分行等和局大定后再行设法开办,但仍责成厚士敦和冯商盘迅速将往来存欠各项账目逐款清理,以清经手。[2]

李鸿章也要求盛宣怀将京行重新开办,同时,与中国通商银行有往来之庄号也请求盛将京行开办。因北京分行在庚子事变中被毁,故中国通商银行之京沪汇兑生意曾一度中断,凡有汇京公款俱交汇丰银行和华俄道胜银行汇解。但李鸿章常嫌两行之汇费太重,乃打算将公款改交中国通商银行汇解。[3]同时,京、津形势缓和后,京城之洋货、绸缎等庄号均有汇申之款,而京城以前与中国通商银行有汇兑业务往来之庄号,因皆畏汇丰银行之"平色亏耗",也希望中国通商银行能恢复此种业务。鉴于此,盛宣怀于1901年6月13日致函严漋和陈淦,令他们迅速电告冯商盘,赶紧兜揽京、津汇沪之款,随时成交,愈多愈妙。[4]盛宣怀还于6月16日致函陈淦,称自是年农历五月初一起,凡遇行在各部院托汇之公款以及顺直赈捐济急善会各款,均由中国通商银行上海总行汇寄京行。同时,盛告诫陈,各省汇兑皆是揽生意之道,断不可嫌其烦琐,即使是零星数目亦须做。[5]

---

① 《中国通商银行》,第718页。

② 同上,第190页。

③ 同上,第216页。

④ 同上,第194页。

⑤ 同上,第195~196页。

京、津分行重开后的首要任务是办理汇兑生意,但总行与盛宣怀在汇费的问题上发生了严重分歧。当时中国通商银行招揽之汇京款项,其汇费皆由总行确定。在这一过程中,由于李鸿章的要求,同时也是为了与外商银行展开竞争,盛宣怀曾一再指示陈淦,中国通商银行之汇费须比汇丰、道胜等银行之汇费稍低。1901年7月15日,陈淦致函盛宣怀,报告中国通商银行之汇费问题。陈首先计算规元和库平银的比价,称当时行情,库平1000两合规元1113.7两。而照原平以"一零九六"算,则每汇兑库平1000两,应贴汇水规元17.7两。而当时各票号汇兑京、津之款,不论何项平色,平对平每1000两加汇费20两。其中也有为迁就生意而减少一二两者。因此,陈淦认为,若中国通商银行接受汇兑,照平对平每1000两加汇费20两,尚不至于十分吃亏。而此前四川总督奎俊要求中国通商银行将其由川汇京之汇费定为每1万两给银120两。陈淦按前述计算认为,此种汇费即使由川汇沪而言,尚属不敷,若由沪汇京统算在内,吃亏更巨。[①]尽管如此吃亏,奎俊汇京之3万两,仍以1113.7两核算,应找规元513两。但盛宣怀指出,李鸿章认为中国通商银行之汇费太巨,而盛查得道胜和汇丰银行之汇价较中国通商银行低,为"沪交规元一万零七百两"。为此,他令陈淦往询汇丰、道胜和麦加利银行之汇费。[②]盛强调,中国通商银行之汇费必须定一酌中之价,须较外国银行稍为便宜,方足以广招揽。此外,盛宣怀还令陈淦查明平常年份官银号和票号之京沪汇费为多少。[③]

对于盛宣怀多次指责中国通商银行汇费太贵的问题,陈淦于是年7月26日致函盛宣怀,称其前报中国通商银行之汇价为"一一一三七",其意为库平1000两应解京公砝银1036两,而京公砝银1000两合规元1075两,故库平1000

---

① 《中国通商银行》,第210页。
② 同上,第211~212页。
③ 同上,第216页。

两即合规元1113.7两。其中,以"一零七五"之公砝申作库平,与汇丰等家以京公砝"一零八"作价者比较,1000两已便宜5两。基于此,陈淦称四川布政使员凤林和总督奎俊之汇款皆按"一一一三七"计算,实系酌中之价。至于此次汇解李鸿章之库平2万两,陈淦答应再为酌减,以京公砝"一零七二"申作库平每1000两合规元1110两,比之汇丰等家每1000两已短少8两之谱。对于盛宣怀所要求的对汇价作一定价,陈淦解释道,因汇水上落不定,故不能据为定价。但陈淦保证,中国通商银行之汇价,总期比别家便宜,藉为招徕地步。最后,为让盛宣怀弄清怎样比较汇价之不同,陈淦解释,以公砝解库平"一零三六"乃是一定板价,而公砝合规银须凭市定价,迟早不同,"一零六五"至"一零八"不等。①

其后,盛宣怀依然不断告诫陈淦要降低汇费。比如,他在是年7月30日令陈淦将荣禄之议平足银200两、王文韶之京松银1000两、敬信之议平银1000两、郭春榆之京平银1500两汇往北京时,要求所有汇费在各本款内扣去,唯须减少。后来盛又具体要求,上述各款之费价仍照前以"一零七二"合京公砝银3574.93两。②8月29日,盛宣怀令陈淦将奎俊之京纹2300两汇往北京时又提出汇费须较外国银行稍为核减。③而在9月14日盛宣怀令陈淦将捐纳房饭银库平5000两汇解户部时,又提出所有应收汇费须较别家银行便宜。④

陈淦为汇费问题于是年9月15日再次致函盛宣怀,称中国通商银行经手汇兑以来,其价总比别家减少。同时,陈解释,此次汇京之捐纳房饭银,其汇费约每1000两加10两之谱,库平以"一一零六"核算,系属格外克己。虽然盛宣怀

---

① 《中国通商银行》,第216~218页。
② 同上,第219页。
③ 同上,第228页。
④ 同上,第236页。

对此表示“至以为慰”,①但他在12月16日令美德伦、陈淦将2万两速汇北京以供“回銮大差”之需时又提出,事关大差,汇费务须格外克己。②

京、津分行复业一段时间后,总行对两分行的人事进行了调整。1902年1月23日,陈淦致函钱荫堂,称京行将改换章程,另定办法。陈让钱拟一条章程寄给他,以便他向盛宣怀禀请施行。③是年4月9日,总行与钱荫堂正式签订合同。④同时,盛宣怀责成厚士敦和冯商盘将前京行之未了各账进行清理,并专管天津分行事宜。因厚士敦本有稽查北京、烟台分行之责,盛令其不时前赴京行察看一切。⑤

此后,总行分别责成钱荫堂和冯商盘对京、津老分行之旧账进行清理。当初北京分行因遭庚子事变而导致很多放账难以收回,老京行账房因此而欠总行公砝银6.19万余两。盛宣怀曾让冯商盘和钱荫堂对该账进行追索和清理,其中,由天祥茂、义源长和振泰成三户共欠之公砝银4.026291万两归冯商盘承认,在津清理;而由庆筱珊、义记、董绍周三户共欠之公砝银3611.09两归钱荫堂承认,在京清理;其余之欠款,有的由银行认亏,有的则进行转账。冯商盘所承认之款直至本年6月15日,才交给总行公砝银1万两,而钱荫堂承认之款则分文未交。盛宣怀乃令冯商盘将其承认之3万余两、钱荫堂将其承认之3000余两,限一个月内如数缴清。⑥

对盛宣怀的催欠,钱荫堂称其承认之款在京业已理清。但冯商盘不仅没

①　《中国通商银行》,第237页。

②　同上,第263页。

③　同上,第273~274页。

④　同上第285–287页。

⑤　参见上海市档案馆馆藏“中国通商银行”档案,Q281–1–2,第128~129页;《中国通商银行》,第289页。

⑥　上海市档案馆馆藏“中国通商银行”档案,Q281–1–3,第19~21页。

有将其在老京行欠款中所承认之部分归还完毕,而且在其办理新津行过程中又欠下巨款,此外,对老津行欠账也追讨不力。据总行大班向盛宣怀禀称,冯商盘所承认之老京行欠款中,尚有尾欠1.577809万两及旧贴费2357.66两。而在现办天津分行中,由其经手或在其名下之欠账共计27.990122万两。至于老津行梁绍祥之欠账,公账内尚欠行平银11.2万余两,私账内除梁绍祥自欠外,尚欠行平银11.3万余两。但这些欠账,冯商盘一直没有向总行报告已收到若干,"揆情一无收起"。此外,老京行在庚子事变中被抢后,曾报称被抢走银两9万余。但时任京行伙计之钱荫堂则报称只被兵勇抢去现银2.8万余两和现洋2.5万余元,两共合计银4万余两。后来,总行付给荣禄天字十四号之官银票京足银2万两,由钱荫堂在老京行账目中轧抵。如此,冯商盘所报失之银与钱荫堂所报失及轧抵荣禄之银相差3万两左右。对此差距,总行曾令冯商盘切实查明具覆,但冯尚未彻底澄清。对此,盛宣怀令冯"亦须彻底根查,毋得含混"①。

　　1904年1月22日,冯商盘向盛宣怀汇报其催收和缴还欠款的情况,并解释京行在庚子事变中被抢之数额与后来所报失之数不相符合的原因。冯禀称,其承认之老京行欠账,其尾欠已于是年1月1日交总行收讫。而旧贴费京公足银2357.66两实系正项开销。至其经理新津行所欠之行平银27.990122万两,冯声称已收到各欠户本利共11万余两,还欠19.2万余两。至催收老津行欠账之情况,冯声称梁绍祥经手之欠款22.5万余两中,除去贻来牟朱绉秋所欠3.87224两转新押款账及金应锡户欠款银4000两业已在沪处理清楚外,尚欠行平银18.2万余两。但该欠户中系店铺者不过数家,且属次等,其余概系人名,屡屡向之催索,但有的不肯认、有的虽认账但无力偿还,因此这些欠账成

① 上海市档案馆馆藏"中国通商银行"档案,Q281-1-3,第33~34页。

为呆账，难以收回。至老京行所报库房被抢失9万余两之情况，冯声称，钱荫堂所报之4万余两系京行库房被抢前夕钱从各炉房中运回之银，而该库房中尚有厚士敦经手之存积，此款可等厚士敦将来再到上海时向其查对。对冯商盘之报告，盛宣怀很不满意，指责其为"言词闪烁，情节支离"①。

1905年9月1日，盛宣怀又派孙用钊和巢凤冈前往天津，会同冯商盘，将总行开来账目与天津分行之账逐细校对。对冯商盘之拨条账款，盛责成冯照数收结。而津行老账有抵押地契、房契者，盛令该三人前往按契查明，以备变卖归款。盛指示追款办法：其旧店重开但字号改换者，仍向其追讨；家业贫荡店铺歇业者，责成原保清理；牵涉洋商者，由领事代追；逃逸他方者，访明追查；如系官场，一同禀明追缴。其未经查明各户，盛令三人加紧访查；已经查明者，按照花户复询。盛指责从前总行所派之人均不得力，此次遴派之人，务须破除情面，彻底清查。此外，对津行原经手跑街魏长源，盛认为其熟悉情形，仍令其挨户访查。②

同年12月29日，盛宣怀又派魏官柱将香港搬回之梁绍祥账簿携带赴津，会同孙用钊、巢凤冈逐户查对。③但孙、巢二人于1906年1月17日致函盛宣怀，称津行事搁多年，各欠户均不知移居何所，屡次函催冯商盘等将各户清单开来，迄未见复。而魏长源现已在户部银行北京分行任事，早已经将查账追讨之事置之度外。该二人抱怨其身在局外，呼应不灵，实属无从着手。因此，他们请求盛宣怀另行派员清理，或责成津行原经手进行清理。④

对此，总行总董于是年4月14日议定，新任津行大班纪联荣以清收旧账

① 《中国通商银行》，第606页。
② 同上，第389页。
③ 同上，第427~428页。
④ 同上，第430页。

为其主要任务。为鼓励纪努力收欠，总董们表示，纪若收得旧账，将给花红一成。①

笔者以下将列举中国通商银行对津行的几个欠户进行追债的情况，以考察津行旧欠回收的复杂性和艰难性。

1. 追缴朱纫秋之欠款

天津贻来牟机器磨粉厂成立于1878年，为我国最早的一家磨粉厂。该厂在1898年曾向中国通商银行天津分行借款4.7万两，1900年八国联军进犯天津时该厂停闭。因无力偿还贷款本息，该厂厂主朱纫秋只好将天津、通州两处厂房设备押于中国通商银行，以抵借款，订定三年以内备价回赎。押借之银以长年一分计息，按三个月一付。②

据中国通商银行查账司事魏官柱向盛宣怀禀称，朱纫秋没有资本，势难东山再起。银行定章，不能另做别项生意，所有变押之厂屋机器家具等件若任其长期搁放，则朱纫秋既无进款，将来每期应偿银行之息仍属无着。盛宣怀到京后，派正在负责正太铁路驻津转运事宜之罗饴赴朱纫秋之津、通两厂查看，即行劝令朱与银行查账司事魏官柱当面结清本息，并勒令朱补缮抵押据，订定三年不赎，听凭售卖。盛宣怀还于1903年5月26日饬令中国通商银行总行总董、大班及北京、天津分行大班钱荫堂、冯商盘迅速将朱纫秋因欠津行老账而抵押的贻来牟机器磨面厂进行招商租办。③

是年12月31日，朱纫秋向盛宣怀报告，接管其公司之罗饴手笔甚大，动身时带去南方戚友多人，均分住在津、通两厂中。至8月末，罗决计将贻来牟厂停办，各股东乃纷纷向朱催还股款。朱还报告，盛宣怀当初给罗饴之1万多两

① 《中国通商银行》，第722页。

② 参见《中国第一家银行》，第27页；沈大年主编：《天津金融简史》，南开大学出版社，1988年，第30页；上海市档案馆馆藏"中国通商银行"档案，Q281-1-3，第16~17页。

③ 上海市档案馆馆藏"中国通商银行"档案，Q281-1-3，第16~17页。

除购麦外,并未以之经营生意。朱声称自己系贻来牟业主,不可置之不理,且三年后银行仍向业主理论。因此,他建议,贻来牟厂或由中国通商银行发本自做生意,或与他人合办,最下之策乃将其出售。①

1905年9月20日,巢凤冈向盛宣怀汇报贻来牟磨面坊情况,称新记磨坊按照现在津埠各机器磨坊而论,实推第一,约计估价总在二万五六千两。唯一时急于出售,恐招主不易。若先出租,则承赁者必多,此中获利不言可喻。倘再任其关锁,势必房屋失修,机器锈坏,届期拍卖,将无人过问,如此则银行之款仍无着落,而磨坊股东"益多纠葛"。巢主张以新记贻来牟归于银行,以抵朱纫秋之欠款,以通记发还朱纫秋自了股票。②

朱纫秋之欠款后来一直无法还清,其贻来牟磨面坊因此而长期押在中国通商银行手中。直至1910年2月10日的"中国通商银行股本亏存大略"上,还记载着银行在贻来牟上存有银约2万两。③

2. 追讨裕盛成之欠款

裕盛成欠津行老账,计行平银5万余两,其抵押品为宝顺洋行房地产,约计值银5万两。后因裕盛成对华俄道胜银行尚有欠款,而该地契被该行押住。裕盛成与中国通商银行天津分行相商,由津行代其还道胜银行2.8万余两,始将该地房屋交出过割清楚,抵与津行转入厚士敦名下。津行又查得裕盛成尚有地皮60亩,在天津租界以外,约计值银1万余两。其地契于两年前呈缴津海关署存档,由厚士敦禀请前津海关道台唐绍仪转名。嗣后唐另任他职,津行又请新任道台梁敦彦将该地契转入津行名下,但梁一直没有办理。1905年9

① 《中国通商银行》,第299~300页。
② 同上,第400~401页。
③ 同上,第484页。

月16日,盛宣怀出面请梁将该地契60余亩转用中国通商银行户名。①

3. 追讨金应锡之欠款

津行老账有金应锡欠行平银5000两,顾崇俭欠行平银1000两,蒯少农欠行平银1500两,其中顾、蒯两户均由金应锡担保。以上三户均立有华、洋借单各一张交给津行执凭。金应锡向在天津老顺记任事,籍隶浙江宁波镇海县城内。自庚子事变后,金避难回家。在总行函催下,金于1901年4月18日寄送广顺永汇票一张,计烟台估平银1000两,合规元10455两。除收过外,尚欠津行4000两,利息未算在内。金于是年病故。而其产业存项落入其兄金炳燮手中。1903年9月3日,盛宣怀札饬浙江镇海县令将金炳燮及金应锡之子金贤能提案严讯,令其限期归还所欠中国通商银行之款。②后追得3000两,剩余之1000两,盛宣怀令金贤能分4年免利归本。此外,对金应锡所担保之顾崇俭和蒯少农两户之欠款,盛宣怀也要求金贤能负责归偿。③

第二节　镇江分行经理人尹稚山亏蚀案

镇江分行经理人尹稚山兼充镇江裕通官银号负责人,他利用其一手经理镇江关官款的征收、存储和汇解的便利条件,侵吞该关巨额款项。两江总督责成中国通商银行上海总行赔偿尹稚山所亏蚀款项中的绝大部分。为赔偿此款,盛宣怀派人会同官府查封尹稚山之家产,并以之开彩,其所得俱作为赔款,而不足部分分年予以摊赔。

---

① 《中国通商银行》,第398页。

② 上海市档案馆馆藏"中国通商银行"档案,Q281-1-3,第27~29页。

③ 同上,第29~32页。

一、尹稚山对镇江关款的亏蚀

尹稚山系镇江分行董事尹德坤之胞侄,代尹德坤经理镇江分行,为镇江分行实际负责人。光绪二十九年十一月,尹稚山又认充裕通官银号负责人,照委员办法,经征镇江关之税钞等款,于每礼拜六和礼拜日解镇江关道,该道则每月以两礼拜收数交镇行收存汇解。其礼拜一至礼拜五等日收款,即由裕通官银号交镇行收存备解。如此一来,尹稚山一手操纵镇江关款的征收、存储和汇解等事宜。

截至1903年7月2日,镇江分行尚欠总行备本银规元5万两、往来银规元11.722705万两。盛宣怀饬令镇行将其往来欠款限一个月内缴清,而镇行之备本银两亦限三个月内缴还。①

但镇行分董尹德坤于是年7月19日向盛宣怀禀请将镇行备本银5万两缓提。尹声称镇行自开办至光绪二十八年年底,净获余利银8724.71两,其中庚、辛、壬三载共获余利7000余两。尹还报告,镇江关新任道台郭某,许以春秋两季京饷都归镇行汇解,即此一项,镇行每年可多获余利数千两。基于此,尹提议将镇行欠总行之往来银陆续筹缴,而备本5万两,暂免缴还,以资周转。虽然盛宣怀认为镇行开办数年以来,所得余利为数甚微,自以停办为宜,但鉴于镇江关道台郭某许以春秋两季京饷都归该行汇解,乃答应镇行之备本银5万两缓提,但往来欠款银两则要依限如数缴清。②

从1904年7月镇行所造的镇江关道存放该分行官款的息单中可知,镇江

① 参见上海市档案馆馆藏"中国通商银行"档案,Q281–1–3,第21~23页;《中国通商银行》,第720页。

② 上海市档案馆馆藏"中国通商银行"档案,Q281–1–3,第24~25页。

关道在镇江分行中存有52万两,而息银则达到5万余两。①但尹稚山将镇江关道所存公款吞蚀殆尽,此种情形直至1904年8月盛宣怀强令镇行上交是年农历四五月份之账目及其后不久尹稚山病死才暴露出来。

是年9月1日,总行派往镇行之查账司事魏官柱、司账赵兴邦返沪,向总行汇报镇行情况。据其所查尹稚山经手各账,是年农历六月底止所放出拆票并押款共银7.928万两,均有券据,确实无讹。但乾元豫、晋元、镇元、钜元、同裕五家钱庄结欠镇行往来银共11.678289万两,据镇行账房诉称,此款均已有名无银。而尹德坤答应出面料理各事,并承诺镇行凡由尹稚山经手各款,以现查账簿上之数为准,由其一力承担。各户存项,无论多少,皆由其代尹稚山全数清理清楚,与总行不相干涉。而镇行所放之款,一到期即悉数收回。至于所欠总行之银,除备本规元5万两外,现计净欠往来银4万余两,亦当陆续汇缴清楚。尹德坤表示,镇行如令其照常接办,将来凡遇解款,先汇银至沪,照数支用,决不透支分毫。为接做生意,尹德坤请求总行发还其此前不久取走之镇行图印。②

对尹德坤之请求,盛宣怀没有允准,而是饬令尹德坤将镇行到期之款、各庄结欠镇行之款、总行所付镇行备本银以及镇行欠总行往来银一并理清并汇缴总行,而镇行图章暂时缓发。同时,盛宣怀令魏官柱、赵兴邦再度奔赴镇江,会同尹德坤和镇行大班梅桐村清理该分行之账。③

但总行总董向盛宣怀建议,将总行以前发给镇行之5万两仍作为备本银,以使尹德坤有所希冀,从而能清理账目,并设法归缴给总行。总董还建议让魏官柱、赵兴邦于清查账目之外,将所有镇行各项簿据及收付款项暂为管理。

---

① 《中国通商银行》,第309~310页。
② 上海市档案馆馆藏"中国通商银行"档案,Q281-1-5,第32~33页。
③ 同上,第2~4页。

总董还提到,他们风闻镇江关道署在镇行存有巨款,但核之本年农历六月底镇行结报清单,仅有该道署存银3.7万余两。总董由此判断,该道署存镇行之巨款定在尹稚山之私账中。①

9月22日,镇行大班梅桐村又病故,镇行查账一事尤难着手,美德伦和陈淦乃急令魏官柱将镇行各簿据迅速收管。而盛宣怀也饬令四品衔候选同知金镛前往镇江,会同魏官柱、赵兴邦与尹德坤将到期之款及各庄结欠之款全面理清,并将乾元豫等钱庄结欠镇行往来银11.67万余两,因何有名无银,以及镇江关道署存银3.7万余两是否确实,一并查明。②

9月29日,尹德坤向盛宣怀呈送关于镇行问题的节略。在该节略中,尹德坤提到,镇行各处来往账目,为数甚巨,其中镇江关道署关税公款达41万余两,镇行又借用裕通官银号11万余两。此外,尹德坤还披露尹稚山之私债也有10余万两。③

10月6日,派往镇行之查账人给盛宣怀开具镇行详细账单。该账单记载,是年农历六月底止,存项下有银约20万两,其中总行之银就有11万余两,而镇江关道往来银仅3.724万余两,裕通官银号往来银仅3740余两。欠项下有20余万两,其中有乾元豫等五户往来欠银11.678万余两。存欠两抵,应存洋款合银2520余两。盛宣怀见款目巨大,乃增派广东候补道王存善、候选同知朱冯寿前往镇江,按单查核尹稚山经手镇行之存欠各款究竟由尹德坤如何归结,并查明尹氏产业,以备将来不能清缴时查封备抵。盛宣怀还令他们将镇行一切账籍簿据等件带回总行,逐款复核。④

①　上海市档案馆馆藏“中国通商银行”档案,Q281-1-5,第33~35页。
②　上海市档案馆馆藏“中国通商银行”档案,Q281-1-3,第53~55页。
③　上海市档案馆馆藏“中国通商银行”档案,Q281-1-5,第36~38页。
④　上海市档案馆馆藏“中国通商银行”档案,Q281-1-3,第55~57页。

根据镇行开报之签字账单，自1904年8月11日起至8月29日尹稚山病故日止，存款项下，计另存镇关道署往来银3.4万两，裕通官银号往来银6.375001万两，总行往来银3830余两，乾元豫等庄号往来银2.21万两，又银洋1000元。欠款项下，计裕通官银号往来欠银3.6万两，又银洋1000元，晋元、镇元、同裕、钜元、乾元豫等庄号往来欠银8.642万余两。因此，按账面上记载，总计尹稚山生前经手出入，除亏欠总行款项外，即镇江关署公款亦有存银至7.124万余两。①

又据查办委员报告，镇行农历六七月分账内所列欠户20余万两，俱属空虚，实为尹氏所藏匿侵挪。其有力证据就是，尹稚山七月初已经病回扬州，但账目上记载其七月内所收道官银号之款，仍交乾元豫各庄银8万数千两之巨，可见该账之伪。而据各钱庄声称，并无前项收款。盛宣怀认为尹德坤一味诿咎尹稚山，而毫无实在清理办法，仅称尹稚山有皖省淮北盐票20余张，以及其妻置有金珠首饰，值银甚巨。②

但是镇江关道台郭某指出，镇江分行亏欠镇江关署公款远不止7万余两，而是50余万两。该道台在给盛宣怀的禀文中，首先述及镇江分行开办之后镇江关署公款存储该行的情况。镇江分行系内阁中书尹德坤于光绪二十三年七月间奉盛宣怀之令开办，认充该行总董，并选举梅桐村为大班。而盛宣怀曾札咨镇江关道将镇江关税先归该分行出入汇兑。自光绪二十三年八月份起，历任之三届道台均遵盛宣怀之令将镇关征收商税、船钞及洋药税厘等款陆续发交该分行收存备拨，并将每年奉拨京协各饷派交该分行承领汇解。现届道台郭某核计镇关积存镇行关税、药厘及税罚等款共有50余万之多，但据镇行所报六月底账单内，存款项下只载有镇江关道往来银3.724万余两。郭指责此为捏造之谎账，声称镇关日收税款，向按礼拜发交镇行存收备催，有盖章

　① 上海市档案馆馆藏"中国通商银行"档案，Q281-1-3，第57~59页。

　② 同上，第59~61页。

凭折可稽查,遇有解支等款,总是随时登折,断不能稍有假借。但中国通商银行总行查得镇行至是年8月29日止,镇关实存7.12万余两。据镇行司账称,镇关存入镇行实止此数,其余皆存裕通官银号。盛宣怀则力图将镇行与裕通官银号区别开来,称裕通官银号系郭某任内招商开办,与中国通商银行并无干涉。银行奏办之初,确曾通行各关,准其承接关税。但各关道皆按沪、汉等埠海关惯例,将关税归官银号承接。而郭某亦照此办理,并允准尹稚山所请,另设海关官银号,专收关税。盛宣怀指出,郭某既设有官银号,该关日征税款自必先由官银号收存,再行拨解镇行。及至尹稚山死后,尹德坤乃将裕通官银号招牌悬挂镇行。盛指责郭近在咫尺,竟毫无察觉,且其禀文中并无一字提及裕通。盛指出,郭如信任中国通商银行,自不必另开官银号,既已另开官银号,即系不信中国通商银行,方有此举。因此,盛宣怀只允许中国通商银行总行将镇江关道存镇行之7万余两清理归还,而该道存于裕通官银号之款则不过问。①

但盛宣怀最后承认尹稚山亏欠镇江关款的数目为库平银41万两,他在1905年8月21日致两江总督周馥的说帖中提出了这一数目。他说道:"镇江通商银行董事尹德坤之胞侄,即镇江关官银号总理尹允熊,亏欠镇江关公款库平银四十万余两。"其后则更具体指出为41万两。②以后的偿还数目就是这一数字。

作为继天津分行大班梁绍祥亏空案之后分行的又一大案,尹稚山亏蚀镇江关款一事再次表明,中国通商银行不仅其分行负责人不守章法,为所欲为,肆意吞噬公款,而且总行缺乏对分行的监督和制约。梁绍祥与尹稚山均系"身后亏倒",若他们在世,其舞弊行为和亏空情况是否能被发现还难以预料。

① 上海市档案馆馆藏"中国通商银行"档案,Q281-1-3,第65~69页。

② 《中国通商银行》,第378页。

此外,尹稚山利用其身兼银行和官银号两机构负责人的便利条件大肆侵吞公款。这种行号不分的情况极易导致银行因银号出现问题而受到亏累,此种情况在那个时代并不鲜见。比如,交通银行第一任总理李经楚,曾在该位任职三年有余,而他在任该职之前与席志前合伙开设了义善源银号。该银号有支店24家,遍布全国,由李经楚任总司理。被邮传部奏派为交通银行总理后,李行号不分,并长期占用交通银行大量资金,以经营自己的企业。及至义善源倒闭时,其分支行号积欠交通银行九个分行的放款总额达280万两之巨,致使交通银行的资金空前恶化,市面上对交通银行有种种不信任之感,竟将存款取出,甚至交通银行之钞票亦不敢使用。①

二、盛宣怀对镇江关款的赔偿措施

1904年11月8日,盛宣怀致函江苏巡抚兼署两江总督端方,商讨如何归还尹稚山所亏倒之镇江关款。盛宣怀首先指出,中国通商银行总行所查得之镇行亏欠镇江关款数目与镇江关道台郭某所报数字大相悬殊。据郭称,关款被亏,共有42万两,而中国通商银行总行查得镇行账上仅亏关款7万余两。盛宣怀指出,裕通官银号亦系尹稚山承充,此项关款明系尹将官银号之款项虚假存入银行,以为郭可向中国通商银行总行理论。而在郭某所携的存折上,折息图章与总行发给镇行图章之形式和文字不相符合。总行查账人员还从镇行司账处搜出尹稚山私账三本,该账簿上均注明月息七厘半。鉴于此种种情况,总行总董议决,对镇江关存款不予承认。其理由有四:一是银行规矩向以大班签字报账为凭,而镇江关款42万两,系尹稚山假刻图章虚构名字存在银

①　参见《申报》,1911年6月8日;交通银行总行、中国第二历史档案馆合编:《交通银行史料第一卷(1907—1949)》,第308、345页。

行,账上并没有大班梅桐村之签字;二是银行账目向以发给之图章为凭,而郭某所携之存折上的图章乃尹稚山假刻,并非总行所发;三是银行利息长年存者,周息五厘,随时来往,只二厘半,刊刻告白,通国皆知,而镇江关款月息竟至七厘半,周息也至九厘,则关道明知其款非存于中国通商银行;四是关道账房,例须至镇行对账,今一年有余,账房从未到镇行对过一次,则收税者,裕通官银号之尹稚山,存银者,亦镇行之尹稚山,一手瞒天,任令收存如此巨款,绝不过问,今尹稚山身死,乃归亏于中国通商银行总行。盛宣怀判定各相关人之责任:镇江关道之款,实为尹稚山所吞蚀,其咎在尹稚山一人;关道郭某误以为尹稚山系中国通商银行所用之人,过于信任,责不能卸;尹德坤用尹稚山为伙,致使中国通商银行和镇江关道均被亏累,用人不当,责亦难辞。

盛宣怀分析了赔偿关款的种种办法:其一,责令中国通商银行赔偿,但款目过巨;其二,责令镇江关道赔偿,但郭某无甚资财;其三,援案摊赔,但时势艰难,摊赔必须十余年始能归齐;其四,将尹稚山家产,全数查封备抵官款,但尹氏家产变价不过20万两。基于此种种分析,盛宣怀提出,先将尹产变价偿还,其余或按年摊赔,或想别法弥补。关于尹产变价之办法,盛宣怀提出,将尹氏产业追到20万之价目,然后归入江南义赈,开彩一次,每条10元,收6万条,即得42万两,只开一次,亦不至占江南赈票以后来源。盛宣怀认为此法可使库款数月之间全数归齐,“事之捷妙,无过于此”[1]。

对盛宣怀的诸多提法和建议,端方并不以为然。他电复盛宣怀,称官款存放,各关相同,裕通官银号只管收税,镇江关道所存镇行之53万,既有分行折据图章为凭,无论尹稚山是否假名侵挪,中国通商银行皆难置身局外。若谓郭某存放之时未得镇行凭据,则必难折服其心;而以图章不符为不归款之

---

① 《中国通商银行》,第310~313页。

理由,似于银行声名颇有关碍。最后,端方敦促盛宣怀将此款早为归结,否则必成奏案。①

对此,盛宣怀仍然坚持己见,于是年11月18日再次致函端方,对解决镇江关款问题作进一步的阐述。盛宣怀强调,镇行大班为梅桐村,非为尹稚山。因此,镇江关道台郭某将官款不交给梅桐村,而全交给尹稚山,此乃私相授受。对端方来函中所称的镇江关款被亏53万,盛指出,根据郭某自开之清单,仅为42万。盛宣怀再次力图将镇行与裕通官银号区别开来。他解释道,当初他上奏朝廷,饬令各口关道与中国通商银行往来,奏文中只令来往汇解归中国通商银行办理,并饬令将各关银号归并中国通商银行。盛指责郭某于关无银号之地另设银号,乃为不遵部文和不信中国通商银行,而数十余万公款交给尹稚山而并未告知中国通商银行,甚至在和盛面晤时亦未提及,此乃只信尹稚山,而非信中国通商银行。盛由此判定,尹稚山亏倒官款,其责任皆由于郭某改章程、贪重息,其咎不能归诸中国通商银行,亦不能尽归咎于银行之用人。尽管如此,盛宣怀又提出,双方须通力合作,设法归还镇江关之公款,使"郭道不失官职,银行不致逼倒","官商兼顾,两受其亏,而亏皆能受"。关于归还关款之办法,盛宣怀依然提议将尹氏家产所变进行开彩,开彩之后,不敷之数,或摊赔,或公认,或以其他办法处理。②

在追查尹产的问题上,端方和盛宣怀的意见是一致的,并认为先将尹产变补公款为解决此案之第一要义。端方进一步提出,应将尹产从速变抵,所得之款应将银行所亏之公款42万、官银号之11万,各照成数分摊;不足之数,银行即由总行,官银号即由镇江关道,分年摊赔办理。同时,端方按盛宣怀所请,饬令下属州县长官对该地尹稚山之产业会同盛宣怀所派之查办委员——

---

① 《中国通商银行》,第613页。

② 同上,第313~316页。

予以查封。早在是年10月10日，盛宣怀深虑尹德坤全数清理之语难以一时实现，同时恐该家属将尹氏家产寄顿隐匿，乃派江苏候补道林贺峒、前广东候补道朱士林、江苏候补知县李漤驰赴通州如皋县，将尹稚山所开之吉公和典铺全县查封。13日，盛宣怀又派前广西柳州府太守赵涞彦、江苏候补知县魏诗诠、安徽补用知州朱秉钧即日驰往扬州江都、甘尔等县，将尹稚山之房屋四所及所开之聚和丰油坊两处、聚和祥油坊桄坊一处全县查封。22日，盛宣怀又派赵涞彦和魏诗诠前往查封尉跻美盐场。

对端方在追查尹产问题上的全力支持，盛宣怀甚是感激。[1]端方之后任周馥与盛宣怀有着私交，对盛宣怀也是有求必应。在督抚的支持下，盛宣怀在追查尹产的问题上，大肆动用官府的力量。除了请官兵对尹产进行查封外，还对尹案相关人员施以刑讯，以求尽数追得尹氏产业。被重点关押和审讯的人员先后有尹稚山之管账董汉春、乾元豫司事黄雨卿、尹稚山之妻尹胡氏和其弟胡泽之、扬州一布店老板钱小衡和其妻钱朱氏等等。盛宣怀令董汉春交出尹稚山之田契，令黄雨卿缴还乾元豫所欠镇行之账，令尹胡氏和胡泽之交出尹稚山所购之金银首饰，因该项金珠被转移至钱小衡家，盛宣怀又下令拘传钱小衡及其妻钱朱氏。最后闹出了人命，钱小衡在狱中服毒身亡，尹胡氏寄顿金珠之案也因此草草结束。上述诸人除钱小衡已死外，均缴纳一定数量的金钱或财产而获得释放。其中，黄雨卿是在钱业同仁的出面求情下，缴纳1万两才予以结案。在尹胡氏寄顿金珠案中，中国通商银行追得金钱和财物约计3万两。

盛宣怀还依恃端方和周馥的支持，对办案不力的州县长官施加压力。由于尹家是地方"巨室"，有些地方官不愿得罪他们，且有的地方官还与其有私

---

[1] 《中国通商银行》，第615页。

交,甚至有亲戚关系。因此,中国通商银行在追查尹产的过程中并不是很顺利。对此,盛宣怀往往求助于端方或周馥。更有甚者,有的地方官被牵连着赔累。被封之吉公和典铺曾发生首饰被盗一事,在上司限期获案,否则撤参勒赔的压力下,如皋县知县胡廷琛被迫认赔被盗之当本五千余串。①

在追查尹产的同时,盛宣怀也在积极进行开彩的准备。是年12月6日,盛宣怀致电周馥,商议彩票认销的问题,提议将彩票数定为由中国通商银行认彩票2.5万张,盛宣怀与镇江关道台郭某各认5000张,商部右参议杨士琦认销2000张,共计将及五分之四。对剩余彩票1.1万张,盛宣怀请周馥饬令藩司在盐务及地方各局、所分销。②

1905年5月2日,总行总董电告盛宣怀,关于派销彩票之事,两江总督和江苏巡抚,以及江苏藩台和臬台均应允,但要求彩票价格由每张10元减至8元。另外,两江总督催促中国通商银行再垫饷10万,因饷银万难再缓,而镇江关道台无法筹措,非中国通商银行垫上不可。③盛宣怀则认为,派销彩票之事虽已被巡抚、藩台等应允,但不见公牍,仍不能着实。盛提出,由银行认销2万张,盛本人认销5000张,其余2.5万张归镇江关道台郭某认销,而本省督抚能否帮助郭派销,与中国通商银行无涉。中国通商银行此前已垫过饷银10万两,而目前断难再垫,而且盛也不同意彩票减为8元一张。④但中国通商银行总行总董们认为盛宣怀此次所提之银行与郭某各半认销之办法不很妥当,提议由总行认销2万张,盛认销5000张,郭认销5000张,杨士琦掌管之轮船招商局和电报局认销3000张,共3.3万张,其余1.7万张由官代销,"官交款来行解款往"。

---

① 《中国通商银行》,第618页。

② 同上,第624~625页。

③ 上海市档案馆藏"中国通商银行"档案,Q281-1-4,第67页。

④ 参见《中国通商银行》,第633页;上海市档案馆藏"中国通商银行"档案,Q281-1-4,第67~68页。

其中宁藩司拟托销4000张，苏藩司拟托销5000张，盐务督销等拟托销3000张，江海关道拟托销3000张，尚余2000张由杨士琦、李经方及银行董事等在上海零销。①盛宣怀同意了这一方案。

5万张彩票销售的结果是：截至是年8月21日止，宁藩销4000张，苏藩销1681张，两淮销3000张，轮、电两局销2000张，沪道销3000张，镇江关道台郭某销5000张，银行销2.5万张，最后还有6319张未销，共计得洋34.9148元，约合库平银23.8万两。②

8月22日，总行办事董事给盛宣怀上呈公益堂承办产业大彩章程。该章程首先指出，此乃仿照广东善后局办理革弁李世桂家产变价之办法。③

在对尹产进行开彩的同时，盛宣怀已着手考虑对开彩之后镇行所亏镇江关款余额的赔偿办法。早在1904年11月份，盛宣怀就主张对开彩后之余欠进行摊赔，并为此寻找借鉴办法。在此之前，宜昌关官银号也曾亏欠巨款，并采取历任摊赔的办法予以偿还。是年11月20日，盛宣怀致电宜昌关道台余肇康，请其将摊赔办法的原禀和原批迅速抄寄，以作参考。④23日，余肇康将宜昌关官银号亏欠归历任摊赔之具体办法电告盛宣怀。因当初此案禀批均系外结，未曾上达户部，故余肇康只是将大体办法告知盛宣怀，并没有抄寄禀批。⑤

1905年8月21日，盛宣怀致周馥说帖，再次提出对尹稚山所亏镇江关款之剩余额予以摊赔。盛宣怀首先提到尹稚山之亏款已偿还之情况。尹稚山欠镇江关款为库平银41万两，开彩所得约合库平银23.8万两，追缴尹胡氏首饰、衣服等物变价，除开销查办委员川资薪水外，得洋约2万元，合库平银1.4万两。

---

① 《中国通商银行》，第332~333页。

② 同上，第378~379页。

③ 同上，第381~383页。

④ 同上，第617页。

⑤ 同上，第619页。

收此两项,尚欠库平银15.8万两。尹稚山曾缴给郭某41万项下利息库平银5万余两。盛宣怀认为,尹稚山因欠镇江关款,已经查抄,家破人亡,按公理评断,只能作倒账论,豁免利息,所缴现银5万余两,应作为已缴之本项。余下10.8万两,由中国通商银行与镇江关道平均赔偿。银行认缴之库平银5.4万,分作6年,每年缴银9000两。而镇江关道应赔之库平银5.4万两,也分作6年,无论本任后任,每年缴银9000两,援照宜昌关分年摊赔之成案办理。①对于摊赔之年份,总行办事董事王存善、顾润章建议为12年。他们指出,宜昌此案系分12年,中国通商银行亦只能援照此案,以年份愈多愈妥,银行固不为难,镇江关道每年所赔亦不及万余,则后任不至过于为难,方能易于遵办。②

但两江总督判定,镇江关亏款余下之部分须由中国通商银行分年摊完,以11年为期,共赔11万。对此,银行总董于1906年3月7日公议,认为此事经南洋大臣公断,亦只可如此办理。③

中国通商银行偿还镇江关款的前后历程充分凸显出其和地方政府的关系。首先,在地方政府面前,中国通商银行处于弱势地位,无论其怎样申辩,其对关款的赔偿丝毫不能减少。但盛宣怀利用其与前后两任两江总督周馥和端方的私人关系,使中国通商银行在查封尹氏家产和推销彩票的过程中获得了地方政府的支持与帮助,并使得关款得以比较顺利地偿还。此种情况表明,当中国通商银行和地方政府的利益发生冲突时,即使有盛宣怀的周旋,地方政府仍表现出毫不让步的强硬态度,但当两者利益一致时,在盛的活动下,地方政府仍会给予该行以扶助。当然,地方政府的长官对中国通商银行是压制还是扶助,很大程度上要看盛宣怀的权势与其相比较是大还是小。对督抚,

---

① 《中国通商银行》,第378~379页。

② 同上,第419页。

③ 参见《中国通商银行》,第433~434页、第721页。

盛宣怀只能以其私人关系进行沟通和请求帮助,但对下面的州县长官,盛则表现出比较强硬的态度,有时甚至直接发号施令。从这个角度看,在中国通商银行与地方政府的关系中,隐伏着盛宣怀与地方政府权势的较量。

另一方面,盛宣怀在处理"尹案"过程中大兴讼狱的情况表明,普通民众在和中国通商银行的利益发生冲突时,又明显地处于非常弱势的地位。只要是盛宣怀权势所及,该民众定难争胜,即使是身为地方巨室之尹氏也在所难免。而前文所述之津案中的梁绍刚,因其身在香港并受到香港当局的庇护,故对盛宣怀的索款毫不畏惧,而且最终还取得了官司的胜利。这个案例从反面证明了中国通商银行的利益是否能得到维护与盛宣怀的权势是否奏效有着密切的关系。

第三节　其他分行的亏损或微弱获利

中国通商银行除京、津、镇三分行之外的其他分行虽没有发生严重亏损,但绝大部分也处于亏损状态。即使有个别分行例外,但其获利也很微弱。笔者下面将分别对各分行的情况作一阐述。

1. 重庆分行

重庆分行的主要业务是华大新公司的押汇和四川一部分京、协饷款的汇兑。华大新公司为盛宣怀所控制的企业,因该公司主要由华盛纺织厂和大纯纱厂投股组成,故名"华大新公司"。光绪二十五年八月,华大新公司重庆一庄与渝行议定作押汇票,每装出棉纱一大包,在沪行先支规元60两,在渝行解缴渝平银70两。至光绪二十六年十月份止,共计装至重庆棉纱2.71万大包,每大包余银10两,共余银27.1万两,加渝平申元约七八万两,共计有34万两至35万两。①而据渝行大班包星北1901年1月26日致盛宣怀的信函中称,渝行除代华大收解之外,"不能另展一筹"。由此可见,对华大公司渝庄的押汇在渝行的业务中占有极重要的地位。

渝行的另一个重要业务是对四川的一部分公款进行汇兑,并为此和西帮②展开了竞争。在时任四川布政使周馥的帮助下,渝行取得了领汇两股土税洋款的权利。据包星北在1900年11月6日致盛宣怀的电文中称,四川藩库每年应解京外各饷约计一二百万,向系票帮分做,利润丰厚。而周馥因该号百般刁难,乃让渝行承汇两股,天顺祥分汇一股,渝行因此曾经领汇10万。③但在周馥离任而新藩即将上任之际,西帮趁机"钻谋",而"川督又似有偏袒"。川督奎俊曾面谕新任布政使员凤林,称周馥之方案系为一时权宜之计,如长久照行,非为体恤商务之意。基于此,奎俊令员凤林将应汇之土税洋款照旧分发。④鉴于此种变故,包星北于1901年1月29日致电盛宣怀,请盛分电四川督藩两处,让其维持周馥之成案。⑤盛宣怀乃致函奎俊和员凤林,请其将川省土药税项仍归中国通商银行承汇两股,天顺祥领汇一股。⑥员凤林则声称其既不便遽改新章,亦不便有违四川总督之令,以后究应如何分发,须与四川总督商定后再行办理。至本月应解之英德借款,则仍由中国通商银行与天顺祥汇解。⑦

不久,包星北病故,总行让其侄包国康前往重庆对包星北遗留之账进行

---

① 《中国通商银行》,第179页。

② 西号,即四川的票号,又称西帮。

③ 《中国通商银行》,第588页。

④ 同上,第172页。

⑤ 同上,第590页。

⑥ 同上,第173~174页。

⑦ 同上,第172~173页。

清理,而包国康至渝之前,渝行各事由法立亭暂行代理。此时,川省有秋冬两批京饷40余万两,暂按三股分汇,拟分渝行一股。总行总董议决,此刻渝行尚未停办,则此项生意应暂时揽做。①但四川藩台让各西号议领汇解时,各号执定从前解饷章程,欲归十二家领汇,不肯照土税洋款新章办理,即不肯让渝行分摊。②

关于渝行之获利情况,据包星北1901年1月26日致盛宣怀之信函中称,渝行开办一年,除开销之外,约计盈余数千两。③但据汉口电报局委员王庭珠于是年7月17日致函盛宣怀报告:渝行本是极好局面,官场极为相信,包星北初办第一年,实盈余8000余两,总行未必知之,包星北故后,包国康接手,本人并未到渝,托一镇江人吴某代办,"甚不妥帖"。④而总行总董于1902年1月10日致函盛宣怀称,重庆分行开办两年,未能有所起色。包星北故后,未得其人,且远在蜀中,鞭长莫及。鉴于此,渝行是再做还是收账停止,总董们请盛宣怀决定。⑤

截至1903年7月2日,重庆分行无备本,但欠总行往来银规元5.45221万两。为此,盛宣怀饬令重庆分行将其往来欠款限一个月内缴清。⑥

2. 香港分行

据港行董事廖维杰和温灏于1901年4月6日向总行禀称,在光绪二十六年这一年里,除开销费用及本息外,港行净获余利1.14万余元,较上年减少,其原因乃庚子事变使得各项生意皆为减色,汇票所做不多。但因按揭一项,取

---

① 《中国通商银行》,第202~203页。
② 同上,第248页。
③ 同上,第171页。
④ 同上,第212页。
⑤ 同上,第266页。
⑥ 参见上海市档案馆馆藏"中国通商银行"档案,Q281-1-3,第21~23页;《中国通商银行》,第710页。

息较厚,自一分以至一分三厘不等,通盘计算,始有盈余。①

　　庚子事变对港行生意的消极影响只是短暂的,而影响港行生意的一个长期不利因素是华、洋大班的不和。早在1900年4月27日,温灏就曾向总行提及港行华、洋大班往往意见不洽。这种"意见不洽"后来发展为互相攻讦,最终导致华大班冯厚光被撤换。

　　据盛宣怀于1901年7月6日致总行大班美德伦和陈淦的札文披露,港行洋大班拉打曾指摘华大班冯厚光"常要离港""于银行实系外教""体面上华商不予面子""保单不十分有用"等等。而对此四项指摘,冯向盛宣怀一一作出辩解,并请求盛允许他于年底收回放出之账后再交卸职务,盛则准如所请。②

　　是年7月26日,廖维杰和温灏致电总行,替冯厚光说情,称港行自冯厚光经办以来,生意尚有起色,公事亦无贻误,况当北方乱后久未派息,外间疑议滋多,一旦更易生手,尤恐诸事窒碍。他们请求总行准许冯厚光再留办一年,以观后效,或者令冯另换切实保单。③但盛宣怀令美德伦和陈淦详细查明冯厚光的情况,不要重蹈梁绍祥之覆辙。④

　　8月11日,拉打在报纸上刊登布告,招充买办。此举引起当地股商不满,王香谷、张洪南等21人联名上书盛宣怀,称拉打违章揽权,擅出告白,请求盛迅速电谕拉打将告白收回,而应否另招买办,应由总行总董从长计议。但盛宣怀告之冯厚光乃自行告退,并由总行总董议准,而并非为拉打擅专。⑤

　　在冯厚光还没有离职之前,拉打已将其职务悬空,原本属于冯负责的电汇事宜也由拉打经手。温灏曾于1901年10月9日电禀盛宣怀,港行屡次电汇

---

①　参见上海市档案馆馆藏"中国通商银行"档案,Q281-1-2,第61页;《中国通商银行》,第719页。

②　上海市档案馆馆藏"中国通商银行"档案,Q281-1-2,第66~70页。

③　《中国通商银行》,第592页。

④　同上,第218页。

⑤　上海市档案馆馆藏"中国通商银行"档案,Q281-1-2,第78~80页。

捐款,均属迟误。后据陈淀查明,这些电汇皆由拉打经手,因拉打对华人电汇之事有诸多隔膜,致使汇兑迟误。①有鉴于此,盛宣怀命令,港行嗣后遇有电汇之款,均由华大班冯厚光打点,而毋庸洋大班经手。②

港行华、洋大班的尖锐冲突,昭示着中国通商银行企图糅合中西经营体制的内在矛盾性。两人身上体现着做事风格的鲜明不同,当两者互不相让时,必然演变成白热化的矛盾。

因冯厚光之去职已成定局,所以被推荐和应聘港行买办一职的人接踵而至。1902年1月15日,拉打在应聘之16人中,着力向盛宣怀推荐韦华廉、张怡桓、周达堂三人,并特别属意韦华廉。③盛宣怀接受了拉打的推荐,并令拉打自是年2月8日起雇用韦华廉为港行华大班。至于冯厚光经手放出各款,盛宣怀让拉打必须设法收回,并须谨慎机密,以顾银行大局。④

关于港行之获利情况,据1905年5月20日所造的港行历年盈余账单,六年之中,除付过亏耗外,港行盈余3.024481万两。其具体盈亏状况见下表。

表17　港行在光绪二十五年—三十年间各年之盈亏额

年份	盈亏额(单位:规元两)
光绪二十五年	盈余2330.01
光绪二十六年	盈余2655.94
光绪二十七年	盈余1416.23
光绪二十八年	亏损4452.43
光绪二十九年	盈余14416.58
光绪三十年	盈余13878.48

资料来源:《中国通商银行》,第334页。

---

① 《中国通商银行》,第243页。

② 同上,第245页。

③ 同上,第268~269页。

④ 同上,第279~280页。

但总行认为,虽然账面上港行此几年总体上有盈余,但实际上是处于亏损状态。总行提出,付股东官息八厘,收港行只七厘,计每千赔贴一厘,一年赔贴5000元,六年共赔贴3万元,除去此项,港行实盈余8000余两。此外,总行额外借给港行20万元,利息为六厘,总行每年须赔官利4000元,六年应赔2.4万元,计规银1.7万余两。除去港行盈余之8000余两,总行实赔银9000余两。此外,总行和港行往来之利息是按七厘计算,总行已经让息一厘,这一层总行还没计算在内。①

3. 广州分行

鉴于广州分行大班王同燮在同时经营源丰润票号和广州分行中重票号而轻银行的做法,众议将其换用。1900年8月22日,张振勋向盛宣怀推荐刘展廷为广州分行大班,以取代王同燮。但此建议最终未果,直至王同燮病故,总行才又考虑广州分行大班人选的问题。王同燮经理广州分行的失败意味着盛宣怀在分行中借用票号中人这一做法的彻底失败。由于两者实际处于竞争的地位,欲让两者并存的想法很不现实。

截至1903年7月2日,老广州分行欠总行往来银规元10.244878万两,此银本系备本银,后转成往来银。对此欠款,盛宣怀并没有规定限期,只是要求其悉数汇还总行。②但该欠款仍是屡催不还。1904年1月29日,盛宣怀又札饬总行大班向老广州分行管事严催,并声称,如再宕延,他唯有咨请两广总督追缴,并派员赴粤提取。③

4. 汉口分行

在施肇英接替林友梅为汉行大班后,汉行主要与盛宣怀所控制的汉阳铁

---

①　《中国通商银行》,第334页。

②　上海市档案馆馆藏"中国通商银行"档案,Q281-1-3,第21~23页。

③　同上,第40页。

厂和铁路总公司进行业务往来,并为两者不断地挹注资金。比如,1900年2月21日,盛宣怀电令美德伦、陈淦速汇10万至汉行,凭路局朱伯友、李进之陆续支用。①是年3月27日,施肇英密禀盛宣怀,汉行力薄,本仅10万,而上年腊月仅做铁厂押款就费去6万。②4月17日,汉行又给汉阳铁厂垫付10万,对此,盛宣怀赞扬施肇英颇顾大局。③

汉行在对汉阳铁厂和铁路总公司的放款中,常请求总行拨付巨款予以周转,但总行并非总能令其如愿。总行总董和大班曾以总行银枯,表示对汉行无法周转。④对此,盛宣怀致电施肇英,指责陈淦不愿分行做生意,乃是其大病。盛阐明铁记三处与汉行往来,通扯欠款不多,有货抵押。盛表示自己将努力维持汉行,不会将自己生意让与别人,并指出日后汉口铁路生意日多,若汉行弃之不做,将贻笑中外。⑤

但据汉口电报局委员王庭珠于1901年4月8日函告盛宣怀,自施肇英接手后,汉行毫无起色。王提议将施肇英予以撤换,并推荐汉口电报局职员庄迪先取而代之。⑥

5. 汕头分行

至1900年5月24日止,汕行净欠总行5.25万两。⑦庚子事变后,该行生意更形清淡,总行乃于是年7月18日议决收撤该行。⑧但汕行停歇半年之后,洪秉均仍未将其所欠总行之银两缴给总行。1901年2月9日,总行与洪订立"限据",

---

① 《中国通商银行》,第585页。
② 同上,第587页。
③ 同上,第588页。
④⑤ 同上,第586页。
⑥ 同上,第174页。
⑦ 同上,第127页。
⑧ 同上,第718页。

令他于光绪二十七年二月底、三月底分两期将其所有应缴5.4万两扫数缴清。①后来洪秉均仍欠总行银3.229056万两不缴，为此盛宣怀特派李漾前往汕头向洪秉均催讨。在李的威逼下，洪将所欠之款如数缴清。②

6. 福州分行

福州分行的生意自开办起至1900年7月25日止，共亏银5484.66两，而且其借出款项并不遵照定章押货相抵，致使总行担心不少。1901年1月20日，盛宣怀下令收撤该行。③

7. 烟台分行

烟行大班万仁燮死后，其子万耕畲接任。1901年1月4日，万耕畲致函盛宣怀，请其将烟行接办等情咨照东海关道台，以便照常与之往来。④在盛宣怀的疏通下，东海关长年交沪之赔款全部交给烟行汇解。但因地处海疆，烟行的生意常常受到战事的影响而导致利润减少。据万耕畲1905年2月3日致函盛宣怀报告，光绪三十年，因海疆多事，总行叠次令烟行暂止存款和拆款。而且各行往来向以京、津两行为大宗，但京、津两地自遭兵燹后，银根奇紧，贴水加大，烟行解往该两地之款虽较从前为增，但通盘核算，"沾润毫无，频年比较平平"。在此种情况下，光绪三十年，烟行除各项开支外，净余规元仅3690两。⑤

从以上情况可以看出，各分行均不同程度地存在着问题。重庆分行虽仰仗周馥的扶持，在和西帮的竞争中获得了一些胜利，但其大班包星北去世后，继任者包国康经营不得力。香港分行洋大班拉打和华大班冯厚光的激烈冲

---

① 《中国通商银行》，第169页。

② 上海市档案馆馆藏"中国通商银行"档案，Q281-1-3，第32~33页。

③ 参见上海市档案馆馆藏"中国通商银行"档案，Q281-1-2，第46~47页；《中国通商银行》，第719页。

④ 《中国通商银行》，第159页。

⑤ 同上，第319~320页。

突严重地影响到该分行业务的开展,致使其表面盈余,实际上亏损。广州分行则因大班王同爕兼理广州源丰润票号业务,并且重票号轻银行,致使该分行亏欠总行款项10余万,并迟迟难以归还。汉口分行则局限于和汉阳铁厂、铁路总公司等企业进行业务往来,在其他方面一无起色。而汕头分行和福州分行早在1900年就收歇,只有烟台分行处于盈利状态,但其年利润也仅数千两,且因地处海疆,其业务难以放手进行。鉴于各分行亏损或获利微弱,后来总行为了节省经费,乃将其裁撤殆尽。

第四节 总行遭遇的两个金融案

在各分行或因战争的破坏,或因经营人员营私舞弊或经理不善而纷纷出现亏损的过程中,中国通商银行总行也并非进展顺利,曾出现因经理不善而被韩祝三倒骗巨款,并遭受日本人伪造该行钞票的破坏。

一、韩祝三倒骗总行巨款案

韩祝三乃上海源兴仁布店东家,最初曾打算将其久记、和记土布若干件向中国通商银行总行押银1万两。1899年1月31日,董启薪将韩祝三介绍给中国通商银行总行翻译陈作琴,并由陈作琴向陈淦转商韩祝三押款之事。起初,陈淦因土布货价不一,销路不多,不允受押。后董启薪请银行总董朱佩珍出面说话,并由陈作琴转告美德伦,议定于是年2月9日将土布350件押银1万两。迨6个月期满,未能清理,迟至是年11月20日始将本利缴清。嗣后或押或赎,截至光绪二十六年六月为止,共计押银8.126万余两。是年七月间,源兴仁突然倒闭,董启薪、韩祝三均避而不见。韩祝三所押各货仅值银1.125万余两,除去此数,中国通商银行总行亏银6.9万余两。①事隔一年之后,盛宣怀对此事有所耳闻,乃面询总行大班,而大班仅"含糊面禀"。盛宣怀又传询朱佩珍,朱虽答应查交韩祝三,但久不禀复。迟至光绪二十七年底,美德伦、陈淦才正式向盛宣怀禀告此事,并请求对韩祝三予以通缉。②

1902年2月17日,盛宣怀致函中国通商银行总行总董和大班,判定翻译、买办及保人、引进人等有关人员在韩祝三押骗巨款一案中所负之责任,并责成他们分成赔偿被骗之款。其判语是:陈作琴贪得回用,陈淦徇情签字,情节较重,应限于两个月内各赔三成;董启薪、朱佩珍不审来历,辄与介绍,应限于两个月内各赔二成;等韩祝三抓获到案,并在衢州、金华查封其家产,再按估值银数,由前述各人分成具领。③

但总行总董对盛宣怀的责任判定表示了异议,认为洋大班美德伦应负主要责任,并在是年3月5日的董事会上议定要限制美德伦的放款权限。他们提出,嗣后美德伦经做各户往来股票押款至多以10万两为度,对于有押单股票之押款则至多不得超过25万。同时,他们要求美德伦将以前经手所做各项股票押款迅速开单注明某项股票若干、押银若干、何日受押、利息若干,交华大班收执,并限其两个月内将押款陆续回收。而以后无论何项押款,在未付银两之前,必须先行开单查核,不得先付后交。④

同时,总董们于是年3月18日禀复盛宣怀,对陈淦和朱佩珍进行开脱,而将矛头对准洋大班美德伦和翻译陈作琴。关于陈淦的责任问题,总董们称,

① 上海市档案馆馆藏"中国通商银行"档案,Q281-1-2,第109页。
②③ 同上,第97~98页。
④ 《中国第一家银行》,第151~152页。

韩祝三之多次押款,统由陈作琴与美德伦一手经理,并未先与陈淦随时商量,而陈淦于历届受押时,分别盖印,均在成交付款之后,尚非徇情可比。只是在盖印后失于觉察,迨源兴仁倒闭后又不立时禀报,亦不免疏忽。对朱佩珍的责任问题,总董们称,韩祝三初次向总行议押土布时,朱佩珍确曾为之介绍,但嗣后陆续押款,则均未到场预闻其事。而且朱佩珍初次之介绍,系为中国通商银行交易起见。另外,朱佩珍并没有在韩祝三所立押据上签字作保,且韩祝三初次押款业已本利全清。但事后既答应查交韩祝三,迄今尚未查交归案,又不据实禀复,论情未免疏忽。

关于美德伦的责任,总董们指出,美德伦对华商根底不熟,既不事先与陈淦商量,仅凭陈作琴转陈之词,又不对所押之物认真估价,即撒手放账,至8万余两之多。而对陈作琴,总董们指责尤甚。他们指出,陈作琴身充翻译,既知韩祝三初次押款,逾期至数月后方能本利全清,即不应再为交易,但嗣后一再商押,而且自1900年3月22日第三次押款起,至是年6月28日第十九次押款止,共计押款十七次,为时不及四月,押款已愈8万,并统由韩祝三一手经理,且户名化至七户之多。总董称陈作琴虽无贪得回用之确据,但诚如盛宣怀所说的"不顾利害"。最后,总董们对韩祝三押骗案中的有关人员进行责任认定:韩祝三为此案押骗巨款要犯,亟应严缉获案究追,现在既已逃避,唯有令原介绍人董启薪查交;美德伦、陈作琴先未估计货值若干,仅凭韩祝三一面之虚词,至被押骗巨款至6.9万余两,情节最重;朱佩珍与陈淦或不免疏忽,或失于觉察,较之经手被骗之美德伦等情节稍轻。[①]

但盛宣怀坚持此前自己对韩祝三押骗案中相关人员的责任界定,并对总行总董的判定很不满。盛宣怀认为,陈淦身为总行买办兼华大班,在该案中

---

① 上海市档案馆馆藏"中国通商银行"档案,Q281-1-2,第109页。

难逃责任。而对于美德伦,盛宣怀认为,总董们不应总以撒手放账归咎其一人。基于此,盛宣怀认为,总董们的责任判定,乃"曲徇人情",大负其期望。关于此案的解决办法,盛宣怀认为,抓住韩祝三不是一件容易的事,因此照总董们所议之办法,则此案永无结束之期。美德伦曾屡次向盛宣怀面禀,禅臣洋行有韩祝三之大米押款。盛宣怀再次提出之解决方案是:责成美德伦将此款刻期索回,将功赎罪,否则将其撤差;而陈作琴自奉札之日起,不准再管银行之事,但责成清理经手;等米款核结,总行究竟亏损若干,仍责令陈作琴、陈淦、朱佩珍、董启薪分成摊赔。①

在抓捕韩祝三的过程中,盛宣怀也是大量利用官府的力量,对有关人员予以拘捕和审讯。前后被关押的有介绍人董启薪、曾为韩祝三介绍租房之杨春兆及韩祝三之侄小生等。最后,眼线周凤歧也因办事不力而被关押,直至1904年4月25日才得到盛宣怀的允许而获释。而韩祝三则一直不知所踪。

韩祝三倒骗总行巨款案暴露出总行华、洋大班之间分工有余,但配合不足。在频繁对韩祝三的押款过程中,美德伦竟一直不和陈淦相商,而陈淦也不详审情况辄盖章签字,致使韩祝三在押不抵款的情况下一押再押。同时,该案也暴露出洋大班对华情的不熟悉,只是凭借翻译作中介,而翻译又在其中贪取回佣。连高薪聘请的总行洋大班办事都如此不合定章,无怪乎各分行为所欲为而无人查核。

此外,该案还暴露出总董缺乏对总行洋大班的约束和监督。按照总行和分行的合同议据以及总行华、洋大班分别与总行所签的合同,分行应听总行调度,接受总行的监督;在总行里,华大班应服从于洋大班,而洋大班向总董负责。美德伦如此不负责任,显然与总董疏于约束和监督有关。虽然事后总董

---

① 上海市档案馆馆藏"中国通商银行"档案,Q281-1-2,第110~111页。

对美德伦的放款权限给予了一定的限制,以及在判定本案责任问题时将矛头主要指向美德伦,但也无法挽回总行近7万两的损失。至于总董发生疏忽的原因,显然与总董均身兼多职,并把大部分时间放在自己私人企业上的状况有关。鉴于此,盛宣怀在1902年6月令严潆为驻行办事总董,专门处理行务。但严潆年老多病,不久去世。正是在这数年里,中国通商银行发生严重的亏损,并出现虚本实利的状况。直至1904年10月盛宣怀在总行派驻两名驻行总董、一名驻行分董,状况才开始出现转机。

二、日本人伪造中国通商银行钞票案

中国通商银行所发行的钞票至1902年已达到一百数十万。[①]但到了1903年初,有几名日本人伪造中国通商银行五元、十元两种钞票,致使该行一度出现挤兑现象,并最终使该行所发行的钞票被全行收回。

是年2月4日,有钱庄伙计持钞票前往中国通商银行总行兑取现银,经查验系伪钞,于是“市中大闹”。次日,钱庄相约不用中国通商银行钞票,于是藏此项钞票者皆争相持票前往中国通商银行总行兑取现银,而总行又验出有伪钞,并当场将之撕裂,同时将假票字样印于其上。于是,藏有中国通商银行钞票者更加惊恐,乃将其钞票全部拿出来卖掉。人们甚至对汇丰等银行之钞票,亦因此而发生怀疑。是月6、7两日,聚者尤众,并有人乘机哄闹。中国通商银行总行乃请来中西巡捕二三十人进行弹压,但未能奏效,后又用救火器激水才使得人群散开。此后,按次序进行兑银,每批20人。中国通商银行唯恐存银不足,乃以所存金条和银条向汇丰银行押得数十万。据当时报载,中国通商银

---

① 《申报》,1905年2月9日。

行在星期日例不营业,但因挤兑,为获取信任并为便于持票人从速兑现起见,星期日仍照常开门。此项假钞有30万元,而截至星期六下午,已经兑付者已在50万元以上,而该行为准备兑现之现银在100万元以上。①

是月6日,有一日本人持此项假钞4000元至汇丰银行兑取现银,汇丰银行派暗探向此日本人查询,遂得知其处为假钞之来源,乃将该人抓获。②后查清,此批假钞乃日本山下忠太郎等人所制造。据日本驻沪总领事小田切万寿之助于是年2月28日向盛宣怀通报,日本大阪山下忠太郎、管野源之助、上田元七及中井义之助四人,系伪造中国通商银行钞票人犯。山下忠太郎自幼学习印刷技术,凭此营业,经常与大阪华商来往。后因商业亏耗,曾经伪造朝鲜白铜钱币,与他人来往,并与管野源之助商定伪造中国通商银行钞票。1902年11月以来,山下忠太郎暂租管野源之助后栈房作为厂所。而中井义之助也素与华商来往,熟悉中国情形,并与上田元七颇有交情,两人共谋制造中国通商银行十元及五元两种钞票。上田元七制得十元钞票650张,并将其中的405张交中井义之助,其余250张则交付山下忠太郎及管野源之助二人,让其使用。原版票纸则存置上田元七家中。山下忠太郎则伪造五元钞票100张,连同上田元七所交十元伪票带至神户山本藤吉家。当时警察探知此事,前往抓获上田元七等人,并搜出全部伪票及在大阪地方所造机器原版用纸等物。警察将伪票全数烧毁,原版机器等物之紧要部件也尽行销毁。③

是月18日,盛宣怀致电清政府驻日本大使蔡和甫,让蔡催促日本外务部对制造假钞之日本人进行讯问,但日本外务部声称,对伪造他国钞票者,日本

① 《字林西报周报》,1903年2月11日。

② 《中国第一家银行》,第155~156页。

③ 上海市档案馆馆藏"中国通商银行"档案,Q281-1-3,第12~13页。

法律无规定惩治之专门条文。最后,此案不了了之。①

事后,中国通商银行将所有发出之钞票一律收回,已印好但未发行之钞也一并烧毁,直至1905年初,才又发行由伦敦印来之五元、十元、五十元三种新式洋钞。②

日本人伪造中国通商银行钞票一案再次凸显了列强的恶劣行径及对中国经济所造成的破坏性。如同津案的不了了之一样,诸日本人犯受其政府的庇护,逃避了对中国通商银行所造损失进行赔偿的责任。这一情况再次表明,在半殖民地社会环境下,面对列强的肆意破坏,中国通商银行的利益和权利很难得到保障。

第五节　中国通商银行的"虚本实利"状况

京、津、镇三行之或被毁于战火,或被经理人亏空以及其他分行的亏损或微弱获利等情况,使得总行深受分行之累。而总行的经营也出现问题,比如因大班的疏忽而导致被韩祝三倒骗巨款。诸种天灾人祸,使得中国通商银行自庚子事变后,资产总额和各项业务额均不同程度地出现了大幅度的下降。随着业务的滑坡,其利润也逐渐减少,并最终出现亏损。其中虽间有盈余,但也极其微小。尽管如此,官利照旧发放,最终使得总行"虚本实利"。

在庚子事变后,总行资金的周转就显得比较困难。比如,1901年8月17日,江西巡抚李兴锐托江海关道台袁树勋向中国通商银行总行借银20万两。

---

① 《愚斋存稿》卷60,第1~2页。

② 《申报》,1905年2月9日。

尽管盛宣怀命令总行大班照办,但银行只答应借10万两,且期限为6个月,利息为每月一分,[①]其原因是银行库内存现只有40余万两,而当时用出钞票不下百万余两,例须备现,故李兴锐之借款"委系难以筹借"。[②]

而尹稚山亏蚀镇江关巨额公款事件,不仅耗费总行的大量人力,而且使得总行又赔上一笔不小的数目。据1905年2月3日总行所造存欠总结单,截至光绪三十年十二月底,在规元450.260172万两之总资金中,发生严重亏损之京、津、镇三分行分别欠总行规元46.5533089、29.996825、19.244713万两,三项共计95.794847万两,约占总资金之21.3%。这些欠款大部分已作为倒账,其余的在短期内也难以收回。其他分行尽管获利微弱或亏损不大,但也占据了相当资金,如港行就欠总行规元23.383806万两,汉行欠总行规元64.850034万两。[③]

京、津、镇三分行的亏损严重影响了整个中国通商银行业务的发展,使该行在1900—1904年间的业务滑坡,不及其成立初期业务拓展的气象。此种情况可见下表。

表18　1899、1903—1905年中国通商银行业务之比较(单位:万两)

年份	发行钞票	存款	放款	应收汇票	资产总额
1899	63.2	397.1	581.8	126	752.4
1903	10.4	233.9	369.1	87.2	552.9
1904	9.3	189.5	261.3	137.5	501.2
1905	82.2	386.8	610.7	50.3	767.8

资料来源:《中国第一家银行》,第116页。

从上表可知,中国通商银行在1903年和1904年的资产总额均只有500多万两,远不如其前的1899年和其后的1905年资产总额均在700万两之上的情

①　《中国通商银行》,第231页。

②　同上,第229页。

③　同上,第320~322页。

况。而发钞、存款和放款业务也同样呈现不及其前和其后的情况。其中，钞票发行额在1903—1904年大幅度下降，这显然是受到日本人伪造中国通商银行钞票案的影响。而1905年总行为了弥补总行的"虚本实利"，又大幅度增加钞票发行额。至于汇兑业务，应收汇票由1899年的126万两降至1903年的87.2万两，但1904年又回升并超过1899之数，达到137.5万两。这是辛丑和约后各地向北京汇解赔款和债款，而中国通商银行极力招揽此种汇兑生意的结果。但汇兑生意至1905年就急剧减少，这是因为中国通商银行在是年开始裁撤各地分行的结果。

在各分行的连累下，总行从光绪二十七年下半年开始出现亏损。此种情况可从1906年1月24日的中国通商银行历届盈亏结数中看出，该盈亏结数可见下表。

表19　中国通商银行第五至十六届账目盈亏结数

截止时间	账目届数	股息发派情况	盈亏数（单位：规元万两）
1900.1.30	5	已给	连前共结余13.087602
1900.7.25	6	未给	净余11.423211
1901.2.18	7	未给	净余11.394449
1901.8.13	8	未给	净余3.655255
1902.2.7	9①	未给	净亏6.500269
1902.8.2	10	已给	净亏2.838187
1903.1.27	11	已给	净亏0.918504
1903.8.21	12	已给	净余0.594058
1904.2.14	13	已给	净余1.763192
1904.8.10	14	已给	净亏1.450417
1905.2.3	15	已给	净亏7.099257
1905.7.31	16②	已给	净亏4.706985

资料来源：《中国通商银行》，第430~431页。

① 此届因庚子事变，北京分行现银被抢，计规元6.6809852万两；北京分行房屋被毁，计规元2.341585万两，两共除去规元9.022556万两。

② 自本届起减息二厘。

从上表可知,当1900年下半年北京分行被抢毁和天津分行大班梁绍祥亏空行款之事败露后,中国通商银行即出现严重受损的迹象。虽然第6、7两届账略上均净余11万余两,但除去该两届应付之股息各10万两,则每届均仅余1万余两。而第8届虽然净余3万余两,但除去本届应付之股息10万两,实际上已亏6万余两。在第9、10两届账略上则已明显呈现亏损状态。此后在1903年间的第11、12两届稍显盈余,但到了1904年的上半年又开始出现亏损状况。在盛宣怀试图遏止这种亏损状况而督促总行清查各分行账目的过程中,镇江分行经理人尹稚山长期盗用中国通商银行名义侵吞镇江关款之事浮出水面,总行受其赔累,在本届账面上的亏款数又增至7万余两。此后,陈淦因身体欠佳,只专注于比较省事的拆款,而此时拆息微小,致使所获之利不敷亏款之数。为此,总行董事决定采取减息措施,将原来的股息八厘减少二厘,即每届减少2.5万两,由原来每届所发股息10万两改为7.5万两。自1905年下半年的第16届开始,总行开始减息。尽管如此,该届账面上亏损额仍达4.7万余两。加上减发二厘股息而省下之2.5万两,实际上该届亏损7.2万余两。

是年7月1日,总行董事在向盛宣怀提议银行减息时将总行"虚本实利"之情况向盛作了说明:户部存款100万两已解还60万两,而五厘息之款愈少,所余之息益少;商本250万两中,京、津分行未收回者70余万两,为赔偿镇江关款耗去22万两至23万两,共计虚本实利90余万两。鉴于此,他们提议以尹稚山亏损镇江关款为词,每年减官利二厘,以五年为期,这样既可弥补镇江关道库之款,而且可以将银行所赔之钱收回,算是镇江分行并未亏空。[①]

是年8月12日,总行还具体地统计了一份"中国通商银行虚本数目"。截至该日止,中国通商银行的"虚本"数目为:京行46.5万两、津行25万两(内有

---

① 《中国通商银行》,第345~346页。

拨条银11万两左右尚未收回,亦作虚本算入)、镇江分行连垫关道彩票等约21万余两、重庆分行5000余两、香港分行4000余两,统计约94万两至95万两。为此,总行办事董事提出弥补办法,打算在6年时间里将"虚本"弥补完。其"弥补法则"为:发行钞票每年获利5万两,6年计30万两;每年减息5万两,6年计30万两;盈余铁路存款以2年计,格外少算,约15万两;每年节省行用2万两,6年计12万两;统计约87万两。董事们还注明:北京、天津之账尚有可收者均未计入;公积金约30万两亦未计入;且每年弥补省出实利1万余两亦未计入,如此,则"六年必可补完,有盈无绌"。①

但到了9月8日,总行办事董事向盛宣怀报告,经过他们的查账,始知前次所谓虚本实利六年可以补完之说"尚未清晰"。其原因是陈淦注重拆款,而拆息太小,导致1904年下半年结账亏短7万余两之多。因此,董事们又提出新的弥补"虚本"的办法,即以钞票之盈余还虚本实利之亏款,以公积金之存款抵镇行之亏空。董事们还计算,即使以现款400万通作八厘,年息不过得银32万两,应付官利、沪宁款息、总行经费等之外,尚不过余银6万两至7万两。而虚本实利,除可收之款及镇行亏空以公积金作抵外,实不过50万两左右,如此则五六年内或可补足,除此别无办法。②

同时,在董事会上,董事们一致认为,总行历年皆因受分行之累,以致亏折。他们声称,中国通商银行自1897年开设以来,总行历年并无亏缺,尚有结存盈余银两。自庚子事变和津行大班梁绍祥病故,京、津两行欠款皆不能收。而诉讼梁绍祥之保人梁绍刚一案尚未了结,至今积欠尚有70余万两。银行虽停息两年,但以所省息银,补还武卫中军军饷及付各存账尚属不敷,因此京、津欠款仍难弥补。1904年镇江分行又亏空20余万两,而镇江关道请银行赔认

---

① 《中国通商银行》,第374页。
② 同上,第393页。

40余万两。且自津、镇两行事出,股票因之骤跌。

对此,盛宣怀则认为,银行从前皆因董事互相推诿,总行大班不能稽查,分行各分畛域,以致极好局面,深受分行之累。对银行"虚本实利"的状况,盛宣怀深以为害,认为总行受京、津、镇三分行之累,受虚本实利之害,虽总行生意尚佳,但"瞒头盖面,断非正理"。①

对中国通商银行发生亏损的原因,盛宣怀虽然提到总行总董和大班的失职以及各分行的各分畛域,但他显然没有意识到自己所应承担的责任。虽然他声称中国通商银行皆是其一人之责成,但对该行接连发生亏损之事,他仅用"从前用人理财皆是我避嫌不管之故"一句话将自己的责任推卸。②盛的此话是不真实的,自中国通商银行创立之后,盛宣怀一直对该行的人事和业务进行干预,只是程度不同而已,这主要视其精力如何。在此,我们不能忽视盛宣怀之父盛康之死这件事。1902年10月,盛康去世,按照常例,盛宣怀应丁忧。而早已觊觎盛宣怀洋务企业的袁世凯趁势夺取了轮船招商局和电报局的控制权。此后,袁、盛之间展开了长期或明或暗的争斗。丁忧和被剥夺前述两局的控制权之事,无疑会极大地牵扯到盛的精力。而恰恰在此前后,中国通商银行陷入亏损的深渊。直到1905年8月,盛才宣称银行之事,"以后我亦不能不做主矣！"③而此时,盛已度过丁忧时期。

中国通商银行的起伏与盛宣怀的起伏基本同步的现象发人深思。笔者在此并非要说明盛康之死间接地影响到中国通商银行亏损的持续和加剧,只是想揭示出,盛宣怀作为中国通商银行实际的控制者和负责人,他应对该行的亏损负主要责任。当然,该行的亏损绝非盛的主观愿望,在客观上,它与盛

---

① 《中国通商银行》,第391~392页。

②③ 同上,第375页。

的能力、精力有关。虽然盛宣怀具备很多兴办近代企业的才华和能力，但在银行这一极具现代意义的金融机构的业务和管理问题上，盛显然缺乏相关的知识和能力，只能简单地模仿外商银行、钱庄、票号等机构的做法。在这一点上，民国时期所出现的很多银行家则不同，如笔者在第二章所述及，他们大多留学国外，并大多专门从事银行学或经济学的学习或受到相关的培训。而在精力上，盛宣怀既要为官，还要管理庞大的企业摊子，此时再加上封建的丁忧习俗和官场上的争权夺利，盛宣怀不可能有时间仔细打理银行。中国通商银行和盛宣怀密不可分的关系导致该行陷入一个悖论：没有盛宣怀在政治和经济上的权势，中国通商银行的成立难以想象，但唯其因为在政治、经济，甚而包括外交上展开广泛的活动，而中国通商银行的重大事情皆由盛宣怀决断，致使该行的业务发展随着盛的起伏而起伏。此种情况表明，中国通商银行自成立之始，不仅面临着恶劣的社会环境，还注定了必将随盛宣怀的起伏而起伏的命运。

第六节　中国通商银行被改组或合并的几次动议

中国通商银行处于严重亏损之际，适逢户部银行正在酝酿设立。在此种情况下，盛宣怀曾一度打算放弃对中国通商银行的经营，准备将该行商股和部款分别改作萍乡煤矿的股本和汉阳铁厂的存款。但户部银行一时难以成立，盛随之而逐渐放弃了这样的念头。在中国通商银行状况不佳而盛宣怀在犹豫是否将该行继续经营下去之际，法国和奥地利的有关人士以为有机可乘，相继向盛宣怀提出合办中国通商银行的要求，均遭到盛的拒绝。后来，还曾短暂地出现过中国通商银行与户部合办之议，但该动议很快被盛宣怀放弃的事情。这些情况，一方面昭示着中国通商银行此前经营得不成功，另一方面表明盛宣怀对中国通商银行的态度，已不像创办该行时的踌躇满志，而是对是否将其继续开办下去显得有些犹豫不决。笔者下面分别将中国通商银行在亏损之际被改组或合并的几次动议作一阐述。

一、商股和部款被改拨萍乡煤矿和汉阳铁厂之议

1903年2月6日，盛宣怀致电张之洞，提议将中国通商银行商股250万两改作萍乡煤矿商股，部款则暂拨汉阳铁厂。盛声称，汉阳铁厂数年来由轮船招商局和电报局附股借资，辅助甚巨。而且该厂在礼和洋行借款中还以招商局之轮产作保。光绪二十九年夏，盛又向礼和洋行提出续借款，但礼和提出以厂矿作抵，盛则认为这样会使厂矿之权利被礼和侵占。而正在此时，袁世凯在筹设国家银行。盛认为该行包涵甚广，必统中国财政于一途，而中国通商银行因此断站不住。鉴于此种种情况，盛宣怀提出，停止礼和借款，将中国通商银行之商股250万两改作萍乡煤矿商股，剩余之户部存款则暂拨汉阳铁厂，照常例按年发息。由于张之洞当初曾与盛宣怀"会同奏复"设立中国通商银行，因此盛宣怀请张之洞就此事再次会同电奏。[1]张之洞支持盛宣怀的这一提议，并请户部尚书鹿传霖在盛奏交议之时鼎力维持。[2]

是年3月8日，盛宣怀通过外务部代递其电奏，请求将中国通商银行250万两商股改作萍乡煤矿矿股，而银行所存部款100万两除去是年应还之第一期20万两外，其余80万两改归汉阳铁厂，由该厂分年归本缴息。其所举理由如同在致张之洞的电文中一样：其一为萍乡煤矿和汉阳铁厂需款甚急；其二为

---

① 《中国第一家银行》，第110页。

② 同上，第111页。

袁世凯欲开设国家银行。25日,外务部奉旨对盛宣怀的电奏进行讨论,同意将中国通商银行商股改作萍乡煤矿商股,但银行所存部款将留作国家银行之用,而汉阳铁厂所需款项由盛宣怀会同张之洞另行设法筹办。此讨论意见得到光绪帝的许可,外务部乃于31日咨行盛宣怀按该意见办理。[①]

但不久盛宣怀又听袁世凯言及国家银行尚无开设之期,乃于是年5月7日致函鹿传霖,称中国之大,仅一中国通商银行,势难遽行收歇。且时值各处商市“闻风掣动”,中国通商银行在天津放款尤巨,即欲停收,亦非其时。若一勉强,必致各商号纷纷倒闭。他因此而提出,中国通商银行等国家银行开设之后,方可收歇。[②]

二、法、奥合并中国通商银行之图谋

在盛宣怀打消将中国通商银行商股和部款改拨萍乡煤矿和汉阳铁厂的念头之后,法国领事又向盛提出将中国通商银行归并法国银行合办。对此,盛宣怀予以回绝,并声称各国纷纷到中国开设银行,中国是主人,仅一通商银行,论面子亦断不能少。盛宣怀还说到,前因议开国家银行,华商请求将中国通商银行资本改办他事,嗣因改铸国币虽有国家银行,亦全赖商业银行上承下注,方能使新币推行无阻,是以中国通商银行更关紧要,势难与外国银行合并办理。[③]

法国领事去后,奥地利驻沪领事许乙诗又提出将中国通商银行“归并奥国”。1903年8月13日,许乙诗推荐本国商人白纳地与盛宣怀接触,商讨奥地

① 《中国通商银行》,第291~293页。
② 同上,第293页。
③ 《愚斋存稿》卷62,第20页。

利政府在沪开设银行之事。对此,盛宣怀致函奥地利商务参赞官凯,认为华人商智尚未大开,尚不深知银行之利益,招募巨股绝非容易。但盛宣怀又提出,如果奥方有兴旺中国商务之良法,能使中国得有极便宜之借款,可将银行章程寄来,以便他先行衡量,如果合意,再上与外务部和商部、下与中国通商银行董事和股东熟商。①

后来,奥方又托德国商人满德向盛宣怀进行游说。满德称,中国通商银行系已成之局,名声已经远扬,非一二年惨淡经营不能至此,华、奥合办有此成规,便觉易于措手。满德邀请盛宣怀为合办银行之督办,并许以薪水每年1万两,且可向华奥银行尽行借款。

1904年1月23日,满德将其所拟之《奥国拟合办通商银行大略章程》呈送盛宣怀。在章程的后面,满德特别提到,英、俄、德、法等西方列强在上海均有银行,唯奥国独无,且英、俄、法等国均与中国曾有事故,唯奥国素与中国亲睦,并无龃龉之事,他国均设银行,而奥国未便使之向隅。满德还对银行合办后中国通商银行原来之官款归还、原有器具的留弃及人员的去留等问题作了说明。②5月4日,奥地利派来商议合办银行之人名叫卞宜德大,他通过盛宣怀的翻译顾问陈善言,给盛送上其草拟之合办通商银行合同稿。

但盛宣怀的态度模棱两可。6月17日,许乙诗致函盛宣怀,请其就中、奥合办银行迅速明确表态,否则他将与白纳地将此举置之度外,而奥地利政府未便虚悬此案,不久亦当将之注销。③对此,盛宣怀当即复函许乙诗,称合办银行一事他从未应允,而外务部亦不答应。盛宣怀让许乙诗转致白纳地,速将此举置之度外,免致许多误会。④

---

① 《中国通商银行》,第300~301页。
② 同上,第301~303页。
③ 同上,第306~307页。
④ 同上,第307页。

三、中国通商银行与户部合办之议

1905年7月28日,盛宣怀致电总行董事,声称中国通商银行须与户部合办,并要求总行将欠账即刻清理清楚。①对此,总行董事马上表示反对。8月1日,他们致电盛宣怀,陈述中国通商银行与户部合办有害无利。该害处表现在三个方面:其一,银行之"虚本实利"难以弥补。董事们称,银行虚本实利90余万两,通盘筹划,以钞票、减息、盈余、节省四项分年弥补,六年可完。但合办则银行之亏空户部未必担认,而以后银行所得却必须与户部均分,如此,则虚本实利必加倍才能弥补完。其二,汉阳铁厂和萍乡煤矿欠银行之款除股票作抵外,尚有20万,合办则此账难以清理。其三,银行的"主权"将难以确定。董事称,中国通商银行之主权若归盛,则户部未必甘心。若主权同时归于盛和户部,则必有纠葛,因银行非双方共一主权所能办。若主权归户部,则是将股东盈余等权利全委诸他人,与闭歇无异。②鉴于此,盛宣怀放弃了将中国通商银行与户部合办的打算。③

中国通商银行被改组或合并的三次动议均放弃,这表明盛宣怀虽然对中国通商银行是否开办下去曾表现出一定的犹豫,但最终并没有丧失将该行继续开办下去的信心。但据费惟恺分析,自户部银行和交通银行相继成立之后,虽然中国通商银行作为一个商办银行继续存在着,但盛宣怀对该行的兴趣随着该行的"官督商办"地位的衰落而消失了。费氏举例说,1910年,轮船招商局通过分发中国通商银行的股票代替它自己的股息而将其在该行中

---

①② 《中国通商银行》,第647页。

③ 同上,第648页。

的80万两股份中的一半处理掉了，余下的40万两也在1911年以同样的方法作了清理。大约在同一时期，盛宣怀可能出售了他个人的银行股票。①费氏由此判断，盛宣怀对中国通商银行已丧失兴趣。我们仔细分析就可发现，费氏的论点显得很牵强。首先，轮船招商局搭派中国通商银行股票之举，实因该局在辛亥革命前后经营不利，股息无法发放，不得已将所购中国通商银行和汉冶萍公司股票搭派，而并非是盛宣怀对中国通商银行丧失兴趣的结果。相反，盛宣怀曾就此事致函轮船招商局银钱股股长施亦爵，并不赞成轮船招商局搭派中国通商银行股票，并提议该局董事会"极力整饬，俾生意日见发达，利益日见优厚，乃为上策。倘仅恃各项存款以为抵拨发利之用，不但难以为继，恐亦非营业者之本心"②。其次，费氏所指盛宣怀处理掉本人所持之中国通商银行股票一事也是一种猜测，无法证明盛宣怀对该行丧失兴趣。

盛宣怀不仅没有对中国通商银行丧失信心，而且还力图对该行进行整饬。在盛宣怀和由其选拔的新一届总行负责人的共同努力下，中国通商银行的业务经营自1905年下半年之后开始逐渐复原。

本章小结

在庚子事变中，北京分行被抢毁，虽仅被抢走现银数万两，但其投放之银难以收回，致使现银周转不敷。而荣禄向总行催取其存于北京分行之武卫中军饷银31万两。经过巨大的周折后，中国通商银行最终将此款全数赔偿。而天津分行也因此次事变而难以收回放款，很多放款成为呆账或坏账。天津

---

① 《中国早期工业化》，第309~310页。

② 《中国通商银行》，第500~501页。

分行华大班梁绍祥亏空银行巨额款项,按其公账、私账和己账三项所载,共计欠62万余两。但银行向其保人梁绍刚只索赔18万余两。尽管如此,梁绍刚仍拒不赔偿。总行对之诉讼,一直将官司打到1911年,甚至打到英国伦敦大审院,最终因辛亥革命爆发而不了了之。中国通商银行不仅没讨到赔款,还贴进讼费规元7万余两。而且由于梁绍祥账目的混乱,致使中国通商银行和海防捐局、津海关道、铁路总公司甚至盛宣怀本人发生了严重的债务纠纷。后来因汇兑业务和收取旧账的需要,京、津分行重新开设,但两分行一直处于债务纠葛中,而且因京、津两地市面不景气而出现新的呆账和坏账。

镇江分行经理人兼裕通官银号负责人尹稚山,架中国通商银行之名,侵吞镇江关巨额公款,其数目在镇行账簿上仅为7万余两,但实际达库平银41万两。在前后两任两江总督端方和周馥的协同下,中国通商银行查封尹稚山家产,并将其开彩,得库平银23.8万两,另追得尹氏金银首饰1.4万两,余下之款则分年摊赔。在追查尹产的过程中,盛宣怀曾利用官府大兴讼狱,以致闹出人命。

除了京、津、镇三行严重亏损外,其他分行也都获利微弱。重庆分行的主要业务是华大新公司的押汇和四川一部分京、协饷款的汇兑。在争夺官款的汇兑中,该分行和西帮展开了激烈的竞争。在布政使周馥的帮助下,该分行也曾获得一些官款的汇兑权。但总体上,该分行业务未见起色。香港分行华、洋大班之间的矛盾则愈演愈烈,最后以华大班被撤换而收场。根据总行报称,在1899—1905的6年中,该分行虽盈余8000余两,但除去总行之赔息,实际亏损9000两以上。烟台分行之业务因京、津市面萧条,也是"沾润毫无,频年比较平平"。广州分行自源丰润司理王同爕经营该行不力后,一直欠总行10万余两而不归还。汕头和福州分行则皆因生意清简已分别于1900年和1901年被收撤。汉口分行自施肇英接手后,也是一无起色。

在各分行发生亏损的同时,总行也遭受了两次损失。1900年间,总行被韩祝三倒骗6.9万两。在美德伦是否有责任的问题上,盛宣怀和总行总董意见分歧。盛认为美德伦不应负主要责任,而总董的观点则相反。在追查韩祝三的过程中,盛宣怀也动用了官府的力量,并大兴讼狱。1903年初,日本人伪造中国通商银行钞票,致使该行钞票出现挤兑,中国通商银行因此而被迫收回其已发行的钞票。

以上情况尤其是京、津、镇三行的严重亏损,使得总行资金周转困难。无论是在资金总额还是各项业务额上,均比银行开办之初的数额减少很多。而且中国通商银行在此期间的账略上多次出现亏损。为弥补亏损,总行曾缓发股息两年,但依然无济于事,最终出现虚本实利的局面。

而在中国通商银行出现不景气和亏损状况的同时,户部银行正在酝酿开设,中国通商银行因此而几次面临被改组或合并的危险。先是盛宣怀提出将商股和部款分别改拨萍乡煤矿和汉阳铁厂,接着,法国和奥地利先后提出与盛宣怀合办中国通商银行,后来,还曾出现户部合并中国通商银行之议。但在这一过程中,户部银行一直没有开办起来,盛宣怀也相继放弃或拒绝这些动议。

第五章
中国通商银行的整饬与业务经营的逐渐复原

　　1907年1月15日,盛宣怀在致两广总督周馥的信函中说到:"通商银行自受津行大班梁绍祥、镇行伙友尹稚山亏空身故,几致不支。弟年来苦心经营,竭力整饬,收歇分行,节省经费,推广存款,渐有起色。"[1]这段话揭示了中国通商银行受津、京分行之累而严重亏损、盛宣怀对银行厉行整饬以及中国通商银行业务逐渐复原等情况。当然,牵累总行发生亏损的主要分行除了津、镇两行外,还包括京行。而在盛宣怀对银行的整饬措施中,除了其所指出的收歇分行、节省经费和推广存款外,还包括其他方面,比如变更总行人员、规范银行账目等。需要指出的是,对中国通商银行厉行整饬的人员还包括新一届总行驻行办事总董和华大班,比如总行针对银行虚本实利的情况于1905年8月12日提出弥补法则,打算在钞票、减息、盈余铁路存款和节省经费等方面获取资金来源,并于6年之内将虚本弥补完整。[2]可见,中国通商银行的整

---

　　① 《中国通商银行》,第438页。
　　② 同上,第374页。

饬工作实由盛宣怀和总行新一届驻行办事总董和华大班共同进行。在他们的共同努力下,中国通商银行的业务逐渐复原,虚本实利的状况也逐步好转。①

第一节　总行总董和华大班的变更

在中国通商银行发生亏损之际,盛宣怀在总行的人事问题上采取了一些重要的措施,先是派令严潆为驻行办事总董,严潆去世后,又派令王存善、李钟珏为驻行总董、顾润章为驻行分董,并撤销严信厚、朱佩珍办事总董的职务。陈淦去世后,盛宣怀又派令谢纶辉为总行华大班。

在中国通商银行最初成立时的10位总行总董中,最早发生变更的是叶成忠。1899年10月15日,叶成忠去世。直至1901年9月12日,盛宣怀才委派二品衔候选道陈善言充任银行总董,以补叶成忠所遗之缺。②

紧接着,盛宣怀加强严潆在总行中的地位和作用,令其专门坐镇总行。此前,总行总董曾公举严潆为驻行办事总董,而且盛宣怀对之进行了专门任命,但彼时严潆因身体状况欠佳,未能专门坐镇总行。鉴于中国通商银行连年不景气,盛宣怀于1902年6月16日再次专札任命严潆为总行驻行办事总董,令所有总分各行华洋大班之黜陟进退均归严潆一人节制调度,而前订章程,因尚未刊印,准其复加考核。盛还表示,他将不再对中国通商银行进行"遥制",而银行所有事情,悉应报告严潆批准后施行。为使严潆专门坐镇总

---

① 需要说明的是,中国通商银行的业务是从1905年下半年开始逐渐有起色的,而早于此时间之前,盛宣怀及新一届办事董事就开始了整饬工作,其中盛宣怀的整饬早在京、津分行发生亏损之后就已开始。此外,中国通商银行的整饬工作在1905年之后还在断断续续地进行。

② 上海市档案馆馆藏"中国通商银行"档案,Q281-1-2,第84~85页。

行,盛宣怀责成施亦爵接办严潆原来负责之轮船招商局银钱股事宜。[①]对于严潆所遗银行议事总董一缺,盛宣怀任命朱宝奎接任。此外,盛宣怀批准严潆月支薪水300两,若严潆延请帮手,亦准其酌量开支。[②]

但仅过两年,严潆病故。1904年7月16日,盛宣怀派施亦爵接充严潆所遗总董一缺,并令施奉札后,即查照定章,随时到行,务将一切应兴应革之事会同其他总董及华洋大班认真办理。[③]此时,因张振勋经常赴外洋办事,不能常驻上海,故盛宣怀派杨学沂代理张振勋为银行总董。[④]

尹稚山亏蚀案发生后,盛宣怀更感到总行办事乏人,并下决心对总行总董的人选进行一次大的调整。[⑤]1904年10月16日,盛宣怀在致中国通商银行总行大班的札文中历数了总行办事乏人之情形。他说到,中国通商银行设立之时,选举张振勋等为总董,并在其中选举严信厚、朱佩珍、刘学询为办事总董,后又选举严潆为驻行办事总董。现在严潆病故,严信厚、朱佩珍近来并不到行办事,且董事会亦久不召开,以致诸事废弛,甚至镇江分行亏空如此之巨,总行所派查账之人辜济搣等每年赴分行查账,竟毫无觉察,难保无受贿之弊。盛宣怀提出,应迅速选举总董二人、帮董一人驻行办事。为此,他委派王存善和李钟珏为驻行总董、顾润章为驻行分董。盛要求该三人务须破除情面,重订详细章程,兴利除弊,"一新壁垒"。同时,他要求该三人必须每日到行切实办事,按月具报详细账目,照章邀集议事董事随时会议,和衷共济,遇有重大事件,准其禀告盛本人核定办理。盛赋予该三人节制上海总行华洋大班以及各分行大班和分董之权力,若这些人有不遵调度者,准该三人向盛禀明情

① 上海市档案馆馆藏"中国通商银行"档案,Q281-1-2,第126~128页。

② 同上,第129页。

③④ 同上,第49页。

⑤ 《中国通商银行》,第310页。

况,并立即予以撤换。盛还批准王存善和李钟珏按月支取薪水100两,公费25两。①在委任该三人的同时,盛宣怀撤销了严信厚和朱佩珍办事总董的职衔,并将其盖印等事宜,转归该三人会同办理。②

王存善是广东候补道员,他除了担任中国通商银行驻行总董外,还于1907年接替徐润在轮船招商局的领导职位,并一直任至该局被邮传部控制为止。③李钟珏曾为广东候补知县,时任江南制造局提调,除了在中国通商银行任驻行总董外,还兼任轮船招商局和江苏铁路局董事。④顾润章是安徽试用知县,盛宣怀的外甥,盛家总管事,曾担任轮船招商局的查账员,还是又新纱厂的负责人之一。⑤可见,此三人均与盛宣怀的其他洋务企业有着密切的关系。而在总行最初的三名办事总董中,除了刘学询与盛的其他洋务企业有关系外,严信厚和朱佩珍皆没有此种关系。后来,取代刘学询的严潆在轮船招商局中任事,且相对于刘来说,严与盛的关系更密切。而新一届驻行总董和分董与盛的其他企业均有联系,可见盛更牢固地控制了中国通商银行。而顾润章作为盛的外甥,实为盛安排在中国通商银行中的心腹,他虽是中国通商银行驻行分董,但在银行中实际上握有很大的权力,可视作盛宣怀在中国通商银行中的代言人。

其后还发生了一些总行总董人员的变更。前被委派代理张振勋之总董杨学沂因经手事繁,不能兼顾,禀请退职,获得盛宣怀的批准。⑥其后,张振勋因奉商部奏派办理闽、广农工路矿事宜,请求辞去总行议事总董一职,盛宣怀

---

①　上海市档案馆馆藏"中国通商银行"档案,Q281-1-3,第61~63页。

②　同上,第64~65页。

③　《中国早期工业化》,第305页。

④　《中国通商银行》,第310页。

⑤　《中国通商银行》,第323页;《中国早期工业化》,第305页。

⑥　上海市档案馆馆藏"中国通商银行"档案,Q281-1-3,第65页。

乃于1905年4月13日派刑部郎中徐焕藻填补该缺。①据1905年11月25日总行大班致盛宣怀的电报可知，轮船招商局董事沈敦和于该月15日到行代理李钟珏办事。②后来，沈正式成为总行办事总董。据1906年2月28日董事会之签名单可知，董事名单中开始出现周晋镳；③而据同年3月7日之董事签名，董事名单中开始出现朱友鸿。④但据现有资料，该二人充当中国通商银行总董的情况还不详。是年12月13日，盛宣怀又令江苏存记道王钰孙充任总行办事总董。⑤但这些变化都没有盛撤换严信厚和朱佩珍办事总董的职位而换之以王存善、李钟珏为驻行总董，顾润章为驻行分董那一举措的意义重大。

在盛宣怀大力调整总行总董力量的同时，总行华大班的人选因陈淦的病逝而变更。在陈淦病情沉重的时候，总行总董们就提出由承裕钱庄经理谢纶辉接替陈之职位，但谢以不能终日在银行为借口推辞。总董乃提出先由谢纶辉代办，将来易代为接。此时，正值总行获得沪杭铁路存款200余万两之际，为慎重起见，总董决定先由顾润章帮同谢纶辉处理银行业务，等二人共事两三个月后，若察得谢之品术果如众人所称许之稳练可靠，则顾之或去或留，再由盛宣怀定夺。⑥

1905年8月13日，陈淦病故，办事董事王存善和李钟珏乃禀请盛宣怀速饬谢纶辉改代为接，并令顾润章仍暂行帮同兼管。但盛宣怀考虑到谢纶辉初到银行，且其经手之钱庄事宜猝难交卸，仍要求谢代理数月，若稍有效验，再行正式派充。同时，盛让顾润章主持银行事务，要求顾打起精神办事，勿存避

---

①　上海市档案馆馆藏"中国通商银行"档案，Q281-1-3，第83页。

②　《中国通商银行》，第657页。

③　同上，第433页。

④　同上，第434页。

⑤　上海市档案馆馆藏"中国通商银行"档案，Q281-1-6，第6页。

⑥　《中国通商银行》，第360~361页。

嫌之见。①

　　不久，盛宣怀让谢纶辉改代为接，正式充任总行华大班，但谢禀请盛宣怀允其暂代该职位，同时另选"能员"接办。②为此，盛宣怀于是年9月18日致函谢，让谢认真接办，万勿坚辞。③谢纶辉最终接受了盛宣怀的任命，成为中国通商银行总行第二任华大班。次年初，谢纶辉又提出以该年6月为度，辞退大班之职，而董事会议决，对谢予以留办，并即刻与之订立合同，同时在放款问题上放宽对谢的限制条件，只有在谢因私自放款而致倒账时才对其追究责任。④

　　鉴于开办几年以来业务状况的不景气及总行人员发生重大变更，中国通商银行曾打算修改章程。1905年8月12日，总行办事董事和分董将美德伦所拟之《中国通商银行章程》呈送盛宣怀改定。⑤盛宣怀指示，新章程须以大清商律为宗旨，然后酌量变通。⑥

第二节　推广存款

　　在银行业务上，盛宣怀继续利用自己在铁路借款谈判中的权力为中国通商银行争取部分路款的经理权。他担任邮传部尚书后，还让该部和中国通商银行频繁发生银钱往来。笔者下面逐一论述1900年以后盛宣怀在各项铁

①　《中国通商银行》，第374~375页。

②　同上，第397~398页。

③　同上，第398~399页。

④　同上，第433、721页。

⑤　同上，第361~373页。

⑥　同上，第376页。

路借款中为中国通商银行争取存款和盛任邮传部尚书后,该部与中国通商银行的银钱往来等情况。

1. 粤汉路存款

盛宣怀在1900年7月13日与美国合兴公司订立《粤汉铁路借款续约》时,也努力为中国通商银行争取该铁路款项的一部分经理权。该合同第十六条载明,铁路经过之处,若美国合兴公司未开设或将来亦不开设经理银钱之处,则与该地之中国通商银行妥议银钱来往办法。①此项合同后来因美国合兴公司违约将其私售比国而被废止,中国通商银行自然也无法从该借款中获利。

2. 正太路存款

1902年10月14日,盛宣怀与华俄道胜银行在上海签订《正太铁路详细合同》。此次,盛宣怀也为中国通商银行争取到一部分款项的经理权。该合同第十八款载明,售卖债票所得之现款,至少须以五分之一兑换银两,寄存中国通商银行。此存款备镑价大跌之时,铁路总公司用以拨付工程之用。②

在最后算还正太路存款利息时,中国通商银行与正太路款之俄方经理人埃士发生了分歧和矛盾。原提款章程规定,存于中国通商银行之正太路款按一年分提,利息为六厘,但埃士提前于1906年6月提银50万,导致在利息的计算上出现分歧。中国通商银行办事总董坚持按往来二厘半计算,盛宣怀则提议从1906年起减息,照六个月期四厘息计算。埃士先是坚持从1907年起照四厘算,后又提出全部按五厘算。而邮传部袒护埃士,要求中国通商银行出3.4万两方能了事。后来盛宣怀坚持统照四厘半算,但因计算错误,使得中国

① 《中国清代外债史资料》,第330页。
② 同上,第408页。

通商银行虽照四厘半付息，但多付了6000余两，最后共付正太路存款息银6.98万余两，实际上满足了埃士及邮传部的要求。[①]不过，邮传部后来仍将正太息款存于中国通商银行。[②]

3. 沪宁路存款

早在1903年7月9日，盛宣怀与英国怡和洋行及汇丰银行就签订了《沪宁铁路借款合同》。该合同第十六款载明，铁路经过之处，若汇丰银行未开设或将来亦无意开设分行，则与就地之中国通商银行妥议银钱来往办法。[③]

1904年5月11日，盛宣怀代铁路总公司向怡和洋行发出英金225万镑之借票。[④]6月21日，怡和洋行函允将地价25万镑分三次拨存中国通商银行。24日，怡和洋行又向盛宣怀承诺，按借款合同，在出售债票之日提存中国通商银行25万镑，其息与存于汇丰银行之款一致。[⑤]

1905年6月19日，怡和洋行大班葛雷生致函李经方，就"沪宁路交存英金章程"提出更正要求。更正后的章程规定，25万镑将分作五批交存中国通商银行，每批款项由汇丰银行按照交付当日之汇水折合成规元。每批5万镑交到中国通商银行之日，由该行办事总董及华、洋大班签立收条存据。待款项全部交清之时，由盛宣怀签押及印发批回一纸，交与怡和洋行和汇丰银行。[⑥]按照此章程，怡和洋行和汇丰银行在1905年7月4日至29日之间，分五批将25万镑交付中国通商银行。该25万镑合规元186.917474万两，利息为三厘半。此外，怡和洋行和汇丰银行还于是年7月14日拨存中国通商银行购地款5万镑，

---

① 《中国通商银行》，第441~442、668~669页。

② 陈梅龙：《上海机器织布局——盛宣怀档案资料选辑之六》，上海人民出版社，2001年，第538页。

③ 中国人民银行参事室编：《中国清代外债史资料》，第442页。

④ 《中国通商银行》，第306页。

⑤ 同上，第308页。

⑥ 同上，第342~343页。

21日又拨来4万镑,该9万镑合规元67.09257万两。①对此,总行办事总董和分董在8月12日致盛宣怀的函文中称,中国通商银行近年进出不过三五十万,自存入两宗路款后,骤添200余万,"其救银行者不浅"。②此后,怡和洋行和汇丰银行又曾于9月6日交付中国通商银行购地款规元20万两。③是年11月5日,盛宣怀就沪宁铁路借款存放中国通商银行立下担保书。在担保书中,盛表明,他自己担保,又代铁路总公司担保,复彼此联环担保此项英金25万镑妥为支用报销,并遵照借款合同及各章程办理。④

据中国通商银行会计报表记载,沪宁路款于1905年存入中国通商银行的数目为规元253.545万两,1906的存款额为6.2081万两,而1907年的存款额为14.2067万两。⑤

4. 汴洛路存款

1903年11月12日,盛宣怀与比利时铁路合股公司签订《汴洛铁路借款合同》。该合同第十八款载明,购票之现款至少须以十分之一兑换银两,由盛宣怀担保,寄存盛宣怀所指定之中国银行,备镑价大跌之时,铁路总公司用以拨付工程用款。⑥此处所指之中国银行显系中国通商银行。汴洛路款于1905年存入中国通商银行5.4931万两,1907年则达到15.7726万两。⑦

5. 京张路存款

京张路款也有一部分存于中国通商银行。王存善在1907年11月13日致盛宣怀的电文中称,邮传部来提京张存款,本息共40余万。王认为邮传部此

---

① 《中国通商银行》,第420~421页。

② 同上,第360页。

③④ 同上,第420页。

⑤ 《中国第一家银行》,第116页。

⑥ 中国人民银行参事室编:《中国清代外债史资料》,第418页。

⑦ 《中国第一家银行》,第116页。

举乃因正太息款纠纷所引起，并声称此存款一年可使银行获利14000余两，若此款被提，则银行将少此利润。①但邮传部于本月23日向盛宣怀解释，其存于华俄道胜银行上海分行之京张路款已于本年6月9日全数提交，存于该行天津分行之京张路款则至本年6月28日已全数提完。而此次所提中国通商银行之京张路存款，系因陆军部屡次催款，乃于11月23日提取，并无偏向。②

6. 沪杭甬路存款

1911年5月19日，中国通商银行总行致函北京铁路总局，开具本月18日付还汇丰银行沪杭甬和沪宁借款利息之清单。该清单载有：本月18日应付汇丰沪杭甬借款利息英金3.759375万镑，以二先令五便士结价，合规元31.112069万两。③由此可见，中国通商银行经理了部分沪杭甬路之款项。

除了前述已成之几笔铁路存款外，盛宣怀还曾打算为中国通商银行招揽部分川汉铁路存款。④此外，据中国通商银行会计报表记载，汉口铁路局于1905年在中国通商银行存有15.944万两，上海安徽铁路于1906年在中国通商银行存有11.452万两，京汉铁路于1907年在中国通商银行存有63.6363万两。⑤

7. 邮传部存款

1911年6月10日，邮传部致函中国通商银行，提议由该部拨规银数十万两至100万两不等活存该行。该部还提议，此项存款以长年五六厘计息，半年一结；如有提用，在5万两以上者一礼拜以前，10万两以上者半月以前，20万两以上者一月以前通知银行预备。但盛宣怀认为，此款存期甚暂，存息甚轻，若放

---

① 《中国通商银行》，第671页。

② 同上，第673页。

③ 上海市档案馆馆藏"中国通商银行"档案，Q281-1-6，第31~32页。

④ 《中国通商银行》，第443页。

⑤ 《中国第一家银行》，第116页。

于他处,恐一时不能收回,转生波折,故不如不办。但他后来又打算让中国通商银行接收此笔存款,并将之贷给汉冶萍总公司。为此,他令中国通商银行总行办事董事和华大班立即将此款作为活期存入,并让汉冶萍总公司出立凭据,贷借此款。①

但总行办事董事和华大班认为,若由汉冶萍总公司出立凭据则是空借,而银行规矩,向不准脱手放账。他们提出以汉冶萍之上马头栈房存货作抵押。但他们又认为,汉冶萍一时亦无须用至百万之多,而沪市情形尚未见起色,因款目过巨,万一沪市再起风潮,银行将难以周转。为此,他们主张邮传部之存款以50万两为限,并以五厘计息,半年一结,而50万两以外之款则按照市面,作为长年二厘计息。②

但邮传部款项处认为往来存款以二厘计息,未免太少,乃要求中国通商银行援照交通银行之例,照四厘核算。中国通商银行总行为此再次致函该处,称存息长年四厘固不为高,但上海市息当前不过一二厘,此项存款既言明随时提用,则未便转做长期。但他们又提出,50万两以内之存款,利息为三厘,若溢50万两以外,银行代收存库,暂时不计利息,若往后市息起色,则随时议加。③

双方最后议定的结果是:邮传部款项处存中国通商银行之银数,50万两以内以长年五厘计息,半年一结,自50万两以上则以长年二厘计息。总行办事董事和华大班向该处声明,此项活存之款,中国通商银行不唯毫无粘润,尚须贴耗。为此他们提出,希望该处日后对中国通商银行予以照顾。④

---

① 《中国通商银行》,第502~503页。
② 上海市档案馆馆藏"中国通商银行"档案,Q281–1–6,第33~35页。
③ 同上,第36页。
④ 同上,第36~37页。

此外,1911年3月,清政府为了偿还过去的各项铁路借款,向日本横滨正金银行借款1000万日元,并将此笔借款陆续拨付给邮传部,而该部存在中国通商银行的款额最高时达248万两。[①]当时的报纸传言,盛宣怀任邮传部尚书后,不仅无整饬交通银行之心,而且每对人言,交通银行靠不住,甚至将邮传部所存交通银行之款全数提交自己所开设之中国通商银行。[②]

第三节　重视押款

总行华大班陈淦在业务上素来偏重于向钱庄拆款,尤其是在1905年上半年,陈淦身体状况欠佳,为省心思精神,更是将业务的重点放在向钱庄拆款上。但彼时拆息甚小,导致银行入不敷出,故该半年银行账面上仍呈亏损状态。陈淦病逝后,继任者谢纶辉则注重押款业务,提议提高押款在银行业务中的比例,而拆票则只须存二三十万。谢还主张放宽押款的条件,认为只要人家靠得住,并觅有保人,便可做押款,而不必拘泥于汇丰银行章程。[③]

总行办事董事也提议银行须偏重押款业务,并须对押款之条件稍作放松。他们在1905年9月8日致盛宣怀的函文中指出,1904年因拆息太小,而陈淦又未多做押款,以致所获之利不敷付官利八厘之用,加以行中经费用度太大,以致1904年下半年结账亏短7万余两,公积金31万两因此只剩23万余两。而本年上半年拆息仍然不大,押款仍然不多,经费又未节省,津、港二行均至是年农历六月底方能裁撤,钞票初行,尚未见有大利,即以官息减至六厘计

---

① 《中国第一家银行》,第19页。
② 《申报》,1911年6月8日。
③ 《中国通商银行》,第390页。

算,尚须亏银2万余两。如此年复一年,即使官息减至六厘,而虚本仍不能补完。鉴于此,董事们提议,趁铁路存款增多的机会,每年以200万两做押款放长期,并须稍为通融,若押主、押物、保人三者均属可靠,以及房屋产业有租息可收者,皆可押放。①

在总行华大班和办事董事决定缩小拆款而提高押款比例之后,总行的拆款额迅速减少。在1905年上半年,总行对上海钱庄的拆款额最高达到233万两,但到1906年上半年,总行对钱庄之拆款额明显减少,最高不超过125万两。②当然,随着资金额的增加,其后总行对钱庄的拆款额也有高于1905年上半年的最高数字。但总体上,拆款额在整个放款额中的比例均比在1905年上半年的低。其情况可见下表。

表20 中国通商银行总行在1902年下半年至1911年上半年对钱庄放款的趋势

年份	金额(单位:万两)	占放款总额百分比(%)
1902年底	38.8	20
1903年底	51.0	31
1904年底	47.2	47
1905上半年	262.5	60
1905年底	113.5	23
1906年底	74.3	19
1907年底	78.5	17
1911年上半年	289.6	36

资料来源:《中国第一家银行》,第143页。

从上表可见,中国通商银行总行从1902年下半年至1905上半年期间,对钱庄的贷款额呈逐渐增加的趋势,尤其是到1905上半年达到顶点,达262.5万两,占放款总额的60%。自总行偏向押款业务后,其对钱庄的拆款比例逐年下

① 《中国通商银行》,第393页。

② 中国人民银行上海市分行编:《上海钱庄史料》,上海人民出版社,1960年,第55页。

降。虽然中国通商银行在1911年上半年对钱庄的贷款额高达289.6万两，超过1905年上半年的262.5万两，但总行资金额在大幅度增加，故其所占放款总额的比例仅为36%，远远低于1905年上半年的60%，也不及1904年下半年的47%。

与此相对应，总行押款业务的比例在逐渐提高。截至1905年11月4日，总行的押款额已高达规元238.702万两。[①]而据1909年4月4日的中国通商银行盈亏总结单可知，在总资金规元646.467188万两中，押款额达到347.294014万两，而拆票仅只31.5万两。[②] 1910年2月9日总行开具的押款账略则显示，银行在宣统元年之押款，每月呈递增趋势，由1月份之300多万两逐渐增至12月份之500多万两。[③]

对押款业务，盛宣怀向持谨慎态度，既要求抵押和担保可靠，又要求到期务将押款收回。尤其在1910年间，上海发生"橡皮风潮"，金融市场很不景气，大批钱庄纷纷倒闭。为此，盛宣怀更是密切关注银行的押款业务，不断催促谢纶辉将到期之押款及时收回。在盛的督促下，总行按期将各项押款催收取赎，各项押款息银亦少有短欠。"橡皮风潮"过后，华洋各银行在押款业务上又展开竞争，而汇丰等外商银行之押款利息较中国通商银行为轻。为此，谢纶辉认为，以后在押款业务上若专主谨慎，则利微折本，银行之虚本实利也难以弥补。[④]

1911年4月20日，王存善和顾润章也就银行押款之方针是专主谨慎还是稍与通融请示盛宣怀。他们首先谈到银行实际能运用的资金情况。关于股本，银行虽有250万两，但已收回50万两之股票，而此款既无庸给息，亦无利可图，

① 《中国通商银行》，第421~423页。

② 同上，第454~456页。

③ 同上，第481页。

④ 上海市档案馆藏"中国通商银行"档案，Q281–1–6，第27~28页。

因此实际可运用的只有200万两。但历年京、津、镇、粤等处分行共亏款100余万两，因此只剩实本九十七八万两。但银行历年之公积金仅73万余两。钞票多时用出189万元，少时134万元，平均计算约160万元。由于必须备四成之款以防金融风潮再起，故钞票可以生息者约100万两左右。关于存款，虽然从前并无一户，而近年来存至100万两之外，但为名誉起见，银行除给存户之息外，无甚沾光。因此，银行实际可以运用的资金仅270万两。他们指出，以此270万之本钱来做万妥万当之货物押款，如求稳当，至多不过常年七厘，计得息18万余两，但须付股东官利12万两，除此仅余6万余两。而银行的开支总在5万两以外，以入抵出不过1万余两，如此则难有恢复本钱之望。为此，他们提出要做八九厘之押款，并提议对抵押条件予以放宽。①

在中国通商银行的押款业务中，盛宣怀反复要求该行"自家生意自家做"。1905年8月14日，盛宣怀令中国通商银行接做汉冶萍公司、萍乡煤矿和又新公司之押款。当时，汉冶萍公司在上海各钱庄之35万两押款即将到期，该项押款利息为每月八厘，抵押品为轮船招商局股票。盛宣怀认为此乃万稳万当之款，最好归于中国通商银行接做。同时，萍乡煤矿向汉口钱庄所借款项之利息多为每月九厘至一分利息，盛认为如此"美满生息"让与他人最为可惜。盛还得知，萍乡煤矿与刘柏生订立了一份合同，规定刘柏生每月给该矿上交各省铜元局购买焦炭之银2.6万两。为此，盛让萍乡煤矿总办兼汉阳铁厂提调张赞宸将此合同向中国通商银行抵押规银15万两，每月交还2.6万两，利息为每月八厘。此外，因新花即将出市，又新公司必须购买新花。盛指示顾润章，又新公司切勿再向钱庄借用，应将棉花栈票尽向中国通商银行抵借，这样既与中国通商银行之章程相符，又免外放风险。②次日，盛宣怀又致电顾润章，

---

① 上海市档案馆馆藏"中国通商银行"档案，Q281-1-6，第28~30页。

② 《中国通商银行》，第374~375页。

强调自家生意勿让外人。①

第四节　收歇分行

　　鉴于各分行或亏损或获利微弱的情况，为收缩资金，盛宣怀下令总行将大部分分行予以裁撤。但他的命令并没有得到立即执行，为此，他反复令总行收歇分行。

　　1903年，中国通商银行开始拨还户部存款，为此，盛宣怀于是年3月31日致函严潆，提出要将各分行收账停撤，资金归并总行收缩办理。4月16日，盛宣怀又致电总行华、洋大班美德伦、陈淦，令他们将分行资金全行收回，专做总行。同时，盛还令该二人催收港、粤、镇、汉、津、烟各分行之欠账，以备提还部款。②同月23日，盛宣怀再次就裁撤分行之事札咨美德伦和陈淦，称中国通商银行股本不多，自庚子事变后，各户欠款甚巨，天津市面银根尤紧，深恐不敷周转。他再次要求各分行立即停止放新账，其已放之旧账，应迅速催收，并汇解总行，以固根本。③6月28日，盛又致函总行总董和大班，称中国通商银行开设七年，成效未能大著，而所开各分行占用股本过于一半。京、津遭乱之后，该两地分行之欠账至今未能收清，其它各分行亦无余利可图，而总行资金愈少，以致不敷展本，现在奉文提还部款，则本项愈形短绌。他声称，在本年三月份，他就饬令办事总董严潆及总行大班陈淦催收各分行欠款，但数月以来，仍无眉目办理，"殊属玩延"。为此，他下令，除京行外，天津、烟台、香

---

① 《中国通商银行》，第652页。

② 同上，第603页。

③ 上海市档案馆藏"中国通商银行"档案，Q281-1-3，第14~15页。

港、广州、镇江、汉口、重庆等分行,俱限三个月内将放款收清,再行另订章程,重整旗鼓,"以收效桑榆,而免江河日下"①。

其后,渝行率先被裁撤。1904年2月12日,盛宣怀致函总行大班,称重庆分行生意清简,无利可图,且欠总行往来各款为数甚巨,曾经叠次勒令该行大班包国康限期收账,但包氏一直未将从前存放各账清理明白,尚复招揽存款10余万两之多。为此,盛派叶仁寿前往重庆,将重庆分行勒令先行收账,依限停止。②

叶仁寿到重庆后,首先向陈淦报告渝行的情况,称该分行前两年收进官商存款10万两,均汇放生息,获利甚巨,唯去冬被复昌和、阜昌生倒去银1.3万两,归包国康自认。③

叶仁寿曾请求总行允其将渝行继续开办下去,并由其代理。是年4月1日,叶致电陈淦,声称渝行每年收解官款约获汇水3000两,若经理得人,必能逐渐扩充,一旦弃之,似乎可惜。此外,若渝行此时暂退,则官款定为西帮夺去,将来难以挽回。叶因此请求总行让其暂时经理渝行,以留余步,并请求陈淦转请盛宣怀向四川藩台接洽。但陈淦令叶将官款暂退勿接,叶因此而不再言续办之事,并全力对渝行进行收撤。

1905年6月,董事会议决,将港行和津行予以收歇,只留京、沪、汉三行和烟台一支行。④但在收歇香港分行的过程中,总行遭到该行分董温灏的强烈抗拒。当总行向香港分行传达盛宣怀收歇该分行之令后,温灏致电总行,称港行盈余9万余元,又有担保,不做生意则每月须贴费数千元,因此应发本再

---

① 参见上海市档案馆馆藏"中国通商银行"档案,Q281-1-3,第18~19页;《中国通商银行》,第720页。
② 上海市档案馆馆藏"中国通商银行"档案,Q281-1-3,第41页。
③ 上海市档案馆馆藏"中国通商银行"档案,Q281-1-4,第43页。
④ 《中国通商银行》,第643页。

做。对此,总行董事、大班请盛予以裁决,盛则下令将港行照议收账停止。①

同月7日,温灏再次致电总行,称港行费用之大皆因洋薪,若照西号办法,尽可获利。温还推测,此次港行停办,乃因津、镇分行牵累,亏本过巨。为此,温提出,若因无本,请将总行也予以收盘,使股东得分余烬;若因费重,则应撤去洋大班。②对此,总行董事于9日电复温,称停歇港行乃为省费起见,而股本仍在总行,股息仍照发,均不至无着。③温又提出,将港行改设代理,酌发股本银一二十万,觅殷实银号具保承办。④对此,总行董事并不以为然,声称梁绍祥、梅桐村当时也有保人,但皆溃败至此,故保亦难恃。⑤

11日,港行洋大班拉打致电总行,称港行开办六年以来,除开销外,共获利41.7万元,俱已交给总行,故港行并无亏折。⑥拉打还于15日再次致电总行,补充说明此41.7万元之数,并非利息,实系代总行所赚之总数。⑦但总行董事提出,港行所余之41万余两,除支销及官利八厘外,总行六年只收8000两。该董事们称,以50万元之成本,博岁得千余金,为港行计可不停,为总行计则宜停。后来总行董事又进一步指出,从港行历年盈余账目中发现,总行不但对其无盈余可得,而且历年赔贴9000余两,加以往来吃亏一厘之息,更在数万两以上。⑧

但温灏仍力主将港行续办下去。6月3日,他致电总行,提议港行专用华人每年限用费1.5万元,并声称已选举妥当之人,以实业30万元作保,另加股

①　参见《中国通商银行》,第634页;上海市档案馆馆藏"中国通商银行"档案,Q281-1-4,第68页。

②　《中国通商银行》,第634页。

③　上海市档案馆馆藏"中国通商银行"档案,Q281-1-4,第69页。

④　《中国通商银行》,第634页。

⑤　参见《中国通商银行》,第635页;上海市档案馆馆藏"中国通商银行"档案,Q281-1-4,第70页。

⑥　参见《中国通商银行》,第636页;上海市档案馆馆藏"中国通商银行"档案,Q281-1-4,第71页。

⑦　《中国通商银行》,第637~638页。

⑧　同上,第333~334页。

商保单20万元,除用费及八厘息,每年可保余利1万元。温还提出,总行若同意他的此项提议,他则来沪面商,否则,港行股东将要求退股。①对此,盛宣怀仍不予同意,称中国通商银行在各省、各埠均有股,倘处处援请,何以应之。且股系总行出票非港行股票,岂得轻言退股。②

在双方相持不下之际,港行每月仍须花费五六千元。为此,总行董事请盛宣怀令温灏速来上海商议,若温不来或"来不就范",则立即将港行裁撤,"以省浮费而杜籍口"。③

6月20日,总行办事董事与来沪之温灏展开直面交锋。温灏指责总行办事不妥,致出天津、镇江分行之事,是以各股东皆思退股。总行董事辩称,津行、镇行之事出在他们到行之先,故不应言其妥与不妥,而唯其因此二事,此次港行重设,不能不格外慎重。温又质问,银行亏折如此之多,总行何以不退股收歇。对此,董事们声称,退股之权在股东,准退与否在盛宣怀,他们权不及此。而关于总行收歇之说,董事们指出,股本规元250万两中,上海占六成有余,照外洋规矩,股东在六成以上即有全权。此六成之中轮船招商局和电报局又占七成有余,而该两局负责人杨士琦并不同意收歇总行。温又称中国通商银行招牌已坏,断难兴复。董事们则反问,银行招牌既坏,温又何必再议办港行? 温回答说:"亦不过维持而已。"董事们即指出,维持与退股乃矛盾之事,既言维持,则不应言退股。其交锋的结果是:"温悻悻而去。"④

温灏回港后,于7月30日又提出要清查总行账目。对此,盛宣怀于8月11

---

① 参见上海市档案馆馆藏"中国通商银行"档案,Q281-1-4,第75页;《中国通商银行》,第640~641页。

② 参见《中国通商银行》,第641页。又参见上海市档案馆馆藏"中国通商银行"档案,Q281-1-4,第78~79页。

③ 《中国通商银行》,第641页。

④ 同上,第343~348页。

日致电温,令其力劝香港股商不要再为难总行。盛还提出,温如能帮助总行向梁绍祥保人讨索赔款,乃有实济。①温即于15日致电盛宣怀,称香港各股东要求总行按照大清商律第五十条五十八款、七十九条、一百零九条各节章程办理,庶无异言。至梁绍祥事,温认为,因所订合同不妥,无从追赔,咎在各总董办理不善,应责成经手各总董摊赔,以昭公允。②

对温灏之种种抗拒行为,总行办事董事认为是无理取闹,专事恫吓,只可听之。③对温灏分别引用商律之五十、五十八、七十九、一百零九条,指责总行董事并不开议而裁撤港行、不准股东查核账目、不公举查账人以及公司年报格式不合商律等情节,董事们于9月8日致函盛宣怀,一一作出解释,称裁撤港行乃总董会议之结果;上两届之账,因公正人回国,故未刊布,现已另请公正人签字,不日即可刊布,股东尽可查核;银行从前查账人辜某因不妥而被撤退,现在则有查账人魏官柱在行;银行账略已刊至十五届,皆照此式样,各股东并无异言,等银行新章程定后,再照商律格式刊布,而现在所刊布者尚系从前之账,自应仍照银行历届账式。④

12月16日,温灏又致电盛宣怀,称香港股商欲电禀商部、户部,请将中国通商银行归并户部银行,以图补救。盛为此于19日电复温灏,称中国通商银行归并户部,他早有此意,但国家银行重在通行国币,所有银、铜、纸币权利应归国家,未便与商家合办。盛称现在中国通商银行生意甚好,已派员赴津催收庚子旧账,等收账结束即邀请各股东会议。⑤

尽管温灏极力抗拒,但港行最终被强行收束。港行收歇后,由香港电报局

---

① 《中国通商银行》,第651页。

② 同上,第376~377页。

③ 同上,第384页。

④ 同上,第394页。

⑤ 同上,第658页。

代向该地股东发放股息。①

　　与港行收歇的复杂过程相比，总行在裁撤津行和烟行的问题上没花太多的力气。因津行华大班冯商盘催讨旧账不力，而该分行华、洋大班每年约须开销1万余两，盛宣怀饬令将津行暂行裁撤。但为了让冯商盘继续讨账，总行每月准其支银200两。②

　　为了收取旧账，津行在后来曾一度获得重开。1906年4月14日，董事会议决，给新天津分行本银10万两，业务以汇兑为主，只能零星放款，并以清收旧账为要义。为鼓励新任大班纪联荣收旧账，总董们表示，若收得旧账，将给花红一成。③1909年3月27日，总行办事董事奉盛宣怀之令，让纪联荣专收以前京行存放于天津市面各款，并对纪之薪水予以削减，规定截至本年阴历八月为止，月支数目由以前的300两改为120两至150两。④

　　关于烟台分行，1906年3月7日，董事会议决，该分行以10余万两之风险博千余金之盈余，必须收撤。⑤

　　此外，京行改交汉冶萍公司驻京办事处负责人暨北京宝兴隆金店经理袁保三代办。1906年京行发生钱荫堂伙计亏挪巨款案，董事会乃议决将京行改交袁保三代办，而老行经手未了事，仍责成钱荫堂、张子超理结。⑥对受托代办京行一事，袁宝三于1907年2月12日致函盛宣怀，称悬挂在其处之银行招牌必须写代理字样，因为该号系合股开办，原定号规不准并入他家字号。⑦是月

① 《中国通商银行》，第658页。
② 同上，第391页。
③ 同上，第722页。
④ 上海市档案馆馆藏"中国通商银行"档案，Q281-1-6，第1~2页。
⑤ 《中国通商银行》，第433~434、721页。
⑥ 同上，第667页。
⑦ 同上，第439页。

16日,袁即在宝兴隆店粘贴中国通商银行代办处字样。对此,钱荫堂于4月9日禀告盛宣怀,称"京行原基",袁保三不肯派人前去接理,拟作弃废。钱认为袁在宝兴隆店粘贴中国通商银行代办处的行为,于银行声望大有损害。钱提出,如果照袁保三之办法必须将京行改为"代办处",则总行应让袁接做京行以前之各项业务,包括接领账户、开发票币等。[①]

第五节　节省经费

早在1902年,盛宣怀就提出银行必须节流。是年9月6日,盛宣怀在其致总行华、洋大班的札文中提到,中国通商银行开办有年,生意清减,官利当属不敷,而总行每年开支经费需银四五万两之巨,实属任意糜费。他阐明,理财之道不外开源节流,既不能设法开源,则只有节流,庶可稍资补救。为此,他提出,银行有何项可以裁减,何事可以归并,应由驻行办事总董严潆督同华洋大班逐项考察,并禀告盛本人决定。[②]当中国通商银行出现严重亏损之后,鉴于获利的渠道不广,为弥补亏损,盛宣怀及总行总董和华大班被迫节省银行经费,包括减发官利、裁撤人员和对洋员降薪。

一、减发官利

在京行被抢毁及津行大班梁绍祥亏空案发生后,总行曾缓发官利两年。缓发官利所省之息银主要用来弥补京、津分行之亏空与损失,但据总行董事

---

① 《中国通商银行》,第439~440页。

② 上海市档案馆馆藏"中国通商银行"档案,Q281-1-2,第130~131页。

后向盛宣怀报告,中国通商银行虽停息两年,但所省息银,以补还武卫中军饷银及付各存账尚属不敷,因此京、津欠款仍难弥补。①

尹稚山亏蚀案发生后,为弥补该亏款,参与解决该案之杨士琦和李经方建议银行减息。当时,开彩之后所得之款仍不敷亏款,而杨、李二人提出由银行再分年赔补十二三万两。总行董事不予同意,认为银行动本对不住股东,不动本则无法弥补该款。杨、李二人则提出,由银行稍减官息为之弥补,如此则本既不动,事又可了。②1905年7月1日,总行董事将杨、李二人的提议向盛宣怀报告。同时,他们还报告,银行虚本实利在90万两以上,难以再虚撑门面。为此,他们提议,自本年起减官息二厘,五年为期,共计节省25万两,以之弥补镇行亏款。③

总行董事在8月12日致盛宣怀的函文中,再次阐述了减少官利的必要性。他们计算,股票50两,现只值银30两,若减息二厘,每年每股少收银1两,六年少收6两,而成为完全无缺之银行,可保股票复回50两。因此,他们认为,诸股东以分年少收之6两,而得回总数之20两,是诸股东所捐者少,而分所得者巨而聚。④为表明减息的可行性,董事们还举出轮船招商局的例子加以论证。当初轮船招商局初定官利一分,后改为六厘,不数年,余利甚多,即将一股化作两股照存,股息遂至二分以外。⑤

董事们还提议,将停息顾本情形刊登告白,并印刷数万张,凡股东支息时给与一张,并在息折上加一红戳,登明"公议准乙巳年起官息改为六厘,俟有余利,照章加派,此注"的字样。同时,董事们还请盛宣怀将停裁分行、减息顾

---

① 《中国通商银行》,第391页。
② 同上,第345页。
③ 同上,第345~346页。
④ 同上,第361页。
⑤ 同上,第392页。

本之缘由以及银行历年收支账目一并转咨商部注册。①

　　盛宣怀也认为,各国银行本无额定官利之说,按期结账,得利若干,即分利若干,其余提存公积金,"此法最为稳实"。盛还提到,生意之道,盈亏多少,本无一定,倘若余利不及官利之数而必在本内提凑,是无异于挖肉补疮。他指出,中国通商银行因受京、津、镇三分行之累而出现虚本实利,虽总行生意尚佳,但瞒头盖面,断非正理。为此,他批准了总行总董的减息请求。②但盛宣怀于是年9月18日指示总行办事董事,称弥补虚本办法系"内里情形",不宜宣布,只可以津、镇两行亏折为借口,向股东宣布将官利暂减至六厘,补完之后仍照原息补发。③

　　不久,中国通商银行在报刊上发布减息布告,陈述京、津、镇各分行发生亏空而导致总行出现"虚本实利"的情况,宣布银行将暂减官利二厘,同时表明银行之生意正在逐渐起色及总行正在设法弥补亏空。④

　　中国通商银行减少股息二厘的行动始于1905年下半年,终于1913年上半年,达7年半的时间。从第17届起至第32届止,共进行了15届,每届节省规银2.5万两,15届共节省37.5万两,在第31届所节余之规银约91.3万两中,超过三分之一强。

二、裁减洋员的费用

　　为节省经费,总行对洋员的薪水采取严格控制的措施,对洋大班美德伦的薪水则予以减少,最后干脆将洋账房予以裁撤。

①② 《中国通商银行》,第392页。

③ 同上,第399页。

④ 同上,第399~400页。

美德伦曾于1904年春请求加薪,翻译王勋奉盛宣怀之令于是年5月13日给美德伦答复,声称因银行账目尚未一一清理,生意又无起色,故其请求碍难照准。①但后来美德伦自行增加薪水。②总行办事董事则奉盛宣怀之令,要求美德伦让出其在总行中之房屋而另行租住,同时对其提出减薪。1905年7月1日,董事们向盛宣怀提议,对美德伦之薪水将按照华大班例每月包办银1200两,其所用之翻译、跑楼用人等均归其自己开销,若美德伦不允,则只可另觅他人。但董事们又表示,此时沪宁铁路存款25万镑将次交来,又有钞票,不能无一洋大班,人唯求旧,他们亦无必欲易之之心。③对此,盛宣怀指示,对美德伦之薪水仍照从前原数支给。同时,盛命令董事们务要让美德伦让屋另租。④

8月19日,总行办事董事向盛宣怀报告,他们发现总行洋大班房内忽然多一大写。通过查账方知,此大写系从前曾用之人,1904年农历十一月潜回总行,每月支薪水银300两,且忽支纸张300余两,忽支医生费100余两,忽又添木器200两,任意开支,漫无限制。对此,他们请盛宣怀饬令洋大班不准擅支大写之薪水,并提议以后动支银行公款在100两以上者,若不禀明盛本人批准,则应让支款人赔出。⑤对此提议,盛宣怀予以批准。⑥

其后,顾润章又在9月2日致盛宣怀的函文中提到要裁撤洋账以节省经费。顾指出银行开销太大,每年需7万余两,而洋大班居其半。顾认为,洋大班只须负责在钞票上签字之事,而银行不必有洋账。他计算出,若能将洋账裁

---

① ④ 《中国通商银行》,第380页。

② 同上,第379页。

③ 同上,第346页。

⑤ 同上,第377页。

⑥ 同上,第383页。

去,并将美德伦减薪让屋办到,则一年可省2万两。①

总行办事董事在9月8日致盛宣怀的函文中,又具体计算了总行开销费用及能够节省之费用。他们报告,总行经费每年须银7万余两,而洋大班、大写、小写、抄写、翻译等不过六七人,已支银3万两,加以占住房屋,一月租银三四百两,大约洋大班一人总在3.5万两左右,而买物捐款等杂费尚不在内。而论洋大班之责任,只有钞票签字,近来虽也负责做些押款,但以钞票和押款所获之利,全部作为洋大班之费用,尚嫌不足。鉴于此,他们提出,欲补足股本,非节省经费不可,而节省经费,非以洋大班为首不可。他们还提到,本年裁撤天津和香港两分行之洋大班,业已费尽气力,而总行洋大班因钞票签字之事关系大局,故未对之采取任何措施。但若仍因循坐视,不加裁节,则一年虚耗总在2万两左右。若能做到令总行洋大班减薪和退屋,则一年可省1万两,若再能裁撤洋账,仅让洋大班负责在钞票上签字之事,则可省2万两。②对此,盛宣怀于18日给总行办事董事作出指示,行中长年用费,必须切实节省,洋员薪水太巨,只可用一二人以作面子,多余房屋自须另租,减薪、退屋二事必须实行。至于裁撤洋账,仅用"签字"一层,盛表示等其到沪再面商。③

10月10日,总行办事董事再次为裁减洋大班费用之事致函盛宣怀。他们首先强调,洋账必须裁撤,若不裁撤洋账,银行断难有盈余。他们认为,洋账之设,不过为与洋行往来,而中国通商银行与洋行往来生意甚少。美德伦所做之事主要有三项:其一为在钞票上签字,其二为遇有交涉控案为银行出面,其三为对所做押款核对洋栈单,除此三事以外,余皆无关轻重。而每年因洋账之设,以致大写、小写、帮写及私加薪水、借住房屋,糜费至3.5万余两之多。

---

① 《中国通商银行》,第390页。

② 同上,第394页。

③ 同上,第399页。

董事们指责美德伦在三个方面违背了合同:其一,美德伦与银行之合同载明,每年薪水9000两,如果办事妥善,使得各董事心满意足,并且股东官利能派至八厘,则可加至1.2万两。后来也确实按照合同将其薪水加至1.2万两。但1904年美德伦忽于1.2万两之外,每月又支银500两。其二,合同并没有规定美德伦之家眷可住在行中,但他们不仅借住本行房屋,而且又借住隔壁洋房,且不付租。其三,美德伦从前所做之押款尚有三项没有收回,虽催促数十次,但将及一年仍未结清,且有违背银行章程之做法,比如美德伦曾私自将耶松股票交给都益。

鉴于美德伦之种种不是,总行董事们议定:自本年农历十月起,所有洋账一概裁撤;美德伦仍每月支银1000两,一切用费均包在内,专办钞票签字、交涉出面、核对洋栈单三事;其房屋即行让出另租。董事们同时向盛宣怀呈上裁撤洋账办法及裁节数目,除前述有关美德伦的处理办法外,还包括:其一,洋账既裁,所有大写、小写、翻译、洋账等人,一概自本年农历九月底止全行裁撤。其二,专留跑楼宋汉章、王月峰二人,从事核对洋栈单并翻译等事情,而洋大班如有押款查账等事,可以让该二人办理。其三,小写里末特尚欠中国通商银行银1万余两,以地五亩余作押,应由中国通商银行将该地亩拍卖,不足之款仍由里末特补还。如果里末特不愿拍卖,则尽本年农历九月内将本息赎回。其四,大写、小写皆系洋大班雇用,并未与中国通商银行订立合同,故现在裁撤该人等,不能与各处大班离行之情况相提并论。如须补给薪水等事,应由雇来之人清理,中国通商银行不予承认。董事们还强调,以上办法与美德伦合同权柄单并无违背。因为洋账既裁,办法不同,所有前立合同权柄章均须另行订立。让美德伦减薪、让屋及裁撤洋账房等措施施行后,总行可省2万余两。其具体裁节数目包括:美德伦每年多支之银6000两;大写马卸而每年薪水3600两;小写里末特每年薪水3300两;帮写郭云溪和黄灏川每年薪水各900两；帮写严成德每年薪水480两；洋大班家眷所住房屋每年租金约6000两；巡捕捐每年多支之银约600两；纸笔账簿每年多支之银约600两；信资账簿电报每年多支之银约400两；津贴每年多支之银约250两；电灯、煤灯每年多支之银约600两。统计以上各项，每年可省2.363万两。[①]

第六节　中国通商银行业务经营的逐渐复原

自盛宣怀及总行新一届办事董事和华大班实行推广存款、重视押款、收歇分行、节省经费等措施后，中国通商银行的亏损势头得到遏制，其资产总额及业务量大幅度上升，并逐渐扭亏为盈。此种状况可见下表。

表21　中国通商银行1904—1909年资产总额及主要业务情况统计（单位：万两）

年份	资产总额	发行钞票	存款	放款	应收汇票	应付汇票
1904	501.2	9.3	189.5	261.3	137.5	19.5
1905	767.8	82.2	386.8	610.7	50.3	14.3
1906	695.2	170.5	194.3	562.5	12.4	40.3
1907	830.8	231.3	224.8	692.0	18.8	75.0
1908	697.1	131.2	194.5	559.7	28.1	61.4
1909	741.3	128.7	200.2	623.5	18.8	91.3

资料来源：《中国第一家银行》，第116页。

从上表可知，中国通商银行在1904—1909年间的资产总额均远远高于其1904年的数额，最少的时候也要高出近200万两，最多时则要高出300多万两。此外，中国通商银行的资产总额在1910年仍然稳定在700万两以上，而到1911年8月份，则超过了1000万两。[②]中国通商银行在这几年资产总额大幅增

---

① 《中国通商银行》，第411~413页。

② 同上，第478~480、482~484、507~508页。

加的主要原因是存款的增加和钞票发行量增大。关于1905—1911年中国通商银行存款的具体情况可见下表。

表22　1905—1911年中国通商银行重点户存款统计(单位:万两)

户名 ＼ 年份	1905	1906	1907	1908	1909	1910	1911
仁济和保险公司	90	30	20	35	35	20	40
户部	40	20	–	–	–	–	–
盛宣怀	–	–	–	–	–	–	3
沪宁铁路	253.545	6.2081	14.2067				
汉口铁路局	15.944						
外务部	1.946	–					
天津道台	3.3295	3.3286	–				
汴洛铁路	5.4931	–	15.7726				
华兴保险公司	–	3	3	3	3	8	13.5
上海道台	–	–		–	–	21.92	19.1142
钱庄存款				51.6	83.05	182.85	73.45
天津统捐局	–	2.7249	–	2.0886	–	–	–
天津赈抚局				2.0886			
汉口官钱局	–	–	–	5.102	–	–	–
汉口善后局	2.1676	2.1676	2.1676	2.1676			
京汉铁路	–	–	63.6363				
上海安徽铁路	–	11.452	–	–			
邮记	–	14.4703	–				
电报局	–		14.5876				
造币总厂	–	–	–	–	–	–	38.667*

　　资料来源:《中国第一家银行》,第116页。有*标记者系从档案或账簿中查出,其余的数字均来自会计报表。

　　从上表中可看出,1905—1911年间,最大一笔存款来源是1905年间存入的253万余两沪宁路款,这笔款正于中国通商银行发生严重亏损之际存入,实乃救银行不浅。其次是上海各钱庄在1910年前后纷纷将银钱存入中国通商银行,仅在1910年就达182万余两。而在此前后,上海钱庄存入中国通商银行之款也高达70万两至80万两之多。此外,京汉铁路、汴洛铁路、上海道台、南京造币总厂等都曾一度是中国通商银行的存款大户。而仁济和保险公司则一如既往地在中国通商银行存有巨款。仔细分析会发现,这些存款仍然与盛宣怀有着较大的关系。且不说几处铁路之存款,单就南京造币总厂1911年存入中国通商银行38.667万两而言,如果意识到盛宣怀在此时正被清廷任命负责币制改革之事,则不难理解此种情况何以发生。而据谢纶辉的亲属、曾任上海钱业公会秘书的谢菊曾谈及,南京造币厂开铸银币,由中国通商银行与大清银行两家共同经理。而清末中国通商银行与该厂关系确甚密切,屡次给该厂垫款向日本购料,而该厂所铸银元,亦按较大百分比运交中国通商银行保管并代售。[①]此外,几家负责赈捐的机构也在中国通商银行有着相当数量的存款,这与盛宣怀同时负责赈捐事务不无关系。

不过,从上表也可以看出,到1907年之后,轮船招商局、电报局以及各铁路等不再在中国通商银行存有巨款,这与1907年交通银行的成立有关,该行主要经理轮、路、电、邮四政的存款和汇兑,其奏定章程之第七条规定:"轮路电邮各局所,存储汇兑揭借等事,该行任之。"[②]至于此前成立的户部银行,则垄断着官款的存储、汇兑等业务,该行章程第三十五条规定:"度支部出入款项,均可交由本行办理。"[③]而这些本来都是中国通商银行以前占有优势或努力争取的业务。

导致中国通商银行的资产总额在1905年后大幅度上升的另一个原因是该行大量发行钞票。1905年,中国通商银行从英国伦敦运到第二批新钞435

① 《中国第一家银行》,第165页。

② 《交通银行史料第一卷(1907—1949)》,第303页。

③ 孔祥贤:《大清银行行史》,第83页。

万元,合规元322万两。①是年,中国通商银行的钞票发行额即达80余万两,比起1904年的不足10万两之数来说是一个巨大的飞跃。而1906年又增至170余万两,1907年之发行额达到颠峰,增至230余万两。其后的1908年和1909年,发行额稍有减少,但也都在130万两左右。②

随着资产总额的大幅度上升,中国通商银行在1905年之后的放款额也随之大幅度增加,1905—1909年间均高达600万两左右,远远高于1904年的261.3万两。为了使所放之款取得更大的经济效益,总行甚至一改其1905年收歇分行的做法,又开始扩充分行的业务。1911年7—8月间,总行办事董事和华大班筹划在无锡贞吉栈开设中国通商银行无锡支店之事,并与该栈经理订立了合作章程,拟在该栈悬挂"经理通商押款钞票事宜"牌号,所有栈租进款、栈房开销仍归贞吉栈所有,而押款利息及押款上应行开销则均归中国通商银行,并一切悉听中国通商银行节制调度。此外,押款以20万两为度,而从前贞吉栈之活本及所借庄款,悉由中国通商银行拨还。③

但中国通商银行的汇兑生意因其分行在1905年之后裁撤殆尽而逐渐低落,其应收汇票额由1904年的137.5万两降至1905年的50.3万两,其后的几年则更少,在1906—1909年间均没超过30万两,最少时仅12.4万两。与此相对应,中国通商银行应付给他人之汇票数额则增加起来,由1905年的14万余两逐年增至1909年的91万余两,远远高于1904年的19万余两。但这并没有影响中国通商银行在1905年之后业务逐渐好转的趋势。

在业务量增大的情况下,中国通商银行开始改变1900年至1905年上半年间不断亏损的状况,逐渐扭亏为盈。其情况可见下表。

---

① 《中国第一家银行》,第30页。

② 同上,第158页。

③ 参见上海市档案馆馆藏"中国通商银行"档案,Q281-1-6,第40~42页;《中国通商银行》,第683~684页。

表23　中国通商银行第17—25届公积金和盈余额

截止时间	账目届数	公积金 （单位：规元万两）	盈余额 （单位：规元万两）
1906.1.24	17	–	约8
1906.1.24—1909.1.21	17—23	约52	约36①
1909.8.15	24	52.447756	6.287356
1910.2.9	25	58.719989	4.832093

资料来源：《中国通商银行》，第431、456、460~462、482~484页。

从上表可知，自1905年的下半年开始，中国通商银行就改变了连续亏损的状态，账面上开始出现8万余两的盈余。但除去本届开始减息所省之息银2.5万两，实际盈余额为6万余两。在1906—1908这三年里，现有资料还无法显示其6届账略中各届之盈余额，只是笼统地可看出第17—23这7届里统共增加的公积金数额及赢利情况，即7届共增加公积金约35万两，其盈余额共为36万两左右，平均每届盈余5万余两。到1909年上半年的第24届，公积金基本没有变化，还是52万余两。其盈余额虽然为6万余两，但若照股息八厘算，还须减去2.5万两，则实际盈余额不足4万两。到第25届，公积金增长到近59万两，但盈余额却降至近5万两，若照股息八厘算，实际盈余不足3万两。盈余额的下降和公积金的增加表明，总行为了弥补虚本实利，急于扩充公积金的数额。到了1911年8月，中国通商银行的公积金已增至80.859892万两，②并净余银6.2万余两。③

关于每个月的盈利情况，就现有的资料，只能看到第24届中每月之结单。

---

①　在第17—23这7届中，公积金增加了35万两左右。若补足八厘股息，7届共应除去规元17.5万两，则还净余规元17.5万两。但应补足推下股息，7届共计有规元3.5万两。如此，则7届中，除补足股息八厘外，余下规元21万两。此外，因以前公积金不多，京、津分行之老账亦未收起，7届之中赔垫虚本实利约规元15万两左右，故7届中共盈余规元36万两。参见《中国通商银行》，第456页。

②　《中国通商银行》，第507页。

③　上海市档案馆馆藏"中国通商银行"档案，Q281-1-6，第42~43页。

其情况见下表。

表24　中国通商银行在1909年8月至1910年1月间各月盈余状况

月份	盈余额(单位:规元万两)
1909.8	2.10435
1909.9	0.598577
1909.10	0.983832
1909.11	0.98434
1909.12	1.052185
1909.1	0.98

资料来源:《中国通商银行》,第459~460、462~463、473~480页。

虽然银行的资产总额和业务量在增加,并随之出现扭亏为盈及公积金稳步增长的情况,但银行的虚本实利并没有很快弥补完,而是依然长期存在着。同时,股东们见公积金在逐步增长,乃提出恢复八厘官利的要求。

1909年4月1日,总行办事董事和华大班在致盛宣怀的禀文中声称,前数年扣发二厘官息,原为急于归本复原起见,但近来股东啧有烦言,谓公积金已逾50万两外,股息不应不照股票定章给发。董事们曾于1908年刊刻公启布告,但股东仍不见谅,谓若为归本而扣股东股息,则仍是将股东应得之钱补股东之款,"不惟无功于银行,且有疑其因以为利者"。对此,他们"无词可以折服",乃请示盛宣怀,以后股息应否照章发给八厘,抑或仍扣二厘。①

同日,王存善又面禀盛宣怀,称公积金已逾50万两,如发六厘息则旧亏一年可完,各股东资本即可于一年完全;发息八厘,则旧亏两年方能弥补。对此,盛宣怀于次日致函银行董事和大班,称其经招股份居多,为股东计,股息少派二厘,而所损无几,倘因多派二厘之息而使股本难以完全,则是因小失大,绝非股东所愿。盛慨叹:他奉旨招股选董承办中国通商银行,原欲为中国开利

---

① 上海市档案馆馆藏"中国通商银行"档案,Q281-1-6,第2~3页。

源,不料迭遭患难,致亏巨本,始愿难偿。盛称赞现任办事董事和华大班驻行办事不辞劳怨,才使中国通商银行之股本得以完璧归赵。①

尽管赞扬现任总行办事董事和华大班办事努力,但盛宣怀也并非对他们的作为完全满意。在银行账目问题上,盛对他们曾提出严厉批评。初期,中国通商银行的账目主要为洋文账目。从《中国通商银行》所辑录的资料看,中国通商银行总行之华文账目到1905年后明显地多了起来,其中主要为历届账略和历次所造之存欠总结单。而在各分行中,只有烟台分行的账目出现。尽管如此,在1909年之前,中国通商银行还没有年总和月总之华文账目。对此,盛宣怀于1909年4月2日致函总行办事董事和华大班,称银行账目不仅股东不能知悉,连他本人也不能尽知。他声称自己为推诚起见,"一概委托诸公,不看细账,而股东难免误会"。因此,他令该人等督饬洋大班迅速造送简明账略,等其复核后予以发布。②同月6日,盛再次致函总行办事董事和华大班,就账目问题对其提出严厉批评。他质问银行董事:"中外官局、商铺无论大小分合,有无账册可观者乎! 虽独做之营业亦有月总、年总,况公司乎!"他严正指出:"今则商智大开,银行林立,若再长为无账之公司,断断不能。"盛还指出,中国通商银行"不做汇票,无多存款,即欲照造详细月总,亦不及又新公司之半,轮、电局之十分之一,何难之有,于天下极易之事,而转辗薪之,无怪乎股商之多言"。鉴于此,盛宣怀令总行办事董事和华大班在银行派息之前,迅速造送光绪三十四年底年总之本,或照轮船招商局分作存、该、收、支四项,一存董事处,一存大班处,一存督办处。最后,盛宣怀令该人等将此函存于总行,"以明三十四年之前并无年、月总呈阅"③。

---

① ②《中国通商银行》,第453页。

③ 同上,第457~458页。

据此,总行办事董事和华大班马上开具了一份中国通商银行盈亏总结单。该账单载明,中国通商银行收付均达到规元646.467188万两。其中,京、津欠款除收外,尚亏70万两左右,镇江关款连摊还该道库,尚亏32万两左右,两计共亏款102万两。可收者有15万两,尚亏87万两。内镇江关道有8万两,系按年摊还并不除去股本,故实亏79万两。除公积金53万两外,尚欠26万两。此外零星分期归还者,尚可收约1万两,"香港公司只作五万两",大约总尚亏20万两左右。①

1910年2月10日,王存善又开具了中国通商银行股本亏存大略。该账略虽然载明公积金此时已达到74.654649万两,但此时银行还没有完全摆脱亏损状况,各分行之亏款仍有102.505596万两。除去公积金、贻来牟厂和天津洋房所存之银、京、津老账尚可收取之银以及所存已出账之镇江道署分年官款等几项共计87.654649万两,尚少股本银14.850947万两。此外,王存善预算,若梁绍刚官司能赢,从前官断梁绍刚赔偿银行及归还银行讼费等应收进银13.5万两,则股本仅短少1万余两;如官司输掉,则仍须亏14万余两。②

1911年7月,盛宣怀派往总行查账之人冯嘉锡在给盛宣怀的报告中声称银行之虚本实利可在1912年偿清。冯说到,中国通商银行自庚子京、津遭变及镇江分行不善经理,受亏不少,以致历年所付官利尚未足数。现在公积金已有74万余两,约至来年,可将前亏偿清,即照原定长年八厘给发。冯还在盛宣怀面前赞扬新一届总行办事董事和华大班的能力。他说到,1910年沪上市面自各庄倒账之后,"凡我华银行、钱庄无不大受影响",独中国通商银行未曾波及,皆因为华大班谢纶辉办理得法,办事董事王存善等董理有方。冯最后

---

① 《中国通商银行》,第454~456页。其中亏款数目参见上海市档案馆馆藏"中国通商银行"档案,Q281-1-6,第3页。

② 《中国通商银行》,第484页。

还提出建议:"嗣后当益加详慎,使通商银行持久不敝,与汇丰等各银行相颉颃。"而盛宣怀在是年8月16日致总行办事董事的札文中也对该董事们的功劳作了肯定。他说道:"查该银行办理最早,经庚子年京、津亏损甚巨。历年酌减官息,又得钞票通行,将次弥补齐全。近来沪市纷纷倒账,通商银行未曾波及,该董等办事谨慎,尤属可嘉。"①

虽然中国通商银行从1905年下半年后就一直处于盈余状态,但比起同期的户部(大清)银行来说,其所获之利是相形见绌的。当中国通商银行还在为恢复8厘官利努力的时候,户部(大清)银行虽然所定官利为6厘,但其余利超过官利,两项加起来在1分3厘至3分2厘之间。其具体情况见下表。②

表25　1907—1911年户部银行的股息率

年份	旧股息率(单位:厘)		新股息率(单位:厘)	
	官息	红利	官息	红利
1905	6	15.8	–	–
1906	6	24	–	–
1907	6	24	–	–
1908	6	28	6	9
1909	6	15	6	7.5
1910	6	7	6	7

资料来源:《大清银行行史》,第86页。

就是和轮船招商局比较起来,中国通商银行所派之股息也是比较低的。在1905—1911年间,轮船招商局的股息均在10厘以上,而其官利就定在10厘。

---

① 上海市档案馆馆藏"中国通商银行"档案,Q281-1-6,第38~40页。

② 尽管户部(大清)银行股息如此之高,但截至宣统三年六月十五日止,该行共有呆账1622.8400475万两,且不算欠息在内,而大清银行的资本是1000万两,情况是相当严峻的。幸有存款5905万两,大清银行才得以支撑下去。(参见孔祥贤:《大清银行行史》,第242~245页。)在这种严峻的情况下,该行的股息还如此之高,无怪乎孔祥贤先生怀疑其中可能有"水分"。(参见孔祥贤:《大清银行行史》,第107页。)

表26　1905—1911年轮船招商局的股息率

年度	官利(单位:厘)	余利(单位:厘)
1905	10	3.5
1906	10	2
1907	10	2.5
1908	10	2.5
1909	10	—
1910	15	—
1911	10	—

资料来源:《中国早期工业化》,第229页。

而电报局在1910—1911年间所派股息也达到1.5分,但没有完全发派现银,而是每股发现银5两,加上中国通商银行股票10两。[①]

中国通商银行董事和大班本预计到1912年将银行的虚本实利弥补完,并重新将股息升至八厘,但辛亥革命的爆发使该计划推迟一年才得以实现。直至1913年3月24日,董事会公议,鉴于公积金已过90万两,应加息二厘。[②]到是年8月1日为止的第32届账略,除过八厘股息外,实结存规银约93.7万两。[③]

本章小结

在京行被抢和梁绍祥亏空案发生后,面对"总行调度不得要领,各分行生意不能扩充"的状况,盛宣怀于1902年派严潆为驻行办事总董,并授予其节制行中一切事务的权力。但严潆身体欠佳,且于两年后病逝,办事总董严信厚、

[①]　《中国第一家银行》,第115页。

[②]　《中国通商银行》,第723页。

[③]　同上,第517页。

朱佩珍又久不到行办事,董事会也久不召开,致使行务益发废弛。而在此期间,又发生尹稚山亏蚀案。鉴于此,盛宣怀派王存善和李钟珏为驻行总董、顾润章为驻行分董,同时撤销严信厚和朱佩珍办事总董的职位。到了1905年,中国通商银行成立之初的总董班子已发生很大变化,王存善、李钟珏和顾润章成为银行的实际负责人。不久,陈淦病逝,由谢纶辉接任。至此,总行的权力完全实现了换届接替。

在中国通商银行的业务上,盛宣怀继续利用其权力,在粤汉、正太、沪宁、汴洛、京张和沪杭甬等铁路的借款合同中为中国通商银行争取部分款项的经理权。而在他任邮传部尚书后,中国通商银行与该部的银钱往来极为频繁。他批准总行办事董事和华大班将放款业务的方向由注重拆款转向注重押款。不过,他对押款业务专主谨慎,而总行办事董事和华大班则力求稍与通融。盛还对银行账目进行规范,要求总行造具年总和月总账目,同时,他还派人定期到总行查账。此外,他要求中国通商银行"自家生意自家做",要求银行接做"汉冶萍局"、萍乡煤矿和又新公司等企业的押款。

为弥补虚本实利,总行采取了收歇分行、节省经费和发行钞票等措施。总行奉盛宣怀之令,继续对各分行进行收撤。重庆、香港、烟台分行又被相继收歇。但主要为了收老账,津行先收歇后又重开。此外,北京分行由北京宝兴隆金店经理人代办,近乎收歇。至此,各分行收歇殆尽。早在京、津分行亏损之后,总行就曾缓发股息两年。当银行虚本实利的状况愈加严重后,总行又采取减息措施,自1905年下半年后开始对官利减少二厘。在银行不景气的情况下,总行令美德伦减薪和让屋,并将洋账予以裁撤,相应地也裁撤了总行绝大部分洋账房人员。

通过盛宣怀及总行新一届办事董事和华大班的努力,中国通商银行的业务经营自1905年下半年后逐渐有了起色。除了汇兑生意因各分行相继收歇而大幅度减少外,资金总额、存款、放款、发钞额都获得大幅度增加。此后几年,总行皆处于赢利状态中,公积金也随之而逐步增加。为此,总行酝酿补发八厘官利。尽管如此,直至1910年初,总行尚少股本银14万余两。预计于次年补发八厘官利的计划也因辛亥革命的爆发而推迟一年实现。

结　论

通过对中国通商银行的创立与早期运作情况的研究，我们可以获得如下几点认识：

一、中国通商银行的产生与中国近代产业资本的发展有着密切的关联

甲午战争后相关的环境与条件的变化为其创立创造了有利的条件，但其创立过程中的曲折又表明，它自产生之时就面临着险恶的环境。从盛宣怀创立银行的最初缘起即为了"借用本国民债"的目的看，中国通商银行的产生首先源于创办者在国家财政问题上的考虑。但从其"今因铁厂不能不办铁路，又因铁路不能不办银行"的主张来看，中国通商银行的产生显然又与中国近代产业资本的发展有关。李鸿章创办华美银行失败而盛宣怀创办中国通商银行成功，致使中国第一家银行没有产生于1887年而是1897年，其重要的原因乃在于相关的环境与条件因甲午战争而发生了变化。甲午战争后，举

261

国上下欲求变革,在变革思潮的激荡下,设立银行之事已提上议事日程并深入人心,为时势所需,而清政府已有设立银行的打算。

尽管如此,中国通商银行的创立过程并非一帆风顺,而是经历了曲折。首先是在华外国势力的破坏,主要包括海关总税务司赫德开办银行的竞争和华俄道胜银行的阻挠。这些行为再次暴露出列强对中国侵略的本性,也凸显出在半殖民地状况下,中国近代企业所面临的外国势力的打压。但是更严重的障碍来自于中国内部的封建势力。中国通商银行的成立虽然得到很多重要人物的支持和光绪帝的批准,但在涉及重大利益的时候,清政府一度和中国通商银行处于对立面。总理衙门对银行章程的驳诘,本质上是为了对中国通商银行进行控制。至于管廷献的驳诘,则可看成是管氏见政府控制银行不成,干脆极力划清两者的界限,以消除中国通商银行的半官方地位。此外,在张之洞身上突出地反映出中国通商银行在创立之际所面临的潜在阻力。[①]

中国通商银行创立过程的一波三折,充分凸显了中国近代企业在内外夹困中的生存状态。而其创立之际就面临险恶环境的状况,预示着其日后业务经营的艰难和曲折。

二、中国通商银行和盛宣怀所控制的轮船招商局等洋务企业存在密切的关系

此外,该行与清政府、中国旧式金融机构以及外商银行和洋行均存在一定的联系。这些都体现出中国通商银行作为中国第一家银行,其在诞生之际对现存政治和经济环境有着一定的依赖性。

---

① 参见陈礼茂:《张之洞在中国通商银行创办过程中的言论述评》,《安徽史学》,2003年第5期。

中国通商银行最初的资金来源、章程制度和人员组织等方面的状况表明,该行和盛宣怀所控制的轮船招商局等洋务企业有着密切的关系;在资本中,轮船招商局、电报局的股份是中国通商银行商股的主要来源,而领存户部存款也是仿效上述企业的做法;《中国通商银行大概章程》中所规定任用洋人为大班的做法是对轮船招商局、电报局等企业中"洋人主政"做法的借鉴;而在中国通商银行成立之初的10位总行总董中,大部分在轮船招商局、电报局等企业中兼任董事。这些正是盛宣怀创议开设银行时所持"仿轮船招商局"主张的体现。

而盛宣怀领存户部100万两官款的做法,表明了盛欲使中国通商银行取得清政府支持的企图。中国通商银行因为有着户部官款在内,故从某种意义上讲具有半官方的地位。在处理中国通商银行债务纠葛的过程中,盛宣怀经常利用该行这种半官方的地位,要求各地官府给予帮助和支持。但中国通商银行资金中的官款在性质上不同于其后成立的户部银行和交通银行资本中的官款,前者是作为存款的形式,后者则作为该两行的官股,故从这个角度来看,户部银行和交通银行相对于中国通商银行来说,与清政府的关系更为密切。

此外,中国通商银行使用钱庄和票号中人以及有着外商银行和洋行背景的人作为中国通商银行经理人员的做法,体现了该行欲沟通其与中国旧式金融机构和外商银行之间联系的努力。事实上,作为保守的封建旧式金融机构,票号基本采取了拒绝与中国通商银行合作的态度,其人员大多拒绝到中国通商银行各分行中任职,即使有个别人兼任其分行经理人的职务,但也是重票号轻银行,致使银行的业务废弛。而且中国通商银行为了获得一部分汇兑公款的权利,与票号展开了激烈的竞争,这一状况在重庆分行中表现得尤为突出。

　　钱庄在近代化过程中则采取了比较开放的态度，故中国通商银行总行华大班皆来自钱业中人。与此相应，中国通商银行与钱庄有着比较多的业务往来，尤其是经常拆款给钱庄。总体上，中国通商银行和钱庄是一种合作关系。当然不排除有些钱庄对中国通商银行采取排斥态度，如在中国通商银行成立之际，北京"四恒"钱庄对其采取了敌视态度。而且在业务活动中，中国通商银行与钱庄也存在竞争的一面。在中国通商银行发生亏损之后，盛宣怀要求其控制的各企业之间要"自家生意自家做"，为此，原本经常向钱庄借款的一些企业改向中国通商银行押款。

　　至于与外商银行的关系，中国通商银行除了在章程上大量借鉴汇丰银行的做法外，在人事上则使用一些有着外商银行或洋行背景的洋人为该行总行或分行洋大班，力图以此取得与外商银行或洋行的业务联系。在实际运营中，外商银行和洋行虽然与中国通商银行有一定的业务往来，但总体上，外商银行与中国通商银行在业务上是一种竞争关系，洋行与中国通商银行的业务往来量也很有限，致使该行设置洋大班以取得与外商银行和洋行业务联系的目的没有达到。[1]鉴于与外商银行和洋行业务往来的效果不理想，同时为了节省经费，中国通商银行于1905年下半年裁撤洋账，并大量裁撤洋员。

三、早期中国通商银行在业务经营上总体是在苦苦支撑

　　这种状况主要是由中国通商银行内部用人、管理、监督等制度的不健全和混乱所致，此外，社会环境的影响也是重要的因素。

　　中国通商银行的营运资力在1897—1899年间是逐年增加的，其主要原因

---

　　① 参见谢俊美：《外资银行夹击中的中国通商银行——中国通商银行开办初年与外资银行、洋行、厂矿企业的业务往来及其思考》，《历史教学问题》，2002年第6期。

是存款在不断地增加。其存款的主要来源是盛宣怀所控制的轮船招商局、仁济和保险公司、铁路总公司以及盛本人。此外，荣禄、李鸿章、津海关道、东海关道、镇海关道、海防捐局等也存入很多官款。其工业放款的重点对象除了盛宣怀的洋务企业华盛纺织厂、大纯纱厂、裕源纺织厂等之外，还包括一些中国民族资本主义工业和外国洋行。而随着分行的纷纷开设，中国通商银行的汇兑业务在这几年也得到一定程度的开展。此外，也发行了一定数量的钞票。在资金总额和各项业务均不断增长的情况下，中国通商银行这几年的业务经营皆处于盈余状态，股息也按预定的八厘发放。

到1900年后，京、津、镇三行或因战争的影响，或因经理人的亏空，皆造成巨大的损失。其他分行也或亏损，或获利微弱，但却占有总行不少资金。总行则深受分行之累，资金周转困难。而整个中国通商银行的资金总额和各项业务额，均比其开办之初的数额减少很多。在这种情况下，银行连年亏损，最终出现虚本实利的状况。同时，户部银行正在酝酿开设，中国通商银行因此而几次面临被改组或合并的危险。

面对严重亏损的状况，盛宣怀和总行新一届办事董事及华大班对中国通商银行采取了一系列整饬措施，包括扩大存款、重视押款、收歇分行、节省经费和发行钞票等。在他们的努力下，中国通商银行的业务经营自1905年下半年后逐渐有了起色。除了汇兑生意因各分行相继收歇而大幅度减少外，资金总额、存款、放款、发钞额都获得大幅度增加。此后几年，总行皆处于赢利状态中，公积金也随之而逐步增加。尽管如此，直至1910年初，总行尚少股本银14万余两。预计于次年补发八厘官利的计划也因辛亥革命的爆发而推迟一年实现。

从上述三个阶段的情况可看出，早期中国通商银行在业务经营上经历了一个起伏的过程，但总体上是在苦苦支撑。导致这种状况出现的首要原因是该行内部用人、管理、监督等制度的不健全和混乱状况,其章程制度的文本设计和实际运作存在巨大的差距。

中国通商银行曾拟有比较周密的章程,包括《中国通商银行大概章程》《中国通商银行分行大概章程》《中国通商银行总董条例》和《中国通商银行总行与分行合同议据》等文本文件中所体现的各项规章制度。这几个文本表明,中国通商银行在章程的拟订问题上着力颇多,其内容也是力求完备,尤其是专门制定了分行章程以及总行与分行的合同议据,旨在加强对分行的管理和控制,这在近代华资银行制度近代化的进程中具有重要地位。但中国通商银行恰恰在分行中出现了严重的问题,导致总行受分行之累而出现虚本实利。

中国通商银行作为中国首家华资银行,人才缺乏的问题极端严重,无奈只能主要地以"财"取人,让各地出有巨股之人承担分行负责人。这一做法为中国通商银行总行后来受分行之累而发生亏损埋下了祸根。与早期中国通商银行"唯财是用"做法截然不同的是,上海商业储蓄银行自20世纪30年代开始,一律凭考试录取人员,各大口岸的经理则必须是在外国留过学的人员。[①]这种"唯才是用"的做法自然是该行经营获得成功的原因之一。

早在各分行负责人与总行签订合同议据时,双方在担保问题上就发生过分歧,各分行负责人甚至联名提出退职。这一事件表明,自分行开始运作之时,那些分行负责人就已开始置章程制度于不顾了。

在成立之初的1897—1899年里,虽然整个中国通商银行处于连年赢利状态,但主要是靠总行所获利润,各分行在业务上皆难见起色。而且绝大部分分行不遵守定章,包括脱手放账、账目不清、经常悬欠总行巨额款项等,而

---

① 徐矛、顾关林、姜天鹰主编:《中国十银行家》,第163页。

总行很难对其调度,致使两者经常处于对立和冲突的状态。

　　分行中不遵守定章的情形在津行和镇行中表现得尤为突出,并使该两行均发生了严重的亏空。津行和镇行出现严重亏空的问题,固然是其经理人营私舞弊的行为所致,但其深层的原因则在于中国通商银行管理体制的不健全和总行对分行缺乏监督。这两个分行亏空的情形有些相同之处:其一,该两分行都存储有较多的公款,与官府打交道比较多;其二,该两分行都造有多种账簿,既有公账又有私账;其三,该两分行的亏空情况皆是经理人员死后才发现的。在中国通商银行各分行中,京、津、镇三行与官府银钱来往比较多,都存有巨额公款。其中,北京分行在庚子事变中被抢毁,总行为此而赔偿武卫中军饷银31万两。其余两分行虽没有像京行那样被抢毁,但都发生了亏空。由此可见,盛宣怀只是极力地请求清政府将公款交于中国通商银行存储或汇兑,但一旦公款存于该行,对于如何很好地进行管理则没有制定健全的措施,致使分行经理人大肆吞噬。在他们吞噬公款的过程中,总行显然对其缺乏监督,任其伪造账簿进行蒙混。这种瞒天过海的行为都是直至该分行经理人员死亡后才暴露出来。假若他们没死,其亏蚀行为是否会暴露很难预料。这些共性的问题说明,中国通商银行在管理体制上极为混乱,总行对分行基本失去监督和约束力。可以设想,在这种状况下,如果其他分行也像京、津、镇三分行一样存有巨额公款,更多的亏空案件将会发生。

　　除了京、津、镇三分行发生严重亏损外,其他分行也大多发生亏损,只是程度轻微而已。即使有个别分行获利,也很微弱。事实上,即使在总行,其业务活动也存在着不合定章之处,这一点突出表现在韩祝三倒骗案中。而据美德伦于1898年6月28日向盛宣怀报告,总行除真账外,尚有假账,致使他不能将账综结。①

当然,此一阶段中国通商银行发生严重亏损的原因不仅仅是各分行不遵定章所致,还与当时动荡的时局有关。比如,在庚子事变中,北京分行被抢毁,虽仅被抢走现银数万两,但其投放之银难以收回,致使现银周转不敷,而荣禄向总行催取其存寄于北京分行之武卫中军饷银31万两。经过巨大的周折后,中国通商银行最终将此款全数赔偿。同时,天津分行也因这次战争而难以收回放款,很多放款成为呆账或坏账。而在1903年初,日本人伪造中国通商银行钞票,致使该行钞票出现挤兑,中国通商银行因此被迫收回已发行的钞票。烟台分行则因地处海疆,受战事的直接影响,总行对其业务予以了限制。这些情况再次凸显了列强的侵略对中国经济所造成的破坏。

四、盛宣怀对中国通商银行的人事和业务进行了一贯的介入

这种状况虽有利于中国通商银行凭借盛的权力和关系网打开业务上的局面,但盛强烈的个人意志严重阻碍了中国通商银行按照所订的章程制度来运行。

中国通商银行实行的是董事责任制,业务经营则由大班负责进行。华大班受洋大班节制,而洋大班在某些事情上须与华大班相商,两者"互相钳制",并且都听命于总董。虽然形式上是"权归总董",但实际上,作为创办人和最大的股东,盛宣怀掌握着银行的最后决定权,总董和大班皆对其唯命是从。

在京行被抢和梁绍祥亏空案发生后,面对"总行调度不得要领,各分行生

① 《中国通商银行》,第113页。

意不能扩充"的状况,盛宣怀开始对总行总董进行调整,于1902年派严潆为驻行办事总董,并授予其节制行中一切事务的权力。但严潆两年后病逝,办事总董严信厚、朱佩珍又久不到行办事,董事会也久不召开,致使行务益发废弛。在此期间,发生尹稚山亏蚀案。鉴于此,盛宣怀派王存善和李钟珏为驻行总董、顾润章为驻行分董,同时撤销严信厚和朱佩珍办事总董的职位。而张振勋后来也辞去银行总董之职。到了1905年,中国通商银行成立之初的总董班子已发生很大变化,王存善、李钟珏和顾润章成为银行的实际负责人。不久,陈淦病逝,由谢纶辉接任。至此,总行的权力完全实现了换届接替。

盛宣怀不仅掌握着中国通商银行的人事权,而且在中国通商银行的存款、汇兑、放款等具体业务上也是深深地介入。他不仅在中国通商银行成立之际向户部申请到100万两的存款,而且在后来一直利用自己的权力和关系网,极力为该行招揽存款。首先,他在多项铁路借款中谋求中国通商银行对部分借款的经理权,并取得了相当的成效,先后在芦汉路、粤汉路、正太路、沪宁路、汴洛路、京张路和沪杭甬路等铁路借款中为该行争取到部分款项的经理权。尤其是1905年沪宁路款250余万两存入中国通商银行,在该行连年亏损而正值资金周转困难之际实"救银行不浅"。此外,盛宣怀还在其向英国呼利公司借国债的过程中努力为中国通商银行争取该项债款的经理权,但此项借款没有成功。其次,盛宣怀努力为中国通商银行争取各省关的存款。他不仅利用自己私人的关系进行疏通,而且还专门上奏申请将各省关款项交中国通商银行存储和汇兑。在他的努力下,中国通商银行获得了一些官款的存储权。在任邮传部尚书之后,盛宣怀还频繁地让该部与中国通商银行进行银钱上的往来。

在中国通商银行的汇兑业务上,盛宣怀也是积极介入。他很重视中国通商银行的官款汇兑,一方面上奏请求朝廷令各省关将公款交中国通商银行汇兑,一方面要求总行大班对公款设法进行招揽,并一再命令总行将汇费降低,甚至提出"汇丰银行汇票不赚不做,通商银行汇票不赚亦要收"①。

在放款业务中,盛宣怀向来重视押款。早在中国通商银行成立之初,盛宣怀就不断地令总行多做押款。而且在押款方针上,他专主谨慎,以至于后来总行办事董事和华大班力求其稍与通融。

盛宣怀还一再强调中国通商银行要"自家生意自家做",即与其控制的其他几家洋务企业进行密切的业务往来。中国通商银行作为盛宣怀一手创办的企业,它和盛所控制的其它企业不可避免地将发生比较密切的联系。首先是轮船招商局和电报局,在中国通商银行250万两股银中,分别出了80万两和20万两。其次,在控制铁路总公司期间,盛宣怀在多项铁路借款中为中国通商银行招揽有存款,故铁路总公司长期和中国通商银行保持着银钱上的往来。此外,盛宣怀所控制的汉阳铁厂、萍乡煤矿、大冶铁矿及后来由三者合成的汉冶萍公司、华盛纺织厂、裕源纺织厂、又新纱厂、华大新公司、三姓金矿、开平煤矿等企业,无不和中国通商银行发生过银钱上的来往。尤其是汉阳铁厂,因一直存在资金短绌的困难,经常向中国通商银行进行押款。而盛宣怀也十分重视该厂的经营,不断要求中国通商银行给予资金的挹注。此外,在盛宣怀经理赈捐事务的过程中,中国通商银行曾大量进行赈捐款项的收解。

盛宣怀还曾经对中国通商银行的账目进行规范,要求总行造具年总和月总账目,同时,他还派人定期到总行查账。

对中国通商银行发生亏损的原因,盛宣怀虽然提到总行总董和大班的失职以及各分行的各分畛域,但他显然没有意识到自己所应承担的责任。作为中国通商银行的实际操纵者,盛宣怀对该行的人事和经营活动有着最终的决

---

① 上海市档案馆馆藏"中国通商银行档案",Q281-1-1,第23~24页。

定权。这一点虽然也有一些好处，即盛宣怀可以利用其权力和关系网为中国通商银行的业务打开局面，但其致命弱点是，在银行的具体运作过程中没有一个真正起到负责任作用的人。在中国通商银行成立之初的10名总董中，没有一名具有领头的地位，以至总董不能负起真正的责任，或者遇事推诿。即使盛宣怀后来赋予严潆节制银行一切事务的权力，但盛宣怀依然紧紧控制着银行。尽管盛宣怀对中国通商银行尽力维持，但其精力和能力毕竟有限。盛宣怀既要为官，还要维持庞大的企业摊子。尤其是在1902年10月盛宣怀因其父盛康去世而必须丁忧之际，早已觊觎盛宣怀洋务企业的袁世凯趁势夺取了轮船招商局和电报局的控制权。此后，袁、盛之间展开了长期或明或暗的争斗。丁忧以及前述两局的控制权被剥夺之事，无疑会极大地牵扯到盛的精力。而恰恰在此前后，中国通商银行陷入亏损的深渊，个中关系耐人寻思。

对盛而言，中国通商银行只是其庞大的实业摊子中的一个企业。盛宣怀对中国通商银行的牢牢控制，使得该行与盛本人及盛所控制的其他企业的命运紧紧地联系在一起。中国通商银行和盛宣怀的密不可分的关系导致该行陷入一个悖论：没有盛宣怀在政治和经济上的权势，中国通商银行的成立难以想象，但唯其因为盛宣怀在政治、经济，甚而包括外交上展开广泛的活动，而中国通商银行的重大事情皆由盛宣怀决断，致使该行的业务发展随着盛的起伏而起伏，该行的存亡命运也由盛宣怀决定。在该行严重亏损而户部银行酝酿成立之际，盛宣怀竟打算将中国通商银行撤销。这种状况表明，中国通商银行自成立之始，不仅面临着恶劣的社会环境，还注定了必将随盛宣怀的起伏而起伏的命运。

此外，虽然盛宣怀具备很多举办近代企业的才华和能力，但在银行这一极具现代性的金融机构的业务和管理问题上，他显然缺乏相关的知识和能力，还称不上近代意义上的银行家，他只能简单地模仿外商银行、钱庄、票号等机构的做法，或者照搬其经营轮船招商局和电报局等洋务企业的经营管理经验。在这一点上，民国时期所出现的很多银行家则不同，如陈光甫、周作民等人大多留学国外，并大多专门从事银行学或经济学的学习或受到相关的培训。在经营理念上，他们努力遵循银行本身的运作规律，而不同于盛宣怀盲目照搬外商银行、中国旧式金融机构以及洋务企业在经营管理上的一些做法。

综合而观，虽然中国通商银行是中国近代产业资本发展的产物，又有财政上现实的需要，而且得到甲午战争的催生，但其创立过程中的曲折又表明，它自产生之日就面临着险恶的环境，这预示这它将在困境中艰难前行。事实也证明，其早期业务经营的状况起伏不定，而总体上是在苦苦支撑。其原因除了外部恶劣环境的影响外，更重要的是，其文本设计和实际运作之间存在巨大差距，它在运作过程中并不遵守章法，管理混乱，运作体制很不健全。尤其是在分行经理人的选拔过程中"唯财是用"，总行又对分行的经营缺乏监督和约束，致使总行深受分行之累而发生亏损。在早期中国通商银行的运作中，盛宣怀对该行人事和业务活动一贯进行介入，并握有最终决定权。这种状况使得该行的命运与盛宣怀及盛所控制的其他洋务企业的命运联系在一起，并使得该行不可能按照所制定的章程制度去运作，往往偏离业务经营的客观要求。

中国通商银行(1896—1911)大事记

1896年

7月27日　盛宣怀致电王文韶、张之洞,提出"铁路之利远而薄,银行之利近而厚",并通报赫德觊觎银行之事。

8月2日　张之洞致电盛宣怀,主张将铁路与银行分为两事,等铁路定议后再议银行。

10月26日　王文韶致电张之洞,认为银行事必成。

11月1日　盛宣怀呈《自强大计折》及附片,陈练兵、理财、育才之要,在理财一节中,提到要设立银行。

11月6日　严信厚等拟就关于设银行、发行钞票的条陈。

11月10日　枝巢将由其修改过的《华商集成官银行章程》呈交盛宣怀。

11月11日　张之洞致电盛宣怀,表达其反对盛为银行督理的意见。

11月12日　清政府任命盛宣怀选择殷实商贾,设立总董,招集股本,合力兴办银行。

同日　面对华俄道胜银行的觊觎,为加强竞争能力以抵制俄行,银行商董呈递说帖,要求政府给银行拨发官本并允许银行独家承领拨解、汇兑和暂存官款的业务,并主张所有官银号和汇票庄合并入银行。

11月15日　陈炽拟官银行办法十二条,提出要设分行、联合号商、招集股份、遴选经理、公举董事、行钞票、重抵押、公平兑换、扶持商务、慎重从事款项的放与收以及年终须考核监督等。

11月16日　李经迈致电盛宣怀,转达李鸿章对银行名称的看法,"招商银行似不如中华商会银行,商会即公司别名,较为大方"。

11月18日　候选郎中许葆翰致函盛宣怀,对办理中国通商银行之事提出三条建议:联络各国、少行钞票、慎选人材。

11月24日　陈钖勋给盛宣怀呈上"条陈十则,章程四十则,拙著三部,小照一幅,并录呈新闻报三段"。

11月28日　陈炽秉承盛宣怀之意,向清廷上《关于银行招商宜入官股折》,提议由户部拨款二三百万两,作为官股。

11月29日　盛宣怀致函李鸿章,阐述中国通商银行采取"与洋商合办"方式的利弊得失,他倾向于"中国独办"的方式,同时强调银行初创时必须借助"官力辅助"。

11月30日　盛宣怀向清廷提议拨官款给中国通商银行,并准许中国通商银行垄断所有各省关汇拨中外官款的承汇业务,以杜绝华俄道胜银行的觊觎。

是月　银行总董拟章程四十条,计开银行总纲四条、总行章程十二条以及分行章程二十四条。

12月20日　张振勋拟陈银行条议。

12月30日　贾德纳等向盛宣怀推荐美德伦为中国通商银行总办。

1897年

1月8日　美德伦向盛宣怀开出聘用条件,包括聘用期限、权力凭证、特权范围和薪水四项。

1月10日　对美德伦所开的聘用条件,某人逐条向盛宣怀提出修改意见,予以限制。

1月12日　严信厚拟就银行章程。

1月20日　严信厚拟就第二个银行章程。

1月21日　盛宣怀致电张荫桓,请求户部拨款二百万两存于银行。

1月26日　银行总董拟就《中国通商银行大略章程》。

1月27日　盛宣怀致电总理衙门,请求将银行名由"中华商会银行"改成"中国通商银行"。

2月2日　签订《美德伦充任洋大班合同》。

2月7日　美德伦拟中国通商银行招股条款。

2月8日　盛宣怀致函江海关道刘康侯,请刘对中国通商银行随时护持。

2月14日　盛宣怀托道胜银行买办宋仲邃探听香港惠通银行大班英吉培是否可靠,能否胜总大班之任。

2月20日　各总董拟定《中国通商银行大概章程》。

2月23日　上海汇丰银行大班韦加纳和仁记洋行洋东马格楼分别向中

国通商银行推荐美德伦。

3月1日　银行将章程送交《申报》《沪报》《新闻报》《指南报》《苏报》诸报馆刊登。

3月4日　冯教高向盛宣怀报告总理衙门对银行章程驳诘的情况。

3月14日　总理衙门咨盛宣怀,对银行章程提出修改意见。

3月23日　盛宣怀致函中国通商银行总董,同意由沪关所转拨的规银一百万两暂存外国银行,待中国通商银行开设之日承领起息。

3月24日　总行总董奉盛宣怀命订定《中国通商银行总董条例》。

中国通商银行延请陈淀充任总行买办,总董与之签订合同。

4月6日　盛宣怀致电李鸿章,报告银行招股受总理衙门对银行章程驳诘的影响。

盛宣怀致电荣禄,请其对银行章程予以核准。

盛宣怀致电总理衙门,请求其在银行章程再次送来时,予以批准。

4月12日　荣禄致电盛宣怀,表示赞同开办银行。

盛宣怀咨复总理衙门,对其关于银行章程的修改意见逐一进行答复。

4月19日　总理衙门咨盛宣怀,督促银行及早开办。

5月14日　中国通商银行在报刊上刊登开幕告白。

5月24日　美德伦向盛宣怀推荐厚士敦为北京分行代理洋大班。

5月27日　中国通商银行总行在上海成立。

6月7日　盛宣怀上书荣禄,陈述设银行之重要性,并指出银行遭受汇丰银行和四恒钱庄嫉恨的情况。

6月28日　张之洞致电盛宣怀,就针对管廷献奏稿之复奏稿提出修改意见。

7月3日　各分行华大班与总董叶成忠等签合同时,双方发生分歧。

7月13日　为了扶持其主持的"路行"事业,盛宣怀让其管辖的电报局将铁路总公司和中国通商银行的电报费列作四等,算给半费。

7月16日 王文韶、张之洞、盛宣怀联名上奏《遵旨会同核议银行利弊仍归商办并由南北洋稽查以保利权折》,就管廷献对银行章程指责的诸方面逐一进行辩驳。

是月 总行拟定《中国通商银行分行大概章程》和《中国通商银行总行与分行合同议据》。

10月 中国通商银行与三姓金矿公司订立合同,两者各入股半数组建一公司。

11月8日 天津分行附居路局开张,但尚未登报挂牌。

11月18日 盛宣怀照会银行总董,银行嗣后发电报不得再列二等。

1898年

6月28日 美德伦查得总行除真账外,尚有假账。

7月7日 总行与拉打订立其充任香港分行洋大班的合同议据。

是月 盛宣怀上《筹办中国通商银行次第开设情形折》,恳请户部命令各省关,嗣后凡存解官款,但系设有中国通商银行之处,务须统交中国通商银行收存汇解。

8月17日 天津分行经理大班梁绍祥与银行总董重订合同议据。

10月 盛宣怀上《推广中国通商银行以流通自铸银元折》,报告银行开办一年多以来,汇兑官款甚属稀少,请求光绪帝令户部、各直省督抚、监督与中国通商银行商定切实办法。

11月9日 广州分行股东戴春荣等致函盛宣怀,要求撤换粤行大班王同燮,因为王将主要精力放在源丰润的生意上,致使源丰润生意日见兴隆,而银行生意鲜人过问。

<h1 style="text-align:center">1899年</h1>

10月　华大新公司重庆一庄,议定与中国通商银行作押汇票。

1900年

1月30日　天津分行摘抄华大北号存欠账单。

2月24日　盛宣怀指责陈淦不愿分行做生意,乃是其大病。

3月25日　总董电禀,汉阳铁厂、华盛纺织厂和华大新公司重庆一庄共欠中国通商银行之款将及百万,致使总行银根不敷周转。

4月27日　温灏给盛宣怀上陈意见,请求添设新加坡分行以及对所开诸分行进行整顿。

6月22日　京行被兵勇抢毁。

7月10日　陈淦向盛宣怀汇报天津分行在战乱中的情况。

7月14日　荣禄令上海道台余联沅在中国通商上海总行提取武卫中军存寄于京行之饷银31万两。

同日　盛宣怀下令收撤汕头分行。

8月13日　军机处令盛宣怀将武卫中军存京行之饷银31万两如数由总行提交江宁藩库,盛照会总行总董、大班照办。

8月24日　陈淦给盛宣怀寄送京行放款于天津各户之账略。

9月18日　北京分行洋大班厚士敦向盛宣怀禀报武卫中军饷银存寄于京行之情况。

9月25日　浙江第四批地丁京饷银和两浙江南等处第二批盐课因北方战事,无法解往京城,乃托中国通商银行上海总行汇京。

9月28日　陈淦告知梁绍祥保人梁绍刚,梁绍祥另账甚多。

10月23日　盛宣怀上《酌拟武卫中军存寄京都中国通商银行饷银办法折》。

10月26日　严潆向盛宣怀报告津行欠海防捐局二十三万余两之事。

11月18日　总董公议京、津分行开设复业,并责成厚士敦、冯商盘将存欠各账逐款清厘。

1901年

1月9日　张振榮致函盛宣怀,阐述海防捐局之账与津行之账不符之处。

1月10日　意大利公使占据京行地址,中国通商银行欲向该大使理论。

1月20日　盛宣怀下令收撤福州分行。

3月1日　盛宣怀上奏《遵查银行所存军饷酌拟赔偿办法折》。

3月21日　盛宣怀请四川总董奎俊、布政使员凤林仍照前案准归中国通商银行领汇官款。

5月30日　美德伦、陈淦向盛宣怀报告被毁之京行房屋原价及损失物品之价。

6月13日　盛宣怀催促总行将京行赶速开办,以便接应汇兑事宜。

6月27日　川省有秋冬两批京饷约四十余万两,暂按三股份汇,拟分中国通商银行一股。

7月28日　盛宣怀令美德伦、陈淦详细查明港行华大班冯厚光的情况,不要重蹈梁绍祥覆辙。

7月29日　因京城教案急需,行在户部令中国通商银行将其所欠武卫中军存款10万两提前两个月解缴。盛宣怀令总行总董、大班遵照办理。

8月10日　美德伦、陈潆向盛宣怀报告铁路总公司保定工程处与津行账务纠葛之情况。

10月9日　华盛纺织厂定购瑞乐洋行棉花两百吨,盛宣怀让中国通商银行作保。

10月26日　陈潆给盛宣怀抄呈津、京分行旧账放款摘总。

11月10日　陈潆给盛宣怀抄呈津行公私旧账存欠清册。

1902年

2月17日　对于韩祝三押骗总行巨款一案,盛宣怀判定有关人员之责任,并责成他们分成赔偿被骗之款。

3月18日　总行总董禀复盛宣怀,重评韩祝三押骗案中相关人员的责任问题。

3月25日　盛宣怀坚持自己前次对韩祝三押骗案中相关人员的责任界定。

4月9日　钱邦彦与总行签定其经理京行之合同议据。

6月16日　盛宣怀札饬严潆为总行办事总董,专门坐镇总行,节制调度所有总分各行华洋大班之黜陟。

9月6日　盛宣怀下令裁撤总行查账董事辜济㧑。

10月13日　盛宣怀准总行办事总董严潆所请,着令梁绍刚赔偿梁绍祥欠账18.1万余两。

1903年

2月28日　日本驻沪总领事小田切万寿之助向盛宣怀通报日本查获山下忠太郎等人伪造中国通商银行钞票之情况。

3月31日　盛宣怀致电严潆,称户部将提还存款,各分行应收账停撤,资金归并总行收缩办理。

4月23日　盛宣怀饬令各分行收撤。

5月7日　盛宣怀函告户部尚书鹿传霖,等国家银行开设之后,中国通商银行方可收歇。

5月26日　盛宣怀饬令将朱纫秋因欠津行老账而抵押之贻来牟机器磨面厂进行招商租办。

5月29日　盛宣怀曾请求朝廷批准将户部存款拨存汉阳铁厂,但外务部答复,此款准备拨给将来成立之国家银行。

6月28日　盛宣怀札饬总行总董,除京行外,其他分行应予以裁撤。

7月19日　镇行分董尹德坤禀请将镇行备本银五万两缓提,获得盛宣怀的批准。

9月3日　盛宣怀札饬浙江镇海县令将金炳燮、金贤能提案严讯,勒限押追其欠中国通商银行之款。

11月16日　盛宣怀札饬冯商盘归还老京行账中其承认之尾欠、新津行账中与总行之往来欠,并催其收取老津行欠账。

12月31日　朱纫秋向盛宣怀提议,贻来牟机器厂或由中国通商银行发本自做,或与他人合办。

1904年

1月　盛宣怀就奥地利政府提出与盛宣怀合办银行之事致函奥地利商务参赞官。

1月22日　冯商盘向盛宣怀汇报其催收和缴还欠款的情况，并解释京行在庚子事变中被抢之数额与后来所报失之数不相符合之原因。

1月23日　满德将其所拟之合办中国通商银行大略章程送呈盛宣怀。

2月12日　盛宣怀派叶仁寿前往重庆收撤重庆分行。

5月11日　盛宣怀函告怡和洋行，其代铁路总公司发出英金225万镑之借票。

5月12日　盛宣怀札饬四川川东道饬传渝行买办吴养臣及协庆祥、同德厚等号东刻日到案，严讯追缴其欠渝行之款。

6月2日　盛宣怀向江海关道解缴本年应缴户部本息银两。

6月19日　盛宣怀函复奥地利人许乙诗，称其对中、奥合办中国通商银行一事从未应允。

6月24日　怡和洋行按借款合同，准备分三次拨存中国通商银行25万镑，作为铁路总公司购地之用。

6月29日　盛宣怀饬令津行司事范松岩和津行大班冯商盘在津案中作证。

9月8日　盛宣怀饬令镇行到期之款、各庄结欠镇行之款、总行所付镇行备本银以及镇行欠总行往来银一并由镇行总董尹德坤全数料理清楚并汇缴总行，而镇行图章则暂时缓发。

10月6日　派往镇行之查账人给盛宣怀开具镇行详细账单，盛宣怀看款目至巨,乃增派王存善和朱冯寿前往镇江,按单查核尹稚山经手镇行之存欠各款,并查明尹氏产业,以备将来不能清缴时进行查封备抵。

10月10日 盛宣怀饬令贺峒、朱士林、李漾驰赴通州如皋县,将尹稚山所开之吉公和典铺会县查封。

10月13日 盛宣怀饬令赵涞彦、魏诗诠、朱秉钧驰往扬州江都、甘尔等县,将尹稚山之房屋和油坊会县查封。

10月16日 盛宣怀委任王存善、李钟珏为驻行总董,顾润章为驻行分董。

11月8日 盛宣怀致函江苏巡抚署两江总督端方,商讨归还镇江关款之办法。

11月21日 盛宣怀令冯商盘会同魏秋农、宋汉章在天津清查梁绍祥产业,以抵其欠款。

12月6日 盛宣怀致电新任两江总督周馥,商议追查尹产及尹产开彩之事。

1905年

2月3日 总行办事董事公布银行第十五届简明账略。

5月20日 总行总董致函盛宣怀,报告彩票拟议分销数目。

5月26日 罗饴致函盛宣怀,报告处理贻来牟机器厂之情况。

6月19日 怡和洋行大班葛雷生致函李经方,就中国通商银行办事董事关于该银行向宁沪铁路收英金25万镑一事所议之章程提出修改意见。

7月28日 哈华托致函总行总董,建议给予被辞退之津行洋大班哈罗六个月薪水。

7月31日 总行刊布中国通商银行第十六届账略。

同日　万耕畬开具烟台分行第十六届总结清册。

8月1日　总行总董向盛宣怀论证银行与户部合办有害而无利。

8月11日　宋汉章致函总行华、洋大班,陈述当初梁绍祥将津榆铁路10万之款误收在芦保铁路新账上之情况。

8月12日　总行办事董事向盛宣怀报告中国通商银行虚本数目并提出弥补法则。

8月17日　盛宣怀致函总董,称中国通商银行章程应重加厘定,方可遵行。

8月21日　盛宣怀给周馥送去说帖,陈述中国通商银行赔偿镇江关款之情况。

是月　津行抄呈盛宣怀与该行往来账略。

9月1日　盛宣怀见天津市面逐渐恢复,津行以前外放各账已有着落,乃派孙用钊、巢凤冈前往天津,会同前大班冯商盘,将总行开来账目与津行之账逐一校对。

9月2日　顾润章致函盛宣怀,称谢纶辉接办后,一切生意交陈淦活动。

9月8日　盛宣怀就总行办事董事所汇报之银行减息、节省洋员经费、温灏指责总行违反商律等事情作出批示。

同日　董事会讨论总行亏折、裁撤天津、香港分行及减息弥亏等事。

9月18日　盛宣怀请谢纶辉认真接办总行华大班之职。

9月20日　巢凤冈向盛宣怀汇报赴津查账及催款情况。

9月25日　京盐公柜李宝恒致函盛宣怀,陈述天津盐商与津行往来之情形。

9月26日　盛宣怀札咨张振荣,谈及铁路、银行款项纠葛问题。

是月　中国通商银行刊登减息布告。

10月10日　总行办事董事向盛宣怀报告裁减洋大班美德伦费用之情况。

11月5日　盛宣怀为沪宁铁路借款存放中国通商银行提供担保书。

11月10日　王存善、顾润章致函盛宣怀,汇报分年摊赔镇江关款之办法。

11月30日　江苏布政司和镇江关道台向两江总督禀告分年摊赔镇江关亏款之事。

12月13日　盛宣怀致函周馥,阐述镇关亏款开彩之后不敷之款分年弥补之法。

1906年

1月24日　总行开具银行历届盈亏结数

2月3日　魏官柱拟呈再开天津分行节略。

3月14日　福开森致电盛宣怀,就津案阐明自己的观点。

1907年

1月15日　周石甫卷逃亏欠中国通商银行银两,盛宣怀函请两广总督周馥饬令押追。

4月9日　钱荫堂向盛宣怀汇报袁保三代办京行之情况。

11月11日　盛宣怀致电邮传部,陈述解决正太息款纷争之办法。

1909年

3月27日　银行办事董事奉盛宣怀之令,让纪联荣将以前京行存放各款收交清楚。

4月1日　银行董事、大班请示盛宣怀以后股息应否照章发给八厘,抑或仍扣二厘。

4月4日　银行董事、大班开具中国通商银行盈亏总结单。

4月6日　盛宣怀就总行账目问题致函总行办事董事和华大班。

6月28日　香港高等裁判署下达津案复审之判词。

10月5日　英国律师仇客就津案的诉讼问题给盛宣怀上陈意见书。

11月1日　费烈就津案的诉讼问题向盛宣怀上陈意见书。

11月6日　沈敦和、王存善就费烈所提之"华律"一节向盛宣怀陈述其认识。

1910年

2月10日　王存善开具银行股本亏存大略。

2月19日　袁保三致函盛宣怀,报告其办理捐款情况。

2月21日　银行办事董事禀请盛宣怀,将以前尹稚山押于厚大钱庄之股票照章充公或立案作废。

3月7日　沈敦和函告盛宣怀,津案卷宗业已寄往伦敦。

4月20日　盛宣怀致函李经方,请其在伦敦对津案之诉讼予以援手。

5月　总行开具中国通商银行抵押汉冶萍优先股票息单。

6月9日　总行办事董事向盛宣怀禀报银行近期押款及1909年赢利之情况。

10月27日　盛宣怀就山东赈捐之事札咨银行办事总董。

12月22日　盛宣怀札饬王存善转饬其经手劝办之六名捐生分别补交所欠捐银及到度支部查验执照。

1911年

1月4日　王存善就总行处置受押物之情况禀告盛宣怀。

4月17日　顾润章、谢纶辉就运现银至南京造币厂铸币之事致函该厂总办蔡子衡。

4月20日　谢纶辉向盛宣怀禀告银行数项押款催收取赎情况。

王存善、顾润章就银行押款之方针是专主谨慎还是稍与通融请示盛宣怀。

5月13日　盛宣怀就上海轮船招商局将所购中国通商银行股票作为搭息发给股东一事致函施亦爵。

5月16日　银行办事董事和华大班就中国通商银行经办江宁造币厂铸币之事禀告盛宣怀。

5月28日　盛宣怀就王存善、顾润章劝办奖捐生296名一事致函该二人。

6月10日　邮传部拟拨规银数10万两至100万两,活存中国通商银行。

6月11日　总行给盛宣怀抄呈愚记往来账单。

6月20日　银行办事董事和华大班将其对邮传部拟存巨款于中国通商银行及盛宣怀欲将此款贷给汉冶萍公司一事向盛宣怀禀陈意见。

同日　银行董事就邮传部欲存款于中国通商银行一事致函该部款项处。

6月26日　总行办事董事就其在中国通商银行过户股票上签名的问题致函盛宣怀。

6月27日　总行就邮传部存款利息致函该部款项处。

7月14日　纪联荣向盛宣怀报告其追收天津盐商所欠津行款项之情况。

7月18日　总行办事董事和华大班就盛宣怀所派之冯嘉锡来总行查账一事禀告盛宣怀。

8月12日　总行办事董事和华大班就银行在无锡贞吉栈开设支店之事禀告盛宣怀。

8月16日　盛宣怀就冯嘉锡至总行查账一事札饬银行董事。

8月30日　总行办事董事和华大班就银行本年上半年结账以及在伦敦上控梁绍刚之事禀告盛宣怀。

10月3日　总行开具中国通商银行抵押汉冶萍优先股票息单。

10月12日　银行董事就汇丰银行上海分行代收日本正金银行伦敦分行提拨粤汉赎路款项一事至函邮传部款项处。

10月31日　上海道台刘燕翼就信成、四明、兴业三银行向中国通商银行押借新币15万元一事致函上海商会。

参考文献

（以作者姓氏拼音字母为序）

一、中文部分

(一)资料、档案、报刊

1. 陈梅龙. 上海机器织布局——盛宣怀档案资料选辑之六［M］. 上海：上海人民出版社,2001。

2. 顾廷龙,叶亚廉. 李鸿章全集(三)［M］. 上海：上海人民出版社,1987。

3. 齐国华,季平子. 甲午中日战争——盛宣怀档案资料选辑之三(上、下)［M］. 上海：上海人民出版社,1982。

4. 王铁崖. 中外旧约章汇编(第一册)［M］. 北京：生活·读书·新知三联书店,1957。

5. 汪熙,陈绛. 轮船招商局——盛宣怀档案资料选辑之八［M］. 上海：上海人民出版社,2002。

6. 吴汉民. 20 世纪上海文史资料文库(5)[M]. 上海:上海书店出版社,1999。

7. 夏东元. 郑观应集(上册)[M]. 上海:上海人民出版社,1982。

8. 谢俊美. 中国通商银行——盛宣怀档案资料选辑之五[M]. 上海:上海人民出版社,2000。

9. 徐义生. 中国近代外债史统计资料(1853—1927)[M]. 北京:中华书局,1962。

10. 苑书义. 张之洞全集[M]. 石家庄:河北人民出版社,1998。

11. 郑振铎. 晚清文选[M]. 北京:中国社会科学出版社,2002。

12. 北京大学历史系近代史教研室. 盛宣怀未刊信稿[M]. 北京:中华书局,1960。

13. 中国人民银行参事室. 中国清代外债史资料[M]. 北京:中国金融出版社,1991。

14. 中国人民银行上海市分行金融研究室. 中国第一家银行——中国通商银行的初创时期(一八九七年——一九一一年)[M]. 北京:中国社会科学出版社,1982。

15. 中国人民银行上海市分行金融研究室. 上海钱庄史料[M]. 上海:上海人民出版社,1960。

(二)论著

16. 董继斌,景占魁. 晋商与中国近代金融[M]. 太原:山西经济出版社,2002。

17. 杜恂诚. 上海金融的制度、功能与变迁[M]. 上海:上海人民出版社,2002。

18. 范文澜. 中国近代史(上册)[M]. 北京:人民出版社,1962。

19. 冯天瑜. 张之洞评传[M]. 郑州:河南教育出版社,1985。

20. 洪葭管. 中国金融史[M]. 成都:西南财经大学出版社,1993。

21. 黄鉴晖. 山西票号史[M]. 太原:山西经济出版社,2002。

22. 孔祥贤. 大清银行行史[M]. 南京:南京大学出版社,1991。

23. 李一翔. 近代中国银行与企业的关系(1897—1945)[M]. 台北:台北市东大图书股份有限公司,1997。

24. 夏东元. 盛宣怀传[M]. 成都:四川人民出版社,1988。

25. 谢俊美. 翁同龢传[M]. 北京:中华书局,1994。

26. 徐矛,顾关林,姜天鹰. 中国十银行家[M]. 上海:上海人民出版社,1997。

27. 沈大年. 天津金融简史[M]. 天津:南开大学出版社,1988。

28. 吴景平,马长林. 上海金融的现代化与国际化[M]. 上海:上海古籍出版社,2003。

29. 张忠民. 艰难的变迁——近代中国公司制度研究[M]. 上海:上海社会科学院出版社,2002。

30. 中国社会科学院近代史研究所. 沙俄侵华史(第四卷上)[M]. 北京:人民出版社,1990。

(三)论文

31. 曹啸. 中国近代银行业的发展脉络[J]. 经济论坛,1999,8。

32. 陈礼茂. 张之洞在中国通商银行创办过程中的言论述评[J]. 安徽史学,2003,5。

33. 程霖. 盛宣怀兴办银行思想评议[J]. 财经研究,1997,10。

34. 杜恂诚. 北洋政府时期华资银行业的兴起[J]. 银行家,2003,5。

35. 杜恂诚. "南三行"的乐与路[J]. 银行家,2003,7。

36. 高青山. 中国近代银行性质及作用刍议[J]. 求是学刊,1997,1。

37. 李一翔. 中国早期银行资本与产业资本关系初探[J]. 复印报刊资料·经济史,1994,3。

38. 李一翔. 银行资本与中国近代化[J]. 复印报刊资料·经济史,1996,3。

39. 罗肇前. 由官办向商办的演变——张之洞经济思想研究之一[J]. 中国经济史研究,1997,3。

40. 罗肇前. 比较李鸿章、张之洞"官督商办"之异同[J]. 社会科学,2000,12。

41. 席长庚. 我国历史上的商业银行[J]. 复印报刊资料·经济史,1996,5。

42. 谢俊美. 外资银行夹击中的中国通商银行——中国通商银行开办初年与外资银行、洋行、厂矿企业的业务往来及其思考[J]. 历史教学问题,2002,6。

43. 吴必龙. 二十世纪天津金融风潮及其对对外贸易的影响[J]. 南开经济研究,1995,1。

二、外国文献(中译本)

44. 费维恺著,虞和平译. 中国早期工业化——盛宣怀(1844—1916)和官督商办企业[M]. 中国社会科学出版社,1990。

45. 宫下忠雄著,吴子竹译. 中国银行制度史[M]. 华美印刷厂,1947。